Ferdinand de Saussure zur Einführung

Ludwig Jäger

Ferdinand de Saussure zur Einführung

JUNIUS

Junius Verlag GmbH
Stresemannstraße 375
22761 Hamburg
www.junius-verlag.de

Umschlaggestaltung: Florian Zietz
Titelbild: Privatbesitz
Satz: Junius Verlag GmbH
Druck: Druckhaus Dresden
Printed in Germany 2010
ISBN 978-3-88506-622-4
(zur Einführung; 322)

Bibliografische Information der Deutschen Nationalbibliothek
Die Deutsche Nationalbibliothek verzeichnet diese Publikation in der Deutschen Nationalbibliografie; detaillierte bibliografische Daten sind im Internet über <http://dnb.d-nb.de> abrufbar.

Zur Einführung ...

... hat diese Taschenbuchreihe seit ihrer Gründung 1978 gedient. Zunächst als sozialistische Initiative gestartet, die philosophisches Wissen allgemein zugänglich machen und so den Marsch durch die Institutionen theoretisch ausrüsten sollte, wurden die Bände in den achtziger Jahren zu einem verlässlichen Leitfaden durch das Labyrinth der neuen Unübersichtlichkeit. Mit der Kombination von Wissensvermittlung und kritischer Analyse haben die Junius-Bände stilbildend gewirkt.

Von Zeit zu Zeit müssen im ausufernden Gebiet der Wissenschaften neue Wegweiser aufgestellt werden. Teile der Geisteswissenschaften haben sich als Kulturwissenschaften reformiert und neue Fächer und Schwerpunkte wie Medienwissenschaften, Wissenschaftsgeschichte oder Bildwissenschaften hervorgebracht; auch im Verhältnis zu den Naturwissenschaften sind die traditionellen Kernfächer der Geistes- und Sozialwissenschaften neuen Herausforderungen ausgesetzt. Diese Veränderungen sind nicht bloß Rochaden auf dem Schachbrett der akademischen Disziplinen. Sie tragen vielmehr grundlegenden Transformationen in der Genealogie, Anordnung und Geltung des Wissens Rechnung. Angesichts dieser Prozesse besteht die Aufgabe der Einführungsreihe darin, regelmäßig, kompetent und anschaulich Inventur zu halten.

Zur Einführung ist für Leute geschrieben, denen daran gelegen ist, sich über bekannte und manchmal weniger bekannte Autor(inn)en und Themen zu orientieren. Sie wollen klassische

Fragen in neuem Licht und neue Forschungsfelder in gültiger Form dargestellt sehen.

Zur Einführung ist von Leuten geschrieben, die nicht nur einen souveränen Überblick geben, sondern ihren eigenen Standpunkt markieren. Vermittlung heißt nicht Verwässerung, Repräsentativität nicht Vollständigkeit. Die Autorinnen und Autoren der Reihe haben eine eigene Perspektive auf ihren Gegenstand, und ihre Handschrift ist in den einzelnen Bänden deutlich erkennbar.

Zur Einführung ist in verstärktem Maß ein Ort für Themen, die unter dem weiten Mantel der Kulturwissenschaften Platz haben und exemplarisch zeigen, was das Denken heute jenseits der Naturwissenschaften zu leisten vermag.

Zur Einführung bleibt seinem ursprünglichen Konzept treu, indem es die Zirkulation von Ideen, Erkenntnissen und Wissen befördert.

Michael Hagner
Dieter Thomä
Cornelia Vismann

Inhalt

I. Saussure: Wie sich seinem Denken annähern?

»*Item.* Es ist sehr komisch, was den Standpunkt von A oder von B betrifft, dem aufeinanderfolgenden Lachen der Linguisten beizuwohnen, denn dieses Lachen scheint den Besitz einer Wahrheit vorauszusetzen, und es ist doch genau die absolute Absenz einer grundlegenden Wahrheit, die bis heute den Linguisten charakterisiert.« (Saussure 1997, 373)

1.1 Welcher Saussure? – Saussures Identitäten

Auf kaum einen Autor ist in der jüngeren Geschichte der Sprachwissenschaft in Editionen, Kommentaren und Interpretationen, in Lob- und Widerreden so häufig Bezug genommen worden wie auf den vor beinahe einhundert Jahren gestorbenen Ferdinand de Saussure. Und kaum einem Theoretiker wurden für die Linguistik des 20. Jahrhunderts so entscheidende theoretische Begründungsleistungen zugeschrieben wie dem Genfer Sprachwissenschaftler und Sprachphilosophen. Zugleich haben aber auch nur wenige Forscher in der Wahrnehmung der Nachkommenden so verschiedene und zum Teil widersprüchliche theoretische Gestalten angenommen, wie dies bei de Saussure der Fall ist. Als wen wir uns die Figur der Wissenschaftsgeschichte Ferdinand de Saussure über die nackten Daten seiner noch weithin unerschlossenen Biografie hinaus vorzustellen haben, ist deshalb eine nicht nur schwer zu beantwortende, sondern bislang auch weithin unzureichend beantwortete Frage.[1]

Überdeckt wurde das Problem der verschiedenen Identitäten de Saussures bislang durch die Tatsache, dass ein *bestimmtes Bild* lange Zeit die Deutungshoheit in der Wirkungsgeschichte behauptet hat und sie, trotz eines vor allem in jüngerer Zeit einsetzenden Wahrnehmungswandels, nach wie vor zäh verteidigt. Noch immer ist in der Fachgeschichtsschreibung der Linguistik mit dem Namen Ferdinand de Saussures vor allem die sogenannte *strukturalistische Revolution* der Sprachwissenschaft verknüpft. In Handbüchern, Einführungen und Wissenschaftsgeschichten gilt de Saussure weithin auch gegenwärtig noch, mehr als einhundert Jahre nach dem Beginn seiner Genfer Vorlesungen zur allgemeinen Sprachwissenschaft, als ›Vater‹, ›Pionier‹, ›Kopernikus‹ und ›Descartes‹ der neueren Linguistik, als ihr ›revolutionärer‹ Begründer[2], dessen Neukonzeption der Linguistik – im berühmten *Cours de linguistique générale* (Saussure 1916, 2001) – zu Bewusstsein gebracht habe, dass »der Gegenstand der Sprachwissenschaft nur die Sprache an und für sich selbst sei, daß die Sprache ein Netz von synchronischen Beziehungen, daß sie keine Substanz, sondern eine Form sei« (Helbig 1973, 46; hierzu Kap. 5.1 und 5.2). »He has given us«, bemerkte Leonard Bloomfield bereits 1924 in seiner Rezension des *Cours*, »the theoretical basis for a science of human speech.« (Bloomfield 1924, 319) Nach wie vor beherrscht der ›strukturalistische‹ de Saussure weitgehend die internationale Wirkungsgeschichte, auch wenn sich in den letzten Jahren zum ersten Mal nachhaltiger Zweifel an der Legitimität dieses Wahrnehmungsmusters zur Geltung bringen (Amacker/Engler 1990; Arrivé/Normand 1995; Fehr 1997; Bouquet 1997, 2003; Jäger 2003a, 2003b; Sanders 2004; Simone 2006; Louis de Saussure 2006).

Sichtbarer wird das Problem der verschiedenen Identitäten de Saussures gegenwärtig vor allem deshalb, weil unter dem ebenso weit verbreiteten wie als Klischee verfestigten ›strukturalistischen‹ Saussure-Bild, das eng mit dem *Cours* verwoben ist, in wachsendem Maße – gleichsam als Palimpsest – ein fremdes und die vertraute Wahrnehmung befremdendes Bild zum Vorschein kommt. Gegen dessen wachsende Evidenz wirkt der Abwehrzauber immer weniger, den Milka Ivic 1970 exemplarisch zum Ausdruck brachte: »Whether or not it [der *Cours*, L.J.] spoke with the authentic voice of the master, it proved a powerful inspiration of new generations of linguists and a potent source of new linguistic theories [...]. In the eyes of the world de Saussure is – the book.« (Ivic 1970, 125; hierzu Jäger 1977, 301 ff.)

Die Magie dieser Formel verblasst allerdings zunehmend. Dies verdankt sich vor allem dem Umstand, dass mit dem Fund eines Konvoluts fragmentarischer Texte im Gartenhaus des Genfer Stadtpalais der Familie de Saussure im Jahre 1996 (Saussure 2002; 2003) zugleich auch die älteren Editionen Saussure'scher Manuskripte in den Fokus der Aufmerksamkeit einer bis dahin eher zurückhaltenden linguistischen Öffentlichkeit rückten[3]: die quellenkritischen und quelleneditorischen Arbeiten nämlich Robert Godels, Rudolf Englers und Tullio De Mauros zum *Cours* aus den sechziger und siebziger Jahren des 20. Jahrhunderts (Godel, 1957; Saussure 1968; Saussure 1974; De Mauro 1972). In den hier freigelegten älteren Schichten von handschriftlichen Texten zeichnen sich, wie in den Mitschriften der Hörer seiner Genfer Vorlesungen zur allgemeinen Sprachwissenschaft (Saussure [1968] 1989; 1993; 1996; 1997; 2005), die Konturen eines anderen de Saussure ab. Hier werden die Umrisse einer intellektuellen Gestalt sichtbar, die – wie Émile Benveniste 1963, freilich noch etwas verfrüht, anlässlich der fünfzigsten Wiederkehr des Saussure'schen Todesjahres hoffte – nunmehr dabei sei, »ihre authentischen Züge« anzunehmen (Benveniste 1977, 43 f.). Die Vorlesungsmitschriften sowie die Skizzen, Notizen, Manuskripte und aphoristischen Entwürfe zur Zeichen- und Sprachtheorie, der vergleichenden Sprachwissenschaft und zur Poetologie (Saussure 1954; Godel 1957; Saussure 1968; 1974; 1997; 2002; 2003a; 2003b; Starobinski 1971, 1980) ließen nun einen ›authentischen‹ de Saussure (Jäger 1975, 8 ff.) sichtbar werden, in dessen wenn auch fragmentarisch gebliebenen Texten ein »originales Denken« lesbar wurde, das sich aus der durch »Gedanke und Interpretation der Schüler« gespeisten Überschreibung im *Cours* (Engler 1959, 119) zunehmend befreite. Bemerkenswerterweise stehen die in diesen handschriftlichen Skizzen vorfindlichen theoretischen Überlegungen de Saussures in einem so vollkommenen Gegensatz zu dem strukturalistischen Programm, das seinen Namen trägt, dass er – was sich nun endlich auch einer größeren wissenschaftlichen Öffentlichkeit zu erschließen beginnt – nicht nur nicht als dessen Urheber in Anspruch genommen werden kann, sondern vielmehr geradezu als sein früher und durchaus grundsätzlicher Kritiker angesehen werden muss (Jäger 1975, 53 ff.; Kap. 5.1 und 5.2). Sowohl in den Genfer Vorlesungen, die der *Cours* nur in einer sehr eigenwilligen Form wiedergibt (Kap. 5.1), als auch in den verschiedenen Gruppen der *Notes*, die durch den Fund der Genfer Gartenhaus-Notizen beträchtlich erweitert wurden (Saussure 2002, 2003a), entfaltet de Saussure eine Sprachidee, die weit davon entfernt ist, Sprache im Sinne etwa Louis Hjelmslevs als »Schema« aufzufassen, als eine »reine Form, die unabhängig von ihrer sozialen Realisierung und materiellen Manifestation definiert ist« (Hjelmslev 1942, 32).

In dem Maße, in dem nun hinter dem orthodox-strukturalistischen Saussure-Bild de Saussure als eigenständiger Autor immer deutlicher sichtbar wurde (Calvet 1975, 139), trat zudem eine dritte Identität de Saussures wieder in das Blickfeld: jener de

Saussure, den allein die linguistische Fachwelt nach seinem Tod 1913 in das Disziplinengedächtnis einzuschreiben gedachte, der de Saussure der vergleichenden Indogermanistik, des *Mémoire*, jenes berühmten Buches über das indoeuropäische Vokalsystem (MÉM), das seinen Autor, der zum Zeitpunkt seines Erscheinens noch in Leipzig bzw. in Berlin studierte (Kap. 2.2 »Saussure in Leipzig«; »Das Berliner Intermezzo«), als sehr jungen Mann mit einem Schlag berühmt machte. Für diesen ›komparatistischen‹ de Saussure, war»nur die pittoreske Seite der Sprache [›langue‹]«, ihr »ethnographischer Aspekt« von Interesse, »das, worin sie sich von allen anderen unterscheidet, weil sie zu einem bestimmten Volk mit einem bestimmten Ursprung gehört«. Zu der Beschäftigung mit der Frage, »was für ein Gegenstand die Sprache im allgemeinen [›la langue en générale‹]« sei (Saussure 1997, 518), sah er sich hier nur genötigt aufgrund des methodisch und theoretisch beklagenswerten Zustands der zeitgenössischen komparatistischen Sprachwissenschaft, deren tiefgreifende Reform er als notwendig erachtete (Kap. 3.1). Als Verfasser des *Mémoire* werde er, so hatte Wilhelm Streitberg 1915 zwei Jahre nach seinem Tod und ein Jahr vor dem Erscheinen des posthumen *Cours de linguistique générale* in seinem Nachruf auf de Saussure prognostiziert, im Gedächtnis der Nachwelt leben (Streitberg 1915, 101). Tatsächlich ging er, wie wir wissen, mit einem Buch in das Gedächtnis der Nachwelt ein, das er nicht selbst verfasst hat, als Begründer des Strukturalismus, den er nicht minder grundsätzlich kritisch in den Blick genommen hätte, als er dies mit der zeitgenössischen Linguistik des auslaufenden 19. Jahrhunderts tatsächlich getan hat.

Vergegenwärtigt man sich diese verschiedenen intellektuellen Identitäten de Saussures[4], so wird augenscheinlich, wie fragil, konstruiert und hinterfragbar die Bilder sind, die uns Wissenschaftshistoriografie und Ideengeschichte von herausragenden Theorien und ihren Schöpfern entwerfen. Am ›Fall‹ Saussure zeigt sich exemplarisch, dass Wissenschaftsgeschichte nicht nur das historische Wissen von Disziplinen, Theorien und ihren Urhebern in jeweilige Gegenwarten tradiert, sondern dass sie zugleich auch nachhaltig auf die Theoretiker und Theorien zurückwirkt, deren Geschichte sie schreibt. Nicht selten tendiert sie dazu, sich die Gegenstände der historischen Betrachtung nach ihrem Bild zu formen, d.h. sie ausgehend vom Verständnishorizont der jeweiligen Gegenwart in den Blick zu nehmen (Jäger 1975, 32ff.). In gewissem Sinne – und das wird im weiteren Verlauf dieses Buches noch deutlicher werden – ist das ›strukturalistische‹ Bild de Saussures deshalb die Erfindung des lange dominierenden strukturalistischen Paradigmas, das bereits die Edition und die Wirkungsgeschichte des *Cours* weithin bestimmte (Kap. 5.1), ebenso wie der nun immer klarer sich abzeichnende ›andere‹ de Saussure der Handschriften, mit dem zugleich auch der ›komparatistische‹ de Saussure wieder stärker in den Fokus der Aufmerksamkeit tritt (Kap. 3 und 4), sein Erscheinen den veränderten Bedingungen eines internationalen wissenschaftlichen Meinungsklimas verdankt, das die Phase der linguistischen und kulturwissenschaftlichen Strukturalismen hinter sich gelassen zu haben scheint. In der Tat lässt sich die für die letzte Dekade des 20. Jahrhunderts und den Beginn des 21. Jahrhunderts zu verzeichnende Saussure-Renaissance (die auch durch den Fund der Gartenhaus-Notizen motiviert worden sein mag, aber nicht wirklich erklärt werden kann) vor allem dem Umstand zuschreiben, dass die strukturalistisch-kognitivistische Episteme (vgl. Wahl 1973), die die internationale linguistische Diskussion lange beherrschte, ihre fast zur Selbstverständlichkeit gewordene Dominanz über die normalwissenschaftliche Tätigkeit vieler Linguisten in nicht unerheblichem Maße eingebüßt hat. Unabhängig von ihr erstarken nun Theoriemodelle, die die lange vorherrschende Ausrichtung linguistischer Erkenntnis an einem ›intellektualistischen Sprachbild‹ (Krämer 2001), wie sie sich im Gefolge der sogenannten ›strukturalistischen‹ bzw. ›kognitiven Revolution‹ (Chomsky 1990, 631 f.) eingestellt hatte, erfolgreich problematisieren und relativieren. An die Seite einer ›Linguistik des Innern‹ (Jäger 1993a, 1993b, 1994) treten so in den letzten Jahren mit wachsendem Selbstbewusstsein Theoriediskurse, die die soziohistorischen, kulturellen und medialen Szenarien, in denen sich Sprache und Kommunikation prozessual entfalten, wieder stärker in den Fokus der Aufmerksamkeit rücken (Gumbrecht/Pfeiffer 1988; Gumperz/Levinson 1996; Ochs/Schegloff/Thompson 1996; Carruthers/Boucher 1998; Krämer/König 2002; Wirth 2002; Jäger/Linz 2004), die also, kurz gesagt, den Theoriefokus von einer ›langue‹-orientierten zu einer ›parole‹-zentrierten Sprachwissenschaft verschieben. Und in dem Maße, in dem das strukturalistisch-kognitivistische Meinungsklima, in das der de Saussure des *Cours* als Gründerfigur eingewoben war, ja das sich zunächst geradezu als ›point de vue saussurien‹ (Benveniste 1966, 5) inszenierte, seine normative Kraft verliert, gibt es hinter der als solcher immer brüchiger werdenden ›Gründergestalt‹ einen Theoretiker frei, dessen zeichentheoretisches und epistemologisches Denken trotz seiner fragmentarisch aphoristischen Form (Kap. 5.3) in hohem Maße als geeignet erscheint, auch in den gegenwärtigen Theoriedebatten eine bedeutende Rolle zu spielen (Bouquet 2003; Jäger 2003b; Simone 2006; Louis de Saussure 2006). In dem Maße, in dem die sprachtheoretischen Grundüberzeugungen nicht mehr strukturalistisch-kognitivistisch dominiert werden, kann sich auch de Saussure aus einer Vaterrolle verabschieden, die ohnehin nur einem Avatar seines Namens zugeschrieben worden war. Von den Fundierungslasten befreit, die einer fiktiven Figur seines Namens zugemutet worden waren, kann hinter der strukturalistischen *Persona* die intellektuelle Physiognomie einer Person zum Vorschein kommen, die den Strukturalismus/Kognitivismus nicht nur nicht begründet hat, sondern ihn vielmehr in seinen Grundannahmen erschüttert. Aus dem Schatten einer problematisch gewordenen, verblassten Lichtgestalt tritt ein theoretischer Autor hervor, dessen Identität sich nicht mehr ex post durch die mächtige Wirkungsgeschichte eines unautorisierten Buches festschreiben lässt, sondern dessen Gestalt sich nun zunehmend aus einem Universum eigener Texte entfaltet. Ein an Einfluss gewinnendes neues Paradigma delegitimiert die Hüter der alten wirkungsgeschichtlichen Identität de Saussures oder entlastet sie zumindest so weit von ihren Loyalitätspflichten, dass unter den Überschreibungen die Konturen einer anderen Identität zum Vorschein kommen. Was nun hervortritt, ist ein theoretisches Programm, das seine Konturen aus vier grundlegenden Orientierungen gewinnt: (1) aus der Kritik des linguistischen Positivismus des späteren 19. Jahrhunderts (Whitney, Junggrammatiker; Kap. 3.1, 3.2 »Vergleich und Verallgemeinerung«), sodann (2) aus der differenzierten Kenntnisnahme derjenigen zeitgenössischen (Natur-)Wissenschaften (wie etwa der frühen Aphasiologie), die sich aus nichtlinguistischer Perspektive mit der Sprache beschäftigen (Broca, Wernicke; Kap. 3.1 »Sprache – nichts für Spezialisten«), weiterhin (3) aus der Vertrautheit mit der idealistischen deutschen Sprachphilosophie (Humboldt, Steinthal; Kap. 3.2 »Induktion und Divination«) sowie schließlich (4) in wissenschaftstheoretischer Hinsicht aus der offensichtlichen Bezugnahme auf die Debatte zum Verhältnis von Natur- und Geisteswissenschaften (Dilthey; Kap. 3.2 »Induktion und Divination«). Zweifellos ist ein solcher Blick auf de Saussure vor dem Hintergrund des vertrauten Saussurebildes überraschend. Er wird aber einsichtiger, wenn man sich, was im zweiten Kapitel geschehen soll, die Voraussetzungen des Saussure'schen Denkens aus dem Kontext seiner Biografie vor Augen führt.

1.2 In was einführen? – Leitlinien der Darstellung

Die Verschiedenheit und der Facettenreichtum der theoretischen Gestalten, in denen sich de Saussures Œuvre seinen möglichen Lektüren darbietet, stellt natürlich auch für eine Einführung in sein Denken ein nicht unerhebliches Problem dar, ein Problem, das noch durch den Umstand erschwert wird, dass die verschiedenen Saussure'schen Identitäten philologisch auf ganz unterschiedliche textliche Fundamente gegründet sind.

(1) Am wenigsten fragil – und hierin gründet die Erfolgsgeschichte des *Cours* – scheint nach wie vor das Verhältnis von Textbasis und Theoriegestalt bei dem de Saussure der strukturalistischen Wirkungsgeschichte zu sein. Dessen Identität stützt sich nämlich auf einen einzigen Text: auf den unter dem Namen de Saussures publizierten *Cours de linguistique générale.* Freilich stammt, was inzwischen niemand mehr ernsthaft bestreitet, dieser posthume Text nicht von de Saussure – der im Übrigen seine Publikation in dieser Form auch niemals gebilligt hätte (Kap. 5.1). Die Edition von 1916 gibt nämlich, trotz der sicher nicht zu bezweifelnden lauteren Absicht der »Herausgeber-Autoren« (Engler 2004, 47), Albert Sechehaye und Charles Bally, de Saussures Vorlesungen über allgemeine Sprachwissenschaft angemessen darzubieten, die Gedankenwelt dieser Vorlesungen in einer durch strukturierende Eingriffe und gravierende Editionsfehler entstellten Form wieder, in einer editorischen Gestalt, die den *Cours* als den ersten Schritt der strukturalistischen Erfindungsgeschichte de Saussures erscheinen lässt (Kap. 5.1). Ich werde dem Leser diesen de Saussure nicht vorenthalten (Kap. 5.2 und unten in diesem Kapitel), aber nicht versäumen zu zeigen, dass auch die berühmten Genfer Vorlesungen zur allgemeinen Sprachwissenschaft im Horizont einer ganz anderen Gedankenwelt verstanden werden müssen (Kap. 3 und 4), als dies der *Cours* nahelegt.

(2) Komplexer ist das Verhältnis von Textbasis und Theoriegestalt bei dem de Saussure der handschriftlichen Skizzen, Entwürfe und Aphorismen (Kap. 4.1 und 4.2). Der Sprachidee, die sich hier geradezu als Gegenentwurf zum ›strukturalistischen‹ Saussure rekonstruieren lässt, liegt nämlich kein einheitliches Textkorpus zugrunde, sondern vielmehr ein großes Ensemble von *Notes*, denen es nicht nur weithin an *Textförmigkeit* mangelt (Kap. 5.3), sondern die de Saussure auch allenfalls als Vorstufen möglicher Publikationen ansah. Freilich haben diese Textfragmente, die insgesamt ein imposantes *Gedankentagebuch* darstellen, als Erzeugnisse von de Saussures eigener Hand im Gegensatz zum Text des *Cours* kein Authentizitätsproblem. Sie sind Ergebnisse der schriftstellerischen Reflexionstätigkeit des Autors de Saussure und sie zeigen, auch wenn sie sicher eine frühe Phase der Textproduktion repräsentieren, in eindrucksvoller Form den Duktus und die Richtung seines sprachtheoretischen Denkens.

(3) Der ›komparatistische‹ de Saussure schließlich kann sich – und das unterscheidet ihn grundsätzlich von beiden anderen Saussure-Gestalten der Wissenschaftsgeschichte – in seiner Identität auf ein kohärentes *publiziertes* Textkorpus stützen, das im Wesentlichen *alle* Publikationen des Wissenschaftsautors de Saussure umfasst (REC). Freilich bleibt in diesen Publikationen ein Zusammenhang eher randständig, der in einer Fülle von ›Notes‹ de Saussures (auch in denen zu Problemen der komparatistischen Sprachwissenschaft) dominant ist: der Zusammenhang zwischen de Saussures kritischer Reflexion der zeitgenössischen sprachvergleichenden Linguistik und der Entstehung seiner grundlagentheoretisch orientierten Überlegungen zu allgemeinen Fragen der Sprach- und Zeichentheorie (Kap. 3, 4 und 5.3). Insofern gibt das ›komparatistische‹ Œuvre in den publizierten Schriften den sprach- und zeichentheoretischen de Saussure der *Notes* nur zögerlich und in Ansätzen frei.

Für eine Einführung in das sprachtheoretische und sprachphilosophische Denken de Saussures ergibt sich nun aus diesem Befund eine Reihe von Konsequenzen, die als Leitlinien dieser Darstellung zugrunde liegen:

(1) Zunächst ist bereits einsichtig geworden, dass nicht der *Cours* und seine Wirkungsgeschichte der zentrale Gegenstand der Darstellung des Saussure'schen Sprachdenkens sein können, unter anderem schon deshalb nicht, weil es wenig Sinn macht, einen Gemeinplatz darzustellen, der, wie wir in Jonathan Cullers Einleitung zur englischen Edition des *Cours* lesen können, so etwas wie ein offenes Buch ist: »To summarize the arguments of the *Course* would be superfluous, since on most points it is admirably clear.« (Culler 1977, xvii) In der Tat bietet die klassische theoretische Gestalt des *Cours*, wie sie seine Wirkungsgeschichte dominiert hat, nur noch wenig intellektuellen Reiz. Sie lässt sich auf einige zentrale Dichotomien zurückführen, denen nachträglich eine Begründungsfunktion für den Strukturalismus zugeschrieben wurde: Dies gilt etwa für die dichotomischen Begriffe *Synchronie* und *Diachronie*, die der *Cours* als zwei Methoden der Betrachtung der Sprache unterscheidet, wobei der Synchronie Vorrang zuerkannt wird, weil die Sprache »ein System« sei, »dessen Teile in ihrer synchronischen Wechselbeziehung betrachtet werden können und müssen« (BSL 103). Deshalb müsse die Sprachwissenschaft, nachdem sie am Ende des 19. Jahrhunderts »der Geschichte einen großen Platz eingeräumt« habe, nunmehr »zum statischen Gesichtspunkt der traditionellen Grammatik [...], jedoch mit neuem Geist und mit anderen Verfahrensweisen« zurückkehren (BSL 98). Es ist diese begriffliche Dichotomie des *Cours* sowie die der Synchronie zugeschriebene methodische Vorrangstellung, auf die gemeinhin die für den Strukturalismus charakteristische »Abkehr von der historischen Perspektive« zurückgeführt wird (Reinhardt 2008, 42; Bierwisch

1966, 81). Eine ähnliche Funktion als Begründungsfigur für den Strukturalismus nimmt eine zweite zentrale Grundunterscheidung des *Cours* ein, die zwischen *Langue* und *Parole*, zwischen der Sprache als System und der Rede als Realisierung des Systems (Bierwisch 1966, 82; Reinhardt 2008, 43). Dabei räumt der *Cours* auch hier einem Element des Begriffspaares eine Vorrangstellung ein, nämlich der Langue, dem System, das als wesentlich angesehen wird, während der Rede als Realisierung des Systems nur der Status des Akzessorischen zukommt (BSL 16, 22). Nur die Langue als *Form* sei Gegenstand sprachwissenschaftlicher Analyse, nicht ihre materielle Erscheinung als *Substanz* (BSL 134, 146; hierzu Kap. 5.2). Auch über diese beiden Grundunterscheidungen hinaus werden dem *Cours* Begründungsfunktionen für den Strukturalismus zugeschrieben, etwa hinsichtlich des *Zeichenbegriffs* (BSL 76-82), durch den das Zeichen als eine zweiseitige, psychische Entität bestimmt wird, deren Elemente »Lautbild« und »Vorstellung« zueinander in einem Verhältnis der *Arbitrarität* stünden (hierzu Kap. 4.2), sowie hinsichtlich der methodologischen Maxime, dass der theoretische *Gesichtspunkt* des Sprachwissenschaftlers seinen Gegenstand hervorbringe: Es ist »der Gesichtspunkt, der das Objekt erschafft« (BSL 9; hierzu Kap. 5.2).

Weil also dieses strukturalistische Saussure-Bild an Strahlkraft erheblich eingebüßt hat, verdankt sich auch das gegenwärtig zu konstatierende Wiedererwachen des Interesses an de Saussure gar nicht mehr, wie vielleicht noch 1976, in erster Linie dem Umstand, dass de Saussure »has been the inspiration for semiology and structuralism as well as for structural linguistics« (Culler 1976, 9). Es geht vielmehr darauf zurück, dass unter und hinter der lange die Lektüren dominierenden Textgestalt des *Cours* ein *schreibendes Denken* des Autors de Saussure zum Vorschein kommt, das schwerlich noch mit dem kompatibel ist, was Émile

Benveniste »die Saussuresche Perspektive« (Benveniste 1977, 12) genannt hatte. Der *Cours* rückt – ohne dass den »Herausgeber-Autoren« hier böse Absicht unterstellt werden muss – viele Elemente des von de Saussure in seinen Genfer Vorlesungen vorgetragenen Denkens in ein falsches Licht. Die oben skizzierten Dichotomien des *Cours*, »Langue« und »Parole«, »Synchronie« und »Diachronie«, »Form« und »Substanz« etc. stehen in einem völlig anderen Denkzusammenhang, als er durch die Grundannahmen des Strukturalismus nahegelegt wird (Kap. 5.2). Es wird also in dieser Einführung vor allem darum gehen, diesen anderen Denkzusammenhang freizulegen und de Saussures eigene Denkintention aus Texten zu entfalten, die er – wenn auch in aphoristischer Form (Kap. 5.3) – ausschließlich selbst verfasst hat (Kap. 4.1 und 4.2). Seine Verhältnisbestimmung von Sprachsystem und Diskurs, von Synchronizität und Geschichte sowie seine Idee des Zeichens werden so in einem neuen Licht erscheinen. Dem de Saussure des *Cours* werden wir nur insofern wiederbegegnen, als wir ihn dazu einladen, mit dem de Saussure der *Notes* in ein kontrapunktisches Gespräch einzutreten und sich den ›Einsprüchen‹ des de Saussure der *Notes* zu stellen (Kap. 5.2).

(2) Im Zentrum meiner Lektüre steht also vor allem ein Ensemble von posthum edierten Texten, bei denen de Saussures Autorschaft nicht fraglich ist. Es handelt sich hierbei insbesondere um das seit den sechziger und siebziger Jahren publizierte große Korpus von Notizen, Skizzen und Theorieentwürfen (Saussure 1974, 1995, 1997, 2003a, 2003b), das in seinem argumentativen Kern wesentlich der Reflexion der Frage gewidmet ist, »um was für eine Art von Gegenstand es sich bei der Sprache handelt« (Saussure 1997, 518). Auch wenn unter dieser thematischen Perspektive de Saussures Publikationen auf dem Feld der historisch-vergleichenden Sprachwissenschaft nicht primär im Fokus der Aufmerksamkeit stehen, werden sie doch insoweit herange-

zogen, als sie das experimentelle Labor darstellen, in dem de Saussure zentrale Probleme der Sprach- und Zeichentheorie, wie etwa das Problem der Identitätskriterien sprachlicher Entitäten, identifiziert und Perspektiven ihrer Lösung entwickelt (Kap. 3.2, 4.1). In den Blick gerät so de Saussure unter zwei eng miteinander verwobenen Perspektiven: einmal als historisch-vergleichender Sprachforscher, der sich im auslaufenden 19. Jahrhundert angesichts des Zustands seiner Disziplin – zunächst nur widerwillig und nebenbei – mit Fragen der allgemeinen Sprachwissenschaft auseinandersetzte; zum anderen als ein theorie- und methodenkritischer Linguist, der sich nicht darauf beschränkte, die »Reform« (Saussure 1997, 518) einer in die Probleme des Positivismus verstrickten Indoeuropäistik einzufordern (Kap. 3.1), sondern der vielmehr aus den Voraussetzungen dieser Kritik zugleich den Entwurf einer allgemeinen Sprachtheorie und die Umrisse einer Wissenschaft der Sprache (Kap. 3, 4 und 5.3) entfaltete. Charles Bally hat in seiner Antrittsvorlesung als Nachfolger de Saussures am 27. Oktober 1913 mit großer Klarheit auf diesen Umstand hingewiesen: »Wenn man seine Veröffentlichungen liest, könnte man glauben, daß er nie etwas anderes als indoeuropäische Sprachwissenschaft betrieben hat; in Wirklichkeit hat er von Beginn an sehr allgemeine und ganz persönliche Ideen über die Natur der Sprache [›langage‹], ihr Funktionieren und ihre Entwicklung mit sich herumgetragen. Und glauben Sie nicht, daß es sich dabei um *a priori* konstruierte Prinzipien handle: er hat sie durch völlig objektive Betrachtung der sprachlichen Phänomene gewonnen. Derart hat er, indem er sich den indoeuropäischen Sprachen [›langues‹] widmete, angewandte und allgemeine Sprachwissenschaft betrieben.« (Saussure 1997, 530) De Saussure erweist sich also unter dieser Perspektive als ein transdisziplinär orientierter Denker, der ähnlich wie zuvor Wilhelm von Humboldt Sprachvergleich und sprachtheoretische Grundlagenreflexion in einer Art »philosophischer Induktion« miteinander verknüpfte (Kap. 3.2 »Induktion und Divination«). Der häufig postulierte Gegensatz zwischen einem historisch-vergleichenden und einem sprach- und zeichentheoretischen de Saussure ist insofern kein Gegensatz, der sich aus der Logik des Saussure'schen Denkens herleiten ließe (Engler 1975, 836). Im ›komparatistischen Labor‹ lässt sich nämlich das Entstehen sprach- und zeichentheoretischer Fragen in nuce nachzeichnen (Kap. 4).

(3) Eine dritte Leitlinie bestimmt die Form meiner Darstellung: Aus dem Umstand, dass die handschriftlichen Textfragmente von de Saussures eigener Hand keine ausredigierten, definitiven Texte (Wunderli 1981, 271 f.) darstellen, darf nicht der Schluss gezogen werden, wir hätten es bei den *Notes* nicht mit einer konsistenten Form des schreibenden Denkens zu tun. Nicht zufällig plädiert de Saussure angesichts der Unermesslichkeit der Arbeit, »die nötig wäre, um dem Linguisten zu zeigen, was er macht« (Saussure 1997, 517), für die Notwendigkeit eines *aphoristischen* Schreib- und Denkverfahrens (Kap. 5.3). Die ›Indefinitheit‹ der *Notes* verdankt sich insofern nicht nur ihrem fragmentarischen Charakter, sondern sie ist in einer wesentlichen Hinsicht Ausdruck einer bewusst gewählten Schreibstrategie. Ohne Zweifel befindet man sich nirgendwo näher am Denken de Saussures in seiner Genese als bei den verschiedenen Textgruppen der *Notes*. Es ist dieser Umstand, der es auch als legitim erscheinen lässt, de Saussures handschriftliche Skizzen, fragmentarische Entwürfe und aphoristische Notizen in das Zentrum einer Einführung zu stellen, die seinen sprachtheoretischen und sprachphilosophischen Überlegungen gewidmet ist.

Die skizzierten Leitlinien machen, so hoffe ich, deutlich, warum die in den folgenden Kapiteln versuchte Annäherung an die intellektuelle Entwicklung und die aus dieser Entwicklung sich entfaltende Sprachidee de Saussures so erzählt wird, wie sie erzählt wird: als Geschichte der wirkungsmächtigen Erfindung eines Autors de Saussure, die gegenwärtig beginnt, ihren dogmatischen Zauber zu verlieren; einer Erfindung, hinter der eine andere intellektuelle Physiognomie de Saussures sichtbar wird als die strukturalistische, und eine zudem, die nicht weniger faszinierend ist als diese. Meine Annäherung gilt also jenem Autor de Saussure, von dem Jürgen Trabant kürzlich festgestellt hat, bei ihm handele es sich um einen Schriftsteller, der »weit von dem Text entfernt ist, den man unter seinem Namen geschrieben hat« (Trabant 2005, 116).

II. Lebensweg: Umrisse einer intellektuellen Biografie

Obgleich seit dem Tod Ferdinand de Saussures am 22. Februar 1913 beinahe einhundert Jahre vergangen sind, ist bislang das Forschungsinteresse an der intellektuellen Biografie des Genfer Sprachwissenschaftlers und Sprachphilosophen weithin vorbeigegangen.[5] So irritierend der Befund auf den ersten Blick zu sein scheint, so wenig überraschend ist er tatsächlich. In gewissem Sinne reflektiert sich nämlich in dieser bemerkenswerten Lücke der Umstand, dass sich die in der Wirkungsgeschichte des *Cours* lange dominierende Gestalt des ›strukturalistischen‹ de Saussure nur schwer mit der historischen Person de Saussure vermitteln lässt. Theoretische Gestalten können von ihren Wirkungsgeschichten unter bestimmten Bedingungen ex post konstruiert werden, die zugehörigen historischen Personen und ihre Biografien weniger. Der de Saussure des *Cours* ist – wie dieses Buch selbst, das keinen Autor namens de Saussure hat – ein posthumes Wesen, das über kein originäres Leben und damit auch nicht über eine Biografie verfügt, die ihm angemessen zugeschrieben werden könnte. Im Gegensatz hierzu gibt es zwischen dem de Saussure der *Notes*, der Arbeiten zur historisch-vergleichenden Linguistik sowie der Genfer Vorlesungen zur allgemeinen Sprachwissenschaft, dem de Saussure der Anagramme und der Legenden, also zwischen dem *Wissenschaftsautor* de Saussure und der historischen Person dieses Namens keinen Riss in der Identität. Die Biografie dieses de Saussure kann insofern als die intellektuelle Lebensgeschichte eines Autors geschrieben werden, der tatsächlich der Urheber seiner Texte ist. In der biografischen Rekonstruktion des Saussure'schen Lebens lassen sich deshalb die spezifischen historischen Voraussetzungen freilegen, denen sich das Denken de Saussures als genuines Denken des Autors de Saussure in seiner Entstehung verdankt.[6] In der Nachzeichnung der persönlichen Entwicklung, des wissenschaftlichen Werdegangs bzw. der Bildungsgeschichte de Saussures sowie ihrer familiären, institutionellen und zeitgeschichtlichen Voraussetzungen werden die Bedingungen sichtbar, aus denen sich die für die intellektuelle Physiognomie de Saussures charakteristische Spannung entwickeln konnte: die Spannung zwischen seiner Leidenschaft für die historisch-vergleichende Sprachanalyse auf der einen Seite und dem philosophischen Vermögen, das einzelwissenschaftliche Arbeiten hinsichtlich seiner allgemeinen sprachtheoretischen und epistemologischen Grundlagen und Voraussetzungen zu reflektieren, auf der anderen. Es ist diese Spannung zwischen sprachvergleichender linguistischer Analyse, die auch auf literarische und literaturgeschichtliche Gegenstände ausgreift, und grundlagentheoretischer sprachphilosophischer Reflexion, die sein intellektuelles Leben bestimmt. In der Synthese von fachwissenschaftlich philologischer Strenge der Forschung einerseits und der Offenheit für transdisziplinäres und philosophisches Denken andererseits spiegeln sich, wie sich im Folgenden zeigen wird, zwei Traditionen der Familie: die dominante naturwissenschaftliche, empirisch-methodischer Strenge verpflichtete Linie, deren erster Höhepunkt durch die Forscherpersönlichkeit Horace-Bénédicte de Saussures markiert wird, sowie eine geisteswissenschaftlich-philosophische Linie, die verbunden ist mit der Persönlichkeit Albertine-Adrienne Necker de Saussures und ihrer Bedeutung als Vermittlungsfigur zwischen der Frühromantik bzw. dem deutschen Idealismus und der Genfer intellektuellen Elite.

2.1 Familie – Europäische Netzwerke

Ferdinand Mongin de Saussure wurde am 26. November 1857 als Sohn einer wohlhabenden und traditionsreichen aristokratischen Gelehrtenfamilie in Genf geboren. Der Ahnherr der Familie, Mongin Schouel de Saulxures-sur-Moselotte, war Berater und Großfalkner des Herzogs von Lothringen. Sein Sohn Antoine de Saulxures (1514-1569) musste in der Mitte des 16. Jahrhunderts, nachdem er zum Calvinismus übergetreten war, mit seiner Familie vor religiösen Verfolgungen aus Lothringen fliehen und fand nach einigen Wanderbewegungen Exil in Genf, wo sich der Hauptzweig der Familie 1556 einbürgerte und den Namen de Saussure annahm.[7]

Im Laufe ihrer Geschichte brachte die Familie, insbesondere seit dem 18. Jahrhundert, eine große Anzahl bedeutender Gelehrter, Naturforscher und Wissenschaftler hervor, die wesentliche Rollen in den europäischen Wissenschaftseliten spielten und auch durch familiäre Verflechtungen europaweit vernetzt waren: Zunächst ist hier der Anwalt Nicolas de Saussure (1709-1791) zu nennen, der als Experte auf dem Gebiet der Agronomie (Nicolas de Saussure 1799) Mitarbeiter an der Diderot'- und d'Alembert'schen *Encyclopédie* wurde. Sein Sohn Horace-Bénédicte, (1740-1799), der, wie Tullio De Mauro bemerkt, unter den großen Genfer Intellektuellen des 18. Jahrhunderts vielleicht nur von Rousseau überragt wurde, erhielt bereits mit 22 Jahren eine Professur der Philosophie und der Naturwissenschaften an der Genfer Akademie, als deren Rektor er in den Jahren 1774 und 1775 fungierte. Der Geologe und Physiker machte im Verlaufe seiner Reisen zu den Bergmassiven der Vogesen, des Jura und der Alpen zahlreiche mineralogische, botanische, chemische und geologische Entdeckungen (Horace-Bénédicte de Sausssure 1779-1796) und erfand zur Verbesserung der Forschung sinnreiche wissenschaftliche Instrumente wie etwa das Haarhygrometer zur Messung der Luftfeuchtigkeit. Seine Erfindungen und Forschungsarbeiten zur Meteorologie, Geologie, Glaziologie, zum Magnetismus und der Astronomie erbrachten ihm die große und persönlich zum Ausdruck gebrachte Bewunderung Alexander von Humboldts.[8] Am 2. August 1787 bestieg er mit dem Bergführer Jacques Balmat, der seinerseits mit Gabriel Paccard ein Jahr zuvor die von Horace-Bénédicte finanzierte Erstbesteigung bewältigt hatte, den Mont Blanc und publizierte die detaillierte wissenschaftliche Beschreibung der Besteigung in einem Buch, das ihn weltberühmt machte (Horace-Bénédicte de Saussure 1923).

Romantik: Mme de Staël – A. W. Schlegel – Albertine-Adrienne Necker de Saussure – Adolphe Pictet

In die wissenschaftlichen Fußspuren des Vaters traten zwei seiner Kinder: Nicolas Théodore (1767-1845), der Großonkel Ferdinands, Physiker und Chemiker, der zunächst 1794 nach England und Frankreich ausgewandert war, dann aber nach Genf zurückkehrte, wo er 1802 Professor der Mineralogie und Geologie wurde – ihn verband eine persönliche Freundschaft mit Alexander von Humboldt (Henri de Saussure 1993, 10) – sowie Albertine-Adrienne Necker de Saussure (1766-1841), die als Vermittlerin zwischen der deutschen Frühromantik und den Genfer Eliten eine bedeutende Rolle spielte: Sie ist nicht nur die Verfasserin eines viel beachteten, von Rousseau und Pestalozzi beeinflussten dreibändigen pädagogischen Werkes (Albertine-Adrienne Necker de Saussure 1828-1838)[9], sondern auch die Übersetzerin von August Wilhelm Schlegels Vorlesungen *Über dramatische Kunst und Literatur* (Schlegel 1814) ins Französische sowie darüber hinaus die Verfasserin einer detaillierten Analyse der Schriften Mme de Staëls (1766-1817), die der ersten Edition ihrer *Œuvres complètes* (de Staël 1820-21) unter dem Titel »Notice sur le caractère et les écrits de Madame de Staël« vorangestellt war (Albertine-Adrienne Necker de Saussure 1820). Albertine-Adrienne verband eine enge Freundschaft mit Mme de Staël, deren Vertraute und erste Biografin sie wurde. Durch ihre Vermählung mit dem Genfer Professor für Botanik Jacques Necker wurde sie zudem zu deren angeheirateter Cousine, da der Vater de Staëls, der Schweizer Bankier und französische Finanzminister Ludwigs des XVI., Jacques Necker (1732-1804), zugleich der Onkel ihres Mannes war. Der Necker'sche Familiensitz, das in der Nähe Genfs am See gelegene Schloss Coppet, auf das sich Necker 1790 nach seiner endgültigen Entlassung aus französischen Diensten zurückgezogen hatte und wohin ihm seine Tochter nach den Septembermassakern in Paris 1792 gefolgt war[10], etablierte sich, insbesondere nach der Reise de Staëls nach Weimar, wo sie die persönliche Bekanntschaft Goethes, Schillers, Wielands und August Wilhelm Schlegels machte, in wachsendem Maße als ein Vermittlungsort zwischen europäischen, insbesondere deutschen Intellektuellen und der Genfer Intelligenz. August Wilhelm Schlegel, zu dem sie – ebenso wie zu Wilhelm von Humboldt – eine enge Freundschaft entwickelte, folgte ihr 1804 als Hauslehrer ihrer Kinder nach Coppet. Ihr »Salon de l'Europe« in Coppet wurde nicht nur zum Kristallisationspunkt einer »Groupe de Coppet«, der unter anderem August Wilhelm und Friedrich Schlegel angehörten[11], sondern darüber hinaus auch zu einem intellektuellen Zentrum der Romantik. Vor allem Albertine-Adrienne verkörperte die Verbindung zwischen der »Groupe« und den Genfer Eliten, die hier immer wieder mit Repräsentanten idealistischer und romantischer Philosophie und Dichtung zusammentrafen. Unter ihren Genfer Freunden ist unter anderem der um einiges jüngere Sprachforscher Adolphe Pictet (1799-1875), Professor für Vergleichende Literaturwissenschaft und Ästhetik an der Genfer Akademie, hervorzuheben, dessen Buch *Les origines indo-européennes ou les aryas primitifs*[12] Ferdinand so sehr faszinieren sollte, dass er unter dem Eindruck der Lektüre einiger Kapitel sowie auf der Grundlage rudimentärer, in der Schule erworbener Griechischkenntnisse einen ersten wissenschaftlichen »Essais pour réduire les mots du grec, du latin & de l'allemand à un petit nombre de racines« (CFS 32 [1978], 73-101)[13] verfasste, den er dem inzwischen hochbetagten Pictet zusandte (Saussure 1997, 515)[14] und den Pictet in einer brieflichen Antwort nicht unfreundlich kommentierte.[15] Pictets Lebenszeit schlägt also einen zeitlichen Bogen von der Staël-Vertrauten und Großtante Albertine-Adrienne bis in die Kindheit und frühe Jugend Ferdinand de Saussures.[16] Der »verehrungswürdige Adolphe Pictet« (Souvenirs 7), den Ferdinand als Nachbarn der Familie de Saussure auf dem Lande besuchte (Souvenirs 16), berichtete bei diesen Gelegenheiten dem enthusiasmierten jugendlichen Bewunderer über seine komparatistischen Untersuchungen (Pictet 1837) sowie über seine theoretischen und philosophischen Ansichten, die im Übrigen nicht unerheblich geprägt waren von seiner Studienzeit in Deutschland, wo er die Bekanntschaft von Schleiermacher, Goethe und Hegel gemacht hatte. Pictet, der sich in seinen Überlegungen zur Ästhetik (Pictet 1856) insbesondere mit Hegel und Schelling auseinandergesetzt hatte, wurde so – wie De Mauro formuliert – »zu einem ersten Vermittler zwischen de Saussure und der Kultur der Romantik und des Idealismus« (De Mauro 1972, 323). Über ihn war Ferdinand bereits früh mit den ästhetischen, hermeneutischen und sprachphilosophischen Positionen vertraut, die das Denken im zu Ende gehenden 18. und beginnenden 19. Jahrhundert in Deutschland bestimmten: In einer Rezension der zweiten Auflage von Pictets *Les origines indoeuropéennes* von 1878, die er vermutlich während seines Berliner Semesters verfasste (Kapitel 2.2 »Das Berliner Intermezzo«), heißt es: »Im Zentrum des intellektuellen Interesses von Pictet nimmt die Theorie des Schönen eine Stelle von hervorragender Wichtigkeit ein: Bereits 1822 hatte er dazu Fragmente einer Abhandlung niedergeschrieben. Der Ästhetiker, der er ist, entflammt sich selbstverständlich auch für alle literarischen Fragen, die zu jener Zeit heftig debattiert wurden. Er weiht sich in die Literatur anderer Sprachen ein. Auf diesem Gebiet erschließt ihm die persönliche Bekanntschaft mit Wilhelm Schlegel neue Perspektiven. Schlegel öffnet ihm insbesondere den geistigen Zugang zum indischen Orient, dessen Geheimnisse der gelehrte Bonner Professor damals als fast Einziger in Europa kannte. Dies ist zweifellos der Zeitpunkt, an dem Pictet mit dem Studium des Sanskrit begann, wobei seine ästhetischen und literarischen Untersuchungen als Grundlage seiner linguistischen Bildung dienten. Anlässlich seines Aufenthaltes in Deutschland machte er dann die Bekanntschaft Goethes, Hegels, Schleiermachers und Schellings, der sein bevorzugter Philosoph bleiben sollte.« (Saussure 1878; Fehr 1997, 52 f.) Man kann Johannes Fehr sicher darin zustimmen, dass der »lebhafte Tonfall« sowie der ganze »ungewohnt leichtfüßig daherkommende Artikel« für eine große Vertrautheit des knapp einundzwanzigjährigen de Saussure mit den philosophischen Traditionen spricht, auf die er in seiner Rezension Bezug nimmt (Fehr 1997, 53; hierzu Kap. 3.2 »Induktion und Divination«).

Reisen: Henri de Saussure – Charles Darwin – Alexander von Humboldt

Auch Ferdinands Vater, Henri (1829-1905), der Sohn des wissenschaftlich nicht hervorgetretenen Bruders von Albertine-Adrienne und Nicolas-Théodore, Alphonse Jean François de Sausssure

(1770-1853), reihte sich als bedeutender Entomologe in die lange Familien-Tradition hochangesehener Naturwissenschaftler ein. Auch er war eng mit der europäischen und insbesondere auch der deutschen Wissenschaftskultur verbunden, eine Verbindung, die zudem durch sein familiales Netzwerk begünstigt wurde. Seine Heirat mit der ebenfalls aus einer angesehenen Genfer Familie stammenden Louise-Elisabeth de Pourtalès öffnete ihm nämlich die bemerkenswerten preußischen Filiationen dieser einflussreichen Familie. Die hugenottische Familie de Pourtalès, die sich wie die Familie de Saussure nach der Aufhebung des Edikts von Nantes aus Frankreich in die Schweiz geflüchtet hatte, siedelte sich in Neuchâtel an, das (mit einer kurzen Unterbrechung zwischen 1707 und 1857) preußisch war. Den Gründervater der Familie, Jeremie de Pourtalès (1701-1784), hatte Friedrich der Große 1750 geadelt, während seine Enkel Louis (1773-1848), James Alexander (1776-1855) sowie Charles Frederic de Pourtalès (1779-1861) 1815 von Friedrich Wilhelm dem III. in den preußischen Grafenstand erhoben worden waren. Als Enkelin des Comte Louis de Pourtalès war Ferdinands Mutter, Louise-Elisabeth, deren Geist, Geschmack und musikalische Bildung verschiedentlich gerühmt wurden (David 1913; De Mauro 321 f.), auf vielfältige Weise verwandtschaftlich mit der militärischen und politischen Elite Preußens verbunden. Ihr Großonkel Charles Frederic hatte als Offizier und Wirklicher Geheimer Rat die Stelle eines Oberzeremonienmeisters am Hofe Friedrich Wilhelms III. inne. Ihr Großcousin Albert de Pourtalès war Mitglied des preußischen Herrenhauses, der ersten Kammer des Preußischen Landtages, sowie seit 1859 preußischer Gesandter in Paris. Als er 1861 völlig überraschend in Paris starb, bedeutete dies, wie Henri de Saussure in seinem Tagebuch formuliert, »ein[en] immense[n] Verlust für die Familie«. Seine Nachfolge als Preußischer Gesandter in Paris trat 1862, wenn auch nur für wenige Monate, Fürst Otto von Bismarck an. Auch ihre Brüder Max und Hermann-Alexandre de Pourtalès (1847-1904), die Onkel Ferdinands, lebten als preußische Offiziere in Berlin. Es sind diese verwandtschaftlichen Beziehungen über die mütterliche Familie de Pourtalès, die das ›Cousin‹-Verhältnis zwischen Ferdinand de Saussure und Theobald von Bethmann-Hollweg, dem späteren deutschen Reichskanzler, stifteten, den Ferdinand während seines Leipziger Studiums verschiedentlich zur gemeinsamen Jagd auf Gut Hohenfinow besuchte (vgl. Kap. 2.2 »Saussure in Leipzig«).

Henri de Saussure hatte nach seiner Schulbildung am angesehenen Institut Fellenberg in Hofwyl (vgl. Kap. 2.2 »Schiffbruch im Hafen: Das Vater-Sohn-Drama«), auf das er auch seine Söhne Ferdinand und Horace schicken sollte, das Studium 1846 an der Genfer Akademie begonnen und es mit dem »diplôme de Bachelier en sciences mathématiques« abgeschlossen. Nach mehreren Studienjahren an der Pariser Sorbonne erwarb er 1852 die »licence ès-sciences«, um dann schließlich 1854 an der Universität Gießen zum Dr. phil. promoviert zu werden. Sehr früh schon hatte er seine Neigung für die Naturwissenschaften entdeckt. 1848 gründete er mit sechs seiner Genfer Mitstudenten eine »Gesellschaft der Naturwissenschaften«. Unter dem Einfluss seines Cousins, des Genfer Professors und Entomologen François Jules Pictet de la Rive, wandte er sich der Erforschung der Insekten zu und publizierte zunächst von 1853 bis 1858 seine *Études sur la famille des Vespides* (Henri de Saussure 1853-58) – Arbeiten auf einem Forschungsfeld, über das er mit Charles Darwin korrespondierte[17] – sowie danach die für seine wissenschaftliche Reputation noch bedeutenderen Untersuchungen zu den Orthoptera (Saussure/Zehntner 1895). 1870 wurde er zum Präsidenten der Physikalischen Gesellschaft und 1888 zum Präsidenten der Geographischen Gesellschaft der Schweiz sowie schließlich 1892 zum

»Honorary Fellow of the Entomological Society of London« (Papavero/Ibáñez Bernal 2001, 100 ff.) gewählt.

Einen Höhepunkt seiner wissenschaftlichen Tätigkeit stellt ohne Zweifel die 1854 begonnene Forschungsreise nach Westindien, Mexiko und in die Vereinigten Staaten dar (Henri de Saussure 1993), von der er 1856 mit wertvollen Sammlungen von Insekten, Myriapoden, Krustentieren und Vögeln nach Genf zurückgekehrt war. Über die Idee einer solchen Reise, von der er schon als Einundzwanzigjähriger träumte, vertraute er am 8. Februar 1850 seinem Tagebuch an: »Nichts kann mir die Zeit ersetzen, die ich damit verbringe, die Reiseberichte der berühmten Reisenden wie z.B. Humboldts zu lesen; ich brenne darauf, ihrem Beispiel zu folgen und diese fernen Länder zu besuchen; aber zur gleichen Zeit frage ich mich immer: wenn die Vorsehung es mir erlaubte, eine ebenso ausgedehnte Unternehmung zu verwirklichen, wäre ich dann in der Lage, ebensolche Früchte daraus zu gewinnen, wie andere?«[18]

Bei der konkreten Vorbereitung des innig herbeigesehnten Unternehmens konnte Henri dann die freundschaftlichen Beziehungen der Familien de Saussure und von Humboldt nutzen und den greisen Alexander von Humboldt bei der Reiseplanung um Rat fragen.[19] Von Humboldt gewährte in einem ausführlichen und anrührenden Brief diesen Rat: Er empfahl de Saussure seine mexikanische Reiseroute, unterstützte ausdrücklich die Expeditionspläne durch Empfehlungsschreiben und rühmte Henri und seine Familie: »Ich versuche als vorsintflutlicher Mann so langsam wie möglich zu versteinern, wobei die Versteinerung sicher nicht im Herzen beginnt. Die Reisenden, die sich wissenschaftlichen Untersuchungen widmen, sind immer Ausdruck des wissenschaftlichen Zustandes ihrer Zeit. [...] Es bleibt hier noch alles zu tun [...] für die neue Generation, der Sie angehören. Welche glücklichere Neuigkeit hätten Sie mir überbringen können, als die von Ihrer Reise nach Mexiko. Fürchten Sie nicht den großen Namen, den Sie tragen; ich bin nicht so unvertraut mit den Fortschritten der Naturwissenschaften, um nicht von meinen Freunden die sehr wichtigen Arbeiten zu kennen, die Sie publiziert haben und für die Sie bereits die Anerkennung sehr angesehener Sachverständiger in Paris und in Deutschland erhalten haben.« Er übermittelt »die glühendsten Wünsche, damit Herr H. de Saussure, der Enkel des großen Mannes [= Horace-Bénédicte de Saussure, L.J.], dem ich meine Ehrerbietung und meine ewige Bewunderung noch persönlich habe überbringen können, und der Neffe meines berühmten Freundes, des Chemikers [= Nicolas Théodore, L.J.]«, seine außerordentlichen Kenntnise auf eine Reihe von wichtigen Forschungsaufgaben richte. Schließlich hebt er noch einmal die »große Bewunderung« hervor, die er »für Ihren Namen und für Ihre angesehene Familie« hege, mit der er »seit vielen Jahren in Freundschaft verbunden«[20] sei.

2.2 Kindheit und Studium: Der Weg in die akademische Karriere

Schiffbruch im Hafen: Das Vater-Sohn-Drama

Hält man sich die Familientradition und auch die naturwissenschaftlichen Interessen des Vaters vor Augen, so ist es nicht überraschend, dass Henri de Saussure die geistige Entwicklung seines ältesten Sohnes von Beginn an mit der Erwartung verband, Ferdinand werde seine sehr früh erkennbaren außerordentlichen intellektuellen Fähigkeiten im naturwissenschaftlichen Geist der Familie entfalten. Dass Ferdinand schon früh begann, diese Erwartung nicht zu erfüllen, sollte eines der zentralen Motive des Vater-Sohn-Dramas werden, das das Verhältnis Ferdinands zu dem dominanten Henri de Saussure bis zu dessen Tod 1905 bestimmte. Legt man die Ausführungen seines Tagebuchs zugrunde, so beschäftigte der heranwachsende Sohn Ferdinand den Vater mehr als alle übrigen später geborenen Kinder.[21] »Dieser Junge«, formuliert er im Juli 1876 in einem Rückblick auf die Kindheit und Schulzeit seines ältesten Sohnes, »hat transzendente Fähigkeiten (›facultés transcendantes‹), die selbst um den Preis der größten Opfer gefördert werden sollten.« Ferdinand war, so beschreibt ihn Henri, ein überaus ernstes und besonnenes Kind, das schon sehr früh wie eine erwachsene Person auftrat. Lesen habe er ohne Hilfe gelernt, mit zehn Jahren bereits die Tageszeitung von einem zum anderen Ende verschlungen und später an seinen Büchern geklebt, weil er vom Lernen fasziniert gewesen sei: »Er las alles, was ihm unter die Hände kam.« Ferdinand war, so Henri im Januar 1872, »immer ein kleines Wunder«. So sehr nun aber auch den Vater die ungewöhnlichen intellektuellen Fähigkeiten seines Sohnes beglückten, so sehr beunruhigten ihn Verhaltensformen, von denen sie offenbar begleitet waren. Insbesondere Ferdinands Schweigsamkeit, seine Verschlossenheit und sein Einzelgängertum veranlassten ihn, seinen Sohn auf ein Internat zu schicken, weil er hoffte, dass er dort gezwungen sei, sich mit seinen Kameraden auseinanderzusetzen und an ihren Spielen teilzunehmen. Da er hier selbst einen Teil seiner Schulzeit verbracht hatte, schickte Henri seinen ältesten Sohn (und kurz darauf ebenso dessen jüngeren Bruder Horace) ab dem März 1867 in das Institut Fellenberg in Hofwyl bei Bern.[22] Hier machte Ferdinand, wie Henri im April 1969 berichtet, aufgrund seiner außerordentlichen Fähigkeiten rasch große schulische Fortschritte, lernte sehr gut Englisch und Deutsch, das im Übrigen bereits bei dem Dreijährigen durch die deutsche Amme Sophie gefördert worden war.

Sehr früh freilich beklagte Henri die Divergenz zwischen der körperlichen und der geistigen Entwicklung seines Sohnes. Ferdinand sei ein Feind der körperlichen Ertüchtigung und – im Gegensatz zu Horace – jeder gymnastischen Betätigung abhold. Seine außerordentliche Intelligenz scheine bei ihm alle Energien zu absorbieren, wenn sie es dem »erstaunlichen Kind« auch ermögliche, ohne jede Mühe und ohne dabei je oberflächlich zu werden, in einer seine Lehrer verblüffenden Weise zu lernen.

Trotz der positiven Wirkungen, die Hofwyl in den beiden ersten Jahren auf Ferdinand gehabt zu haben schien – Henri stellte fest, dass er offener und kommunikativer geworden sei –, waren es dann »bedauernswerte Ereignisse«, insbesondere wohl die durch das wenig körperbetonte Verhalten Ferdinands ausgelöste »Rücksichtslosigkeit seiner Mitschüler«, die den Vater schließlich veranlassten, Ferdinand (wie kurz darauf auch Horace) im Frühjahr 1870 aus dem Internat zurückzuholen, von dessen Leiter er nachdrücklich enttäuscht war.

Die sich hieran anschließende weitere Schulkarriere Ferdinands in Genf ist nun ein eindrucksvoller Beleg für die Berechtigung der hohen Erwartungen, die Henri hinsichtlich der intellektuellen Fähigkeiten seines ältesten Sohnes schon früh gehegt hatte. Zunächst besuchte Ferdinand von Juli 1870 bis zum Herbst 1872, immer als jahrgangsbester Schüler, die École Martine. Auf ausdrücklichen Wunsch seines Vaters, der ihn noch für zu jung für das Gymnasium hielt, aber zum eigenen Missvergnügen, verbrachte er dann ein Jahr am Collège de Genève, »um hier«, so Ferdinand, »so vollständig ein Jahr zu verlieren, wie es nur möglich ist, eines zu verlieren« (Souvenirs 17). Im Sommer 1873 verließ er das Collège in einer »brillanten Weise« – zur Freude seines Vaters, den insbesondere auch die öffentliche Anerkennung befriedigte (Presseartikel wurden in das Familienalbum geklebt), und verbuchte einen Großteil der zu vergebenden Preise auf seinem Konto: Er erhielt die Preise für Latein, Griechisch, Geschichte, Versdichtung in französischer Sprache (»composition française«), insgesamt fünf Preise und drei Belobigungen, ein Vorgang, der sich dann auch in den beiden Jahren auf dem Gymnasium wiederholte. Auch hier gewann er wieder mehrere Preise, darunter zwei Preise für französische Versdichtung, wobei ihm einer dieser Preise für ein Gedicht verliehen wurde, das er über das »fou rire«, jenes »verrückte Lachen« verfasst hatte, das seinen Vater so an ihm beunruhigte.[23]

Ferdinand war also ohne Zweifel ein brillanter, weit überdurchschnittlich begabter Schüler, dem ein hohes Maß an Frühreife eignete und dessen Vorlieben, wie Henri es formulierte, nie die der Jugend waren. Dieser Abneigung »gegen die normalen Freuden der Kindheit« entsprach aber, was den Vater irritierte, eine nachhaltige Aversion gegen alle körperliche Anstrengung: »Das Übermaß an Intelligenz hatte als Gegenstück eine singuläre körperliche Trägheit.« Die Versuche des Vaters, diesen Zustand zu wenden, waren ebenso insistent, wie sie in seinen Augen letztlich erfolglos blieben: Immer wieder versuchte er – etwa nach dem erfolgreichen Collège-Abschluss Ferdinands im Juli 1873 –, mit den beiden ältesten Söhnen auf den Spuren des Großvaters Horace-Bénédicte den Mont-Blanc zu besteigen. Mit Ferdinand erreichte er aber den Gipfel nicht: »Am Dôme de Goûter bekam Ferdinand Herzschmerzen und war unfähig, weiter zu gehen.« Mehr Glück hatte der Vater mit seinen Versuchen, Ferdinand für das Jagen zu gewinnen, an dem der Sohn, der gerne ritt, besonderes Gefallen fand. Gleichwohl entzog sich Ferdinand, dessen Gehorsam Henri ansonsten pries, hinsichtlich der besseren Ausbildung sportlich-körperlicher Fertigkeiten beharrlich den Wünschen des Vaters und er tat dies in einem noch viel grundlegenderen Sinne auf einem für Henri bedeutenden Feld, auf dem Feld der mit dem heranrückenden Studium dringender werdenden Frage nach der wissenschaftlichen Orientierung des Sohnes.

In einem Brief an seinen Freund Amé-Jules Pictet schrieb Ferdinand im August 1875: »Du fragst nach der Universität: ich glaube, man will mich in die Naturwissenschaften drängen; aber wir haben für alles das ja noch etwas Zeit; in jedem Fall habe ich nicht vor, ausschließlich Naturwissenschaften zu studieren; aber bis zu welchem Grad hat man Zeit, das eine und das andere zu tun?« (Lettres 445) In der Tat hatte Henri, wie er im Juli 1876 seinem Tagebuch anvertraute, nach dem Abschluss des Gymnasiums für Ferdinand entschieden, dass dieser, anders als er selbst, vor einer fachlichen Spezialisierung das »vollständige Programm der Naturwissenschaften« an der Genfer Universität zu absolvieren habe. Ein solches naturwissenschaftliches Grundlagenstudium war bis 1873 ein für alle Studierenden verbindliches Curriculum der Genfer Académie, die in diesem Jahr allerdings den Status einer Universität erhalten und auch ihre curricularen Strukturen geändert hatte. Der entsprechende obligatorische Studiengang wurde nun durch das Prinzip der freien Studienwahl, in den Augen Henris eine »vollständige Anarchie«, ersetzt: Jeder könne sich nun darauf beschränken, seine speziellen Fächer zu studieren, und dies habe für Ferdinand den »ärgerlichen Effekt« gehabt, dass es unmöglich gewesen sei, ihn dafür zu gewinnen, das naturwissenschaftliche Grundlagenstudium gutzuheißen: »Er sah nichts als seine Literatur.« Ferdinand habe, beklagt er, nicht die Energie gehabt, sich auch in den Wissenschaftszweigen durchzubeißen, für die er keine Neigung verspürt habe. Er habe zunächst die höhere Algebra und dann die höhere Mathematik aufgegeben, um stattdessen seine Griechischkenntnisse zu vertiefen und mit der Hilfe des Sanskritisten Léopold Favre Sanskrit zu lernen, eine Aktivität, die er bereits während der Gymnasialzeit begonnen hatte (Souvenirs 19). In dieses Unternehmen stürzte sich Ferdinand offenbar mit einer großen Intensität. Er arbeitete nach dem halbherzig absolvierten täglichen naturwissenschaftlichen Studienprogramm nachts an seinen Sprachkenntnissen und ließ so bei seinem Vater die beiden großen Verweigerungen, die des naturwissenschaftlichen Studiums und die der körperlichen Ertüchtigung, zu Symptomen derselben Krankheit werden: »Er arbeitete zuviel und seine Gesundheit beunruhigte mich.« Er sei bleich und vernachlässige »angesichts seines Widerwillens gegenüber allem, was physisch ermüdet, seine Übungen«. Und so kam es, wie es kommen musste: Ferdinand zeigte »keinerlei Lerneifer für die Naturwissenschaften, und – unerhörte Sache – er fiel durch das Chemieexamen«. Nach dem bis zu diesem Zeitpunkt überaus verheißungsvollen Verlauf der Lern- und Studienbiografie Ferdinands hätte für den Vater die Katastrophe nicht größer sein können. Für ihn endete »diese seit vielen Jahren so brillante schöne Studienkarriere in einem Fiasko«. »Wie schade«, klagte er, »so im Hafen Schiffbruch zu erleiden.«

Ferdinand seinerseits betrachtete das Genfer Universitätsjahr, das er im Bereich der Faculté des Lettres mit dem »Bachelier ès lettres« (Villani 1990 = DOC 9), abschloss, zumindest hinsichtlich des naturwissenschaftlichen Anteils als vertane Zeit: »Zwischen 1875 und 1876 verlor ich wiederum grundlos ein Jahr, um in Übereinstimmung mit einer Art Tradition der Familie an der Universität Genf Kurse in Chemie und Physik zu belegen.« (Souvenirs 20) Längst hatte er nämlich unter dem Einfluss Pictets und seines Großvaters mütterlicherseits, Alexandre-Joseph de Pourtalès, die beide, wie er selbst formuliert, seinen »linguistischen Neigungen Nahrung verschafften« (Souvenirs 16 f.), damit begonnen, seine Kenntnisse in Griechisch, Latein und Sanskrit zu verbessern und sich durch die Lektüre von Georg Curtius (Curtius 1873)[24] und Franz Bopp (Bopp 1863; 1868-71)[25] mit den Anfangsgründen der vergleichenden Indoeuropäistik vertraut zu machen. Dass dabei die Aufenthalte in der Bibliothek des Großvaters Pourtalès eine bedeutende Rolle spielten, bekunden die Tagebücher des Enkels und Schriftstellers Guy de Pourtalès: »Ich weiß von meinem Cousin Ferdinand de Saussure, dem Philologen, dass er hier bei unserem gemeinsamen Großvater seine Neigung für die Wissenschaft entdeckt hat, deren Geschichte er eines Tages (und ganz jung noch) revolutionieren sollte.« (Pourtalès 1980, 53 f.) Die noch 1875 angestellte Erwägung, in welchem Verhältnis naturwissenschaftliche und sprachwissenschaftliche Anteile in einem Studium zueinander würden stehen können, wurde im Laufe des unglücklichen Genfer Universitätsjahres von der fraglosen Gewissheit verdrängt, dass die Sprachwissenschaft, also jene – von Henri so angesehene – »marotte linguistique« (Souvenirs 17) zum großen Studien- und Lebensthema werden würde.

Auch der Vater begann sich aus seiner Bestürzung und Enttäuschung zu lösen. Er versöhnte sich mit der Entscheidung seines Sohnes, als dieser, nach der Einreichung eines ersten Artikels bei der Société linguistique de Paris (Saussure 1876; vgl. Souvenirs 19) am 13. Mai 1876 als Mitglied der Société aufgenommen worden war (Benveniste 1964). Zwar schmerzte den Vater auch zu dieser Zeit das ›Fiasko‹ noch nachhaltig, gleichwohl, so tröstet er sich, »darf man nicht übertreiben. Während er [Ferdinand, L.J.] seine Naturwissenschaften vernachlässigte, hat er eine Arbeit über die Suffixe geschrieben, die er an die Soc. de Linguistique in Paris geschickt hatte und die einiges Aufsehen erregte. Er wurde als Mitglied dieser Gesellschaft akzeptiert und seine Arbeit wurde zum Druck angenommen. Das ist ein Erfolg, der den plötzlichen Misserfolg mehr als ausgleicht. Ich hätte es natürlich vorgezogen, wenn es den Misserfolg nicht gegeben hätte.« Auch wenn also der Misserfolg durch einen Erfolg kompensiert wurde, so ereignete sich dieser doch nicht auf dem Feld, das den Vater allein wirklich beglückt hätte – auf dem Feld der Naturwissenschaften.

Saussure in Leipzig: Das Mémoire und Brugmanns Klage

Am 21. Oktober 1876 schrieb sich Ferdinand de Saussure, nachdem der Vater hinsichtlich der Studienorientierung ein Einsehen hatte, an der Philosophischen Fakultät der Universität Leipzig ausschließlich für das Fach Philologie ein (DOC 7 f.). Für die Söhne der Genfer Elite war, wie die Promotion Henris in Gießen zeigt, das Studieren im europäischen Ausland und insbesondere in Deutschland nichts Ungewöhnliches. In der Regel begaben sie sich nach einem oder zwei Jahren an der Genfer Universität zur Beendigung ihres Studiums an eine auswärtige Universität, nach Paris, Leipzig, Dresden, Göttingen oder Berlin (vgl. Lettres 443). Was die Wahl Leipzigs betrifft, bestanden in der Familie de Saussure über die mütterlich-preußische Linie de Pourtalès sehr gute Beziehungen nach Deutschland. So diente etwa das Bethmann-Hollweg'sche Gut Hohenfinow in Brandenburg Ferdinand während seines Leipziger Studiums verschiedentlich als ›Emigrationsort‹, wo er sich mit den »Cousins«[26] zur Jagd, zu Ausritten und Kutschfahrten traf und auch ›anderen Freuden‹ frönte – wie etwa der Lektüre der neuesten Romanliteratur (Lettres, 454).[27]

Allerdings fiel nach Ferdinands eigenem Bekunden die Entscheidung für die von Mounin so genannte »capitale mondiale de la jeune linguistique«[28] als Studienort eher zufällig und hatte vor allem den Grund, dass einige seiner Freunde als Theologen und Juristen ebenfalls in Leipzig studierten: Die Eltern hätten, so Ferdinand, da er erst achtzehneinhalb Jahre alt gewesen sei, für sein weiteres Studium eine Universitätsstadt im Ausland gewünscht, in der er von Landsleuten umgeben sei (Souvenirs 20). In der Tat kannten sich die studentischen Mitglieder der Leipziger »colonie genevoise«, die Ferdinand die »Genève allemande« nannte (vgl. Lettres 445), bereits sehr gut aus ihrer gemeinsamen Mitgliedschaft in den Genfer Schüler- und Studentenverbindungen Pædagogia und Zofingue, die beide eine große Rolle im intellektuellen und sozialen Leben der Genfer Eliten spielten (vgl. Lettres 442 ff.). Die Wahl des Studienorts fand insofern in familialem Einvernehmen statt, zumal Ferdinand wohl keine Einwände dagegen hatte, in Leipzig bei dem Autor der *Grundzüge der griechischen Etymologie* zu hören und ihn persönlich kennenzulernen.[29] Sicher ist es auch nicht ganz unangemessen, anzunehmen, dass er es sehr wohl schätzte, hier über Georg Curtius hinaus auf die linguistische Avantgarde[30] der Vergleichenden Indoeuropäistik zu treffen (Souvenirs 15).

Dass Ferdinand bei der Wahl seiner Studienfächer nicht der großen naturwissenschaftlichen Vätertradition gefolgt war, wie sie etwa durch den Agronomen Nicolas, den Geografen Horace-Bénédicte, den Chemiker Nicolas-Théodore und seinen Vater, den Entomologen Henri de Saussure, repräsentiert wurde, sondern dass er sich stattdessen für die ihm von Pictet und dem Großvater Pourtalès nahegebrachte Welt der Geisteswissenschaften entschied, wie sie in der Familie durch seine Großtante Albertine-Adrienne repräsentiert wurde, scheint weder Henris Bewunderung für seinen Sohn noch seiner ausgeprägten Fürsorgehaltung Abbruch getan zu haben. Er ließ es sich jedenfalls nicht nehmen, Ferdinand im Herbst 1876 auf einer Bildungsreise mit Museums- und Opernbesuchen über München und Wien nach Leipzig zu bringen, wo er ihn persönlich bei einigen Familien der gehobenen Leipziger Gesellschaft einführte und ihn ihrer Obhut anvertraute.[31] Zugleich meldete er ihn, weil er dies für die Gesundheit Ferdinands für unverzichtbar hielt, für Reit- und

Gymnastikkurse an. Seiner Frau schrieb er am 25. Oktober: »Die Einrichtung in Leipzig ist abgeschlossen; ich glaube, dass es ihm an nichts fehlen wird. In jedem Fall ist er gut umgeben und anempfohlen, so dass ich ihn ohne Sorge verlassen kann.« (Lettres 443)[32] Und am 5. November berichtete er: »Ferdinand ist sehr zufrieden mit seiner Universität und fühlt sich insgesamt sehr glücklich.« (Lettres 442) In der Tat waren, wie er Amé-Jules Pictet in einem Brief im Dezember mitteilte, Ferdinand und mit ihm die übrigen Mitglieder der Genfer Gruppe insgesamt von der Wahl der Universität Leipzig so überzeugt, dass sie es »um kein Gold der Welt noch einmal mit der von Genf versuchen« wollten (Lettres 451). So eindeutig positiv freilich das Urteil des Neustudenten über die Universität ausfiel, so kritisch war sein Blick auf die Lebensqualität der in der zweiten Hälfte des 19. Jahrhunderts zu einem Industriestandort gewordenen Stadt selbst, die er als »soviel weniger chic« empfand als Dresden: Bei der Hospitalsstraße, in der er eine Wohnung gefunden hatte, handele es sich, so Ferdinand, um den Friedhofsweg, auf dem er nur düstere Leichenwagen zu Gesicht bekomme; die Aussicht sei durch ein halbes Dutzend Fabrikschornsteine verstellt; insgesamt sei die Stadt voller Fabriken, die aus hundert Öffnungen rauchten, so dass die Luft voller Ruß sei. Das Wasser sei untrinkbar und es empfehle sich nicht, darin zu baden; das schwere deutsche Bier habe langsam aber sicher die Folge, sie alle zu germanisieren; aus den vergitterten Kellerfenstern entwichen unbeschreibliche Gerüche. Zu diesem Phänomen habe man, spöttelt Ferdinand, die Hypothese entwickelt, dass der ›Grand Conseil de Genève‹ hier seine Versammlungen abhalte. Tröstlich an seinem Domizil fand er immerhin, dass eine größere Gruppe der Genfer Studienfreunde nur zwei Schritte von ihm entfernt wohnte (Lettres 451).

Insgesamt aber blieb ihm, obgleich er verschiedentlich den Jagd- und Essenseinladungen der von seinem Vater kontaktierten Leipziger Familien von Stand folgte (Lettres 448, 450), die städtische Kultur Leipzigs fremd. So nahm er sein Studium mit freudiger Zustimmung zur Universität und deutlicher Reserviertheit gegenüber der Stadt Leipzig auf. Dass sich Ferdinand – im Gegensatz zu seinem Vater – offensichtlich mit der preußisch-deutschen Kultur[33], die durch die mütterliche Familie repräsentiert wurde, nicht recht anfreunden konnte, ist sicher ein weiterer Grund für das nicht immer harmonische Vater-Sohn-Verhältnis.

Er studierte zunächst vier Semester, vom Wintersemester 1876/77 bis zum Sommersemester 1878 in Leipzig, wobei er – nach eigenem Bekunden – das Angebot der Lehrveranstaltungen weniger intensiv wahrnahm, als er es wohl später selber für sinnvoll erachtete. Zugleich blieb er, auch dies bedauerte er nachträglich, aufgrund der engen sozialen Bindung an die Gruppe der Genfer Studenten den ›Kneipen-Zirkeln‹ fern, die sich »um die jungen akademischen Führungsköpfe der Leipziger linguistischen Schule« geschart hatten (Souvenirs 22).[34] Er habe, berichtet er, Slawisch und Litauisch bei Leskien[35], Altpersisch bei Hübschmann[36] und einen Teil der Vorlesung Windischs zum Keltischen[37] gehört. Zum Sanskrit habe er nur an zwei Sitzungen der Vorlesung von Osthoff[38] teilgenommen und zur Geschichte der germanischen Sprachen die Vorlesung von Braune[39] besucht. Regelmäßig habe er sich in Curtius' Veranstaltungen zur Vergleichenden Grammatik[40] eingefunden und dort auch zwei Seminarvorträge gehalten. Die Teilnahme an der Vorlesung Karl Brugmanns wiederum, zu dem er bald in freundschaftlichem Kontakt stand, habe er 1877 nach den ersten Sitzungen abgebrochen, da er schon intensiv mit der Arbeit an seinem *Mémoire* beschäftigt gewesen sei (Souvenirs 22). Brugmann seinerseits, der sich nach de Saussures Tod darüber beklagte, dieser habe nie offen eingestanden, dass er die für seine indoeuropäistische Arbeit wichtige »Hauptanregung in Leipzig« erhalten habe, erinnerte de Saussures Auszug aus seiner Vorlesung als einen Akt der Geheimniskrämerei und der Konkurrenz: »Als er an seinem Buch schrieb, verkehrten wir öfters miteinander fachsimpelnd, und ich hatte keine Ahnung davon, dass er an einer solchen Arbeit sass. Er kam nun eines Tages, nachdem er wohl 2-3 Monate meine Vorlesung besucht hatte [...] zu mir in die Königstr.[41] und sagte, ich solle ihm nicht gram sein, wenn er von jetzt an meine Vorlesungen nicht weiter besuche. Denn er höre zu oft neue (ungedruckte) Deutungen von mir, die genau übereinstimmten mit dem, was er sich über die Gegenstände ebenfalls gedacht habe, und da er jetzt an einem Buch über die idg. Vokalverhältnisse schreibe (da hörte ich zum ersten Mal davon!), so wisse er denn nicht, ob er die Sache als *seinen* Fund vortragen dürfe oder nicht.« (DOC 30)

Die zitierten Briefe Brugmanns[42], die er nach dem Tod de Saussures an Wilhelm Streitberg[43] als den Verfasser eines de Saussure-Nekrologs richtete, lassen sowohl die Konkurrenz, die zwischen dem studentischen Autor des *Mémoire*, der beim Erscheinen des Buches erst einundzwanzig Jahre alt war, und den akademischen Jungstars der Leipziger linguistischen Szene herrschte als auch die Irritation deutlich sichtbar werden, die die absolute – und auch von Brugmann durchaus eingeräumte – intellektuelle Eigenständigkeit und Originalität des *Mémoire* offenbar für die Junggrammatiker darstellte. Auch de Saussure umgekehrt war sich in der Phase seiner Arbeit am *Mémoire* der Konkurrenz insbesondere Brugmanns und Osthoffs durchaus bewusst. In den Sommerferien 1878 verließ er, nachdem er bereits die Pfingstferien dem *Mémoire* geopfert hatte (Lettres 462), zu seinem eigenen[44] und zum Leidwesen der Familie in Genthod Leipzig wiederum nicht, sondern verschob, um sein Buch fertigzustellen, seine Abreise von Woche zu Woche, um schließlich erst am 22.

September an den Genfer See zurückzukehren. Die Intensität der Arbeit in dem von ihm so genannten Leipziger »Zirkel der Leiden [...] zwischen der Hospitalstrasse, dem Café Mercure und der Lesehalle« (Lettres 463) verdankte sich ohne Zweifel auch, wie man dem Tagebuch des Vaters entnehmen kann, dem Umstand, dass er befürchtet zu haben scheint, Brugmann oder Osthoff könnten ihm mit einem ähnlichen Unternehmen zuvorkommen. Am 21. September 1878 notierte Henri, Ferdinand habe sein zweites Studienjahr in Leipzig damit verbracht, eine originelle Arbeit über die Vokale zu verfassen. Er habe zunächst geplant, nur sechzig Seiten zu schreiben, nun aber seien es dreihundert geworden. Statt Ende Juli in die Sommerfrische Genthods zu kommen, sei er so lange in Leipzig geblieben, weil er einem anderen, der über dasselbe Thema arbeite, habe zuvorkommen wollen.[45]

Tatsächlich entstand als Produkt der Leipziger Leidenszeit mit dem *Mémoire sur le système primitif des voyelles dans les langues indo-européennes* (MÉM) mehr als nur eine »originelle Arbeit über die Vokale«. Das Buch darf vielmehr, wie Remo Gmür formuliert, als das zu seiner Zeit wohl revolutionärste Buch auf dem Gebiet der Vergleichenden Sprachwissenschaft angesehen werden (vgl. Gmür 1980, Vorwort), ein Buch, das auch über ein Jahrhundert nach seinem Erscheinen als Ausgangspunkt der modernen Indogermanistik kaum etwas von seiner Bedeutung eingebüßt hat (Gmür 1986, 206).

Das *Mémoire*, in dem de Saussure die Altertümlichkeit des europäischen Vokalismus nachgewiesen und damit die von Jacob Grimm und Franz Bopp bis August Schleicher und Georg Curtius vertretene Ansicht von der Ursprünglichkeit des altindischen Vokalismus, die sogenannte »*a*-Spaltungstheorie« (Gmür 1980, 20)[46], überwunden hatte, stellte für die zeitgenössische Vergleichende Sprachwissenschaft, insbesondere für die sich gerade konstituierende Leipziger Schule, nicht nur in seinen systematischen Ergebnissen zum indoeuropäischen Vokalsystem, sondern insbesondere auch hinsichtlich seiner theoretischen und methodischen Prinzipien eine beträchtliche Herausforderung dar. Vor allem der für die herrschende Lehre der 1870er Jahre gänzlich neue Gedanke, dass nicht die Untersuchung des historischen Wandels isolierter Laute Gegenstand der sprachwissenschaftlichen Untersuchung sein könne, sondern dass Laute vielmehr »mit Hilfe der morphologischen Gegebenheiten« (MÉM 59), d.h. nur im Kontext ihrer synchronisch-morphologischen Umgebungen analysiert werden dürften (Kurylowicz 1978), bedeutete eine grundlegende Abkehr von der diachronischen Einzellautbetrachtung, also vom atomistischen Positivismus der Junggrammatiker.[47] De Saussure war sich bereits in der Zeit der Abfassung des *Mémoire* vollkommen darüber im Klaren, dass sprachliche Entitäten nicht, wie die Junggrammatiker unterstellten, problemlos als »lautliche Elemente« (Paul 1901, 200) quasi »natürlich gegeben« seien (Saussure 1997, 298 f.; Kap. 4.1), sondern dass Laute vielmehr – so sollte er später in den Notizen zur Morphologie formulieren – nur im Schoße der Wörter »existieren, leben und sich wandeln« (Saussure 1997, 286) oder, wie es in den *Notes item* heißt, »dass wir [...] nur in dem Maße im Besitz des Lautes [sind], in dem wir *das ganze sème* nehmen, also mit der Bedeutung« (Saussure 1997, 376). Die in der zweiten Genfer Vorlesung vorgetragene Kritik, dass die Linguistik bislang kaum mehr getan habe, »als über schlecht definierte Einheiten zu diskutieren« (EC 251, 1815), findet sich in großer Klarheit bereits in Notizen aus den Leipziger Studienjahren und zeigt de Saussures hohe theoretischmethodologische Reflektiertheit:

»[...] kann man eine Form wie ein Imperfekt als ein tatsächlich eigenständiges Wort [un véritable mot tout fait] auffassen? Muß man nicht vielmehr [...] ein Imperfekt z.B. in einem Verb, einen Dativ z.B. in einem Nomen als etwas betrachten, was nur dem Prinzip nach in der Sprache [langue] existiert? Wie etwas, das nach den bekannten Gesetzen jedesmal erst gebildet werden muß, wenn man sich dieser Formen bedienen will?[48] Ich erläutere das näher: kann man – weil das Sanskrit, das Latein und das Griechische eine identische Wurzel [thème] haben, um »nouveau« zu sagen, nämlich ›nava‹, ›neos‹, ›novo‹ und andererseits eine identische Endung, um den Akkusativ zu bilden, nämlich ›m‹ – sagen, daß ›navam‹, ›neom‹, und ›novom‹ jedes für sich direkt vom indogermanischen Akk. ›navam‹ abstammen? [...] Daß man auch alle anderen Formen der Deklination von ›nava‹ in gleicher Weise betrachten könne als je eigenständige unterscheidbare Wörter, die seit den indogermanischen Zeiten einem parallelen Weg gefolgt sind, wobei sie im Grunde untereinander in keiner Beziehung standen, weil ihre Ähnlichkeit transparent geblieben ist? Kein reales Band verbindet sie miteinander, und um sie auf ihre Einheit zurückzuführen, muß man zum indogermanischen Ausgangspunkt zurückgehen, von dem aus jede Form ihren eigenen Weg genommen hat, ohne sich um ihre Brüder und Begleiter zu kümmern. Angesichts einer solchen Konzeption kann man nur die Schulter zucken, wenn man sich die enge Verbindung der Fälle eines Nomens, aller Zeiten der meisten Verben vor Augen hält.«[49]

Es ist angesichts der Erschütterung, die de Saussures revolutionäres Frühwerk einerseits für die herrschenden theoretischen Anschauungen zum indoeuropäischen Vokalismus, aber andererseits auch für das Wissenschaftsprogramm des junggrammatischen Positivismus insgesamt bedeutete (Kap. 3.1), nicht ganz überraschend, dass das *Mémoire* zwar, wie Wilhelm Streitberg formulierte, den Namen des Verfassers mit einem Schlage berühmt machte, andererseits aber insbesondere bei den deutschen Rezipienten so etwas wie eine Schockstarre auslöste, die einen tieferen Einfluss auf die Sprachwissenschaft lange Jahre hindurch verhinderte: »Dem System als Ganzem stand man [...] befremdet gegenüber.« (Streitberg 1914) Am schärfsten formulierte Osthoff diese Befremdung: er müsse, so Osthoff, »das ganze princip de Saussures [...], obwohl ich den grossen scharfsinn in der aufstellung und durchführung anerkenne, dennoch in der sache für verfehlt und ein wenig zu sehr von der starren consequenzenmacherei eingegeben« (Osthoff/Brugmann 1879, 125 f.) erachten – oder, wie er später zuspitzte, er halte das *Mémoire* für eine misslungene Arbeit, einen radikalen Irrtum (Osthoff/Brugmann 1881, 215, 331). Und auch wenn Brugmann das Werk de Saussures weniger polemisch abwehrend als Osthoff aufnahm – er nannte es trotz eines ebenfalls kritischen Gestus eines der wichtigsten Bücher auf dem Feld des indoeuropäischen Vokalismus (Brugmann 1879, 773 f.)[50] –, lässt sich, wenn auch vielleicht nicht von einer »Verschwörung des Schweigens« (De Mauro 1972, 327; Buss/Jäger 2003, 135 ff.), so doch von einer tiefen Irritation der junggrammatischen Schule sprechen, die in ihren größeren fachhistorischen Darstellungen den Beitrag de Saussures zum »gänzlichen Umschwung in den Anschauungen über den indogermanischen Vokalismus« entweder relativierte wie Hermann Paul (Paul 1901, 127)[51] oder gänzlich ignorierte wie Berthold Delbrück (Delbrück 1880, 54 ff., 59).

Streitberg hat in späteren Briefen an Brugmann die junggrammatische Fehleinschätzung der Bedeutung des *Mémoire* freimütig eingeräumt: »Mir ist die evidente Richtigkeit der Saussure'schen Theorie zuerst vor drei oder vier Jahren [...] aufgegangen. [...] Damals fiel es mir wie Schuppen von den Augen. [...] Und aus diesem [dem Saussure'schen L.J.] Grundprinzip ergeben sich alle anderen Dinge, fallen wie reife Früchte in den Schoß.« Spätere Arbeiten der Junggrammatiker (insbesondere die Osthoffs) hält er für verhängnisvoll, »weil dadurch Saussures *Mémoire* in den Hintergrund gedrängt und die schon gewonnene Erkenntnis des richtigen verdunkelt worden« sei (DOC 5). In seinem Nachruf auf de Saussure nennt er dann das *Mémoire* ein geniales

Werk, de Saussures Meisterwerk: »[...] noch heute, nach einem Menschenalter, wirken Inhalt und Form mit derselben bezwingenden Macht wie am Tage des Erscheinens – von wieviel sprachwissenschaftlichen Werken, auch solchen höchsten Ranges, kann man das Gleiche sagen?« (Streitberg 1914, 206; hierzu auch Stetter 1992)

Das Berliner Intermezzo: Whitney - Steinthal - Wernicke

De Saussure beendete also sein Leipziger Studium (DOC 8) mit einem wissenschaftlichen Paukenschlag, der in der europäischen Sprachwissenschaft lange nachhallen sollte. Erst der zweite, posthum mit seinem Namen verbundene Ruhm, der durch die Publikation des *Cours* 1916 ausgelöst werden sollte, löschte den autochthonen ersten aus.[52] Fortan blieb, wie Georges Redard formulierte, der de Saussure des *Mémoire* einer an Stummheit grenzenden Diskretion ausgesetzt (Redard 1978), obgleich es ironischerweise das hohe Ansehen des Indoeuropäisten de Saussure war, dem sich der Ruhm des *Cours* indirekt verdankte. Ohne die internationale Strahlkraft der komparatistischen Arbeiten de Saussures wäre der unautorisierten Genfer Vorlesungsedition Sechehayes und Ballys wohl kaum die Aufmerksamkeit zuteil geworden, die nun der Name Saussure auslöste. Das *Mémoire* also verhalf letztlich dem *Cours* zu jener wirkungsgeschichtlichen Allgegenwart, die sich fortan wie Mehltau über den de Saussure der Komparatistik und der *Notes* legen sollte (Kap. 5.1 und 5.2). Dieser verschwand nun fast vollständig aus dem Horizont rezeptiver Aufmerksamkeit. Zugleich überschrieben die post mortem erfundene ›Gründungsurkunde des Strukturalismus‹, der *Cours*, und seine Erfolgsgeschichte das bereits in der Zeit des *Mémoire* deutlich ausgeprägte und durch den desolaten Zustand der zeitgenössischen

Indoeuropäistik ausgelöste originäre Interesse de Saussures an einer philosophisch motivierten Grundlagenreflexion von Sprachtheorie und Sprachwissenschaft (Kap. 3.1).

Als das *Mémoire* im Dezember 1878 im Leipziger Verlag Teubner erschien, war de Saussure bereits – nach seiner in den Spätherbst verschobenen Sommerfrische in Genthod – von Leipzig nach Berlin umgesiedelt, wo er ein Zimmer in der Dorotheenstraße 88 direkt hinter der Universität gemietet hatte. Nach Berlin hatte es ihn bereits von Leipzig aus verschiedentlich gezogen. Hier machte er auf dem Weg nach Hohenfinow im Hotel Kaiserhof halt (»c'était chchic«) oder er traf sich mit den Berliner Studienfreunden Alfred und Edmond Gautier zum Jahreswechsel 1877/78, um Silvester zu feiern (Lettres 453). Vermutlich besuchte er in Berlin auch die beiden Onkel Max (Albert Maximilien) und Hermann de Pourtalès, die als hohe Offiziere in militärischen Diensten Preußens standen. Vom 27. November 1878 bis zum 27. März 1879 schrieb er sich für ein Semester an der Königlichen Friedrich-Wilhelms-Universität ein[53], wobei die Vorbereitung auf sein Leipziger Rigorosum, das er für das Frühjahr 1880 geplant hatte (DOC 14), vielleicht auch die Fertigstellung seiner Dissertation (Saussure 1881) als mögliche Motive für den Universitätswechsel angesehen werden können. Zwei Lehrveranstaltungen bei jungen Privatdozenten der Friedrich-Wilhelms-Universität, die diesem Zweck gedient haben mögen, sind durch das Berliner Abgangszeugnis belegt (UA/Phil.Fak.): »Erklärungen des Latapathabrahmana«, mittwochs und sonnabends von 10 bis 11 Uhr bei Dr. Hermann Oldenberg (seit Januar 1878 Privatdozent für Sanskrit) sowie mittwochs und sonnabends von 11 bis 12 Uhr »Einführung in das Studium der Veda und Erklärung von Yaska's Nurukta« bei Dr. Heinrich Zimmer (seit März 1878 Privatdozent für Anglistik und Keltisch).

Freilich ist fraglich, ob tatsächlich die Prüfungsvorbereitungen im Vordergrund des Berliner Aufenthaltes standen. Zimmer jedenfalls hatte ohne Zweifel noch eine andere Bedeutung für das Berliner Intermezzo de Saussures. Offenbar durch ihn kam es hier zu einer Begegnung zwischen dem jungen *Mémoire*-Autor de Saussure und dem international renommierten amerikanischen Sanskritisten William Dwight Whitney (1827-1894) aus Yale, dessen Arbeiten in den 1870er Jahren in Leipzig intensiv rezipiert worden waren und der deshalb große Bedeutung für das theoretische und methodische Selbstverständnis der Junggrammatiker erlangt hatte (vgl. Brugmann 1897; hierzu Jäger 1975, 231 ff.; Koerner 1980). Zimmer arbeitete 1878/79 an der Übersetzung der Whitney'schen Sanskrit-Grammatik (Whitney 1879), von deren Fortgang sich Whitney offenbar bei einem Besuch in Berlin überzeugen wollte.[54] Wohl bei Zimmer trafen der jugendliche Autor de Saussure und der angesehene Yale-Forscher Whitney aufeinander, wobei Whitney – und dies zeigt den raschen Ruhm des Genfer Sprachwissenschaftlers – bereits das gerade erschienene *Mémoire* gelesen und mit Kommentaren versehen hatte, die er de Saussure zukommen lassen wollte.[55]

Vermutlich jedoch hat de Saussure nicht nur durch den Kontakt mit Whitney in Berlin seinen Interessenhorizont über die Vergleichende Sprachwissenschaft im engeren Sinn hinaus geweitet. In seinem Brief an Brugmann vom Juni 1879 schreibt er im Rückblick auf sein Berliner Wintersemester, er habe hier »das Vergleichen ganz bei Seite« gelassen und wenig davon erfahren, was sich in der Leipziger Sprachwissenschaft tue: »Ich bin neugierig zu wissen ob Sie etwa mit einer größeren Arbeit beschäftigt sind und ob irgend etwas neues los ist [...].« (DOC 13 f.) Es war offensichtlich nicht die Komparatistik Leipziger Provenienz, die ihn hier anzog, sondern eher die Weite des Whitney'schen Denkansatzes, an dem er – wie er später im Entwurf seines Gedächtnisartikels formulierte – besonders schätzte, dass er sich von der vergleichenden Grammatik gelöst habe, um aus ihr »eine philosophische Sichtweite« abzuleiten (Saussure 1997, 328; Kap. 3.2).

Betrachtet man unter dieser Perspektive das Berliner Lehrangebot des Wintersemesters 1878/79 über die Seminare Oldenbergs und Zimmers hinaus, so könnten im Hinblick auf de Saussures spätere theoretische Entwicklung vor allem zwei Veranstaltungen bedeutsam gewesen sein. Beide markieren gleichsam die für ihn immer charakteristischer werdende Spannweite der intellektuellen Orientierung – von naturwissenschaftlichen bis zu geisteswissenschaftlichen, von neurologischen bis zu sprachphilosophischen Interessen: zunächst die Vorlesung des Neurologen Carl Wernicke (1848-1905), der einmal wöchentlich über »Gehirnanatomie als Einleitung in das Studium der Hirnkrankheiten« las und dessen »psycho-physiologische Sprachtheorie« offensichtlich das Interesse de Saussures gefunden hatte[56] sowie zum anderen die Vorlesung des Sprachphilosophen Heymann Steinthal (1823-1899)[57], der eine außerordentliche Professur für allgemeine Sprachwissenschaft innehatte und der Ende der 1870er Jahre mit den Vorarbeiten zu seiner Humboldt-Edition beschäftigt war (Humboldt 1882-84). Steinthal las in diesem Semester montags, dienstags, donnerstags und freitags (also an den Tagen, an denen Oldenburg und Zimmer keine Veranstaltungen anboten) von 11 bis 12 Uhr über »Sprachphilosophie und allgemeine Grammatik«. Er könnte de Saussure näher mit der Humboldt'schen Sprachphilosophie in Kontakt gebracht haben (Kap. 3.2 »Induktion und Divination«). Der Besuch der Steinthal-Vorlesung könnte auch erklären, warum Saussure – wie dies in seiner in der Berliner Zeit verfassten Pictet-Rezension zum Ausdruck kommt – so vertraut war mit der deutschen idealistischen Tradition (Kap. 2.1 »Romantik«). Auch wenn diese Lehrveranstaltungen im Abgangszeugnis de Saussures nicht belegt sind, gibt es doch bemerkenswerte Indizien dafür, dass Wernicke und Steinthal[58] de Saussures Aufmerksamkeit gefunden haben könnten, zumal beide, der Sprachphilosoph und der Mediziner, auch in einem Diskussionszusammenhang über Fragen der Sprachverarbeitung im Gehirn gestanden hatten (Kap. 3.1 »Sprache«). De Saussure scheint hier in der Tat »das Vergleichen ganz bei Seite« gelassen zu haben, um sich aus neurologischer und sprachphilosophischer Perspektive allgemeinen Fragen der Sprachtheorie zuzuwenden. Wie in den Kapiteln 3.1 und 3.2 noch deutlich werden wird, zeigen sich Spuren sowohl einerseits des zeitgenössischen neurologischen Diskurses als auch andererseits der Humboldt-Tradition ausgeprägt in de Saussures allgemeinen sprach- und zeichentheoretischen Überlegungen, die terminologisch an Wernicke und sprachphilosophisch an Humboldt anschließen.

Nach seiner plötzlichen Abreise im April 1879 aus Berlin nach Genf wechselte de Saussure zum Wintersemester 1879/80 für die Durchführung des Promotionsverfahrens noch einmal nach Leipzig. Am 28. Februar 1880 wurde er hier, nachdem der Dissertationsschrift das Prädikat »egregia« zuerteilt worden war, nach der mündlichen Prüfung, die die »Examinatoren« Windisch, Curtius und Zarncke mit »summa cum laude« bewerteten, zum Doktor der Philosophie promoviert. Das Rigorosum fand offensichtlich nur noch aus formalen Gründen statt. Curtius' hatte es angesichts der Brillanz des Prüflings für »eigentlich überflüssig« gehalten: Man staune, so Curtius, »über die Begabung, das Wissen und die Arbeitskraft des erst 23-jährigen jungen Mannes, der aus reiner Liebe zur Wissenschaft [...] sich schon in so frühen Jahren mit so viel Glück in solche Probleme vertiefte« (DOC 11). Am Abend des erfolgreich abgeschlossenen Promotionsverfahrens lud de Saussure, wie sich Brugmann in einem Brief an Streitberg erinnert, diesen und den Studienfreund Baunack »zu einem höchst feinen Souper – bloss wir drei – im Hotel Hauffé ein [...]: es gab sehr feine Rotweine und besonders entsinne ich mich auch der phänomenal dicken Spargel« (DOC 31).

Nach seiner Promotion blieb de Saussure, unterbrochen von einer Erholungspause in der Schweiz, bis Ende Juli in Leipzig, um seine Dissertationsschrift für die Drucklegung zu überarbeiten. Obgleich er zunächst offensichtlich die Absicht hatte, Leipzig um den 8. August zu verlassen und sich zur Vorbereitung des geplanten Paris-Umzugs nach Genf zu begeben (Lettres 465), scheint er sich dann doch kurzfristig entschlossen zu haben, noch im Juli von Leipzig aus eine Reise nach Litauen anzutreten. Die Spekulationen über diese Reise de Saussures, die Émile Benveniste einen »obskuren Punkt in seiner Biografie« genannt hat (Benveniste 1964, 23), können zumindest insoweit beendet werden, als feststeht, dass sie – wahrscheinlich zwischen Ende Juli und Ende August 1880 – tatsächlich stattgefunden hat.[59] Gleichwohl gibt sie nach wie vor Rätsel auf. Dass sich der gerade promovierte junge Indogermanist überhaupt nach Litauen begab, war zweifellos nicht allzu erstaunlich angesichts der – zumal in der Leipziger Sprachwissenschaft verbreiteten – Aufmerksamkeit für das Litauische als einer indoeuropäischen Sprache mit sehr altem Sprachstand (Sabaliauskas 1973, Redard 1976a). De Saussures aktuelles Interesse wird durch seine Teilnahme an einem Kurs Leskiens zum Litauischen im Sommersemester 1880 belegt, den er freilich nicht ganz bis zum Ende besuchte. Und in der Tat sollte das Litauische, das ihn bereits im *Mémoire* beschäftigt hatte (Sljusareva 1971, 8), sowohl in seiner späteren Pariser und Genfer Lehre als auch in seiner Forschung eine bedeutende Rolle spielen (Sabaliauskas 1973, 60 ff.). Trotzdem lassen sich die näheren Umstände der Saussure'schen Reise so nicht hinreichend erklären. Zunächst kam sie, wie es scheint, für den Freund Baunack (Redard 1976a, 143) (und wohl auch für ihn selbst) völlig überraschend.[60] Mit Leskien und Brugmann, die sich gleichzeitig für insgesamt zwei Monate zu einem Forschungsaufenthalt nach Litauen begeben hatten, war sie offensichtlich nicht abgestimmt, ja beide hatten keine Kenntnis von de Saussures Vorhaben (Redard 1976a, 145 f.). De Saussure hatte sich vielmehr in einem Gespräch mit Baunack noch kurz vor seiner eigenen Abreise, ohne diese zu erwähnen, über Brugmanns Reisevorbereitungen lustig gemacht (Redard 1976a, 143). Zudem war de Saussures Unternehmen für eine Forschungsreise, die eine intensivere Untersuchung der dialektalen Varianten des Litauischen vor Ort ermöglicht hätte, sehr kurz (Redard 1976a, 146). Auf jeden Fall verband er mit der Reise wohl die Absicht, in Memel (= Klaipòda) in die »Litauische Literarische Gesellschaft«[61] einzutreten und persönlichen Kontakt mit ihrem Vorsitzenden Rudolf Jakoby aufzunehmen. Tatsächlich wird er im ersten Heft der *Mitteilungen der Litauischen Literarischen Gesellschaft* unter der Rubrik der bis September 1880 neu eingetretenen ordentlichen Mitglieder als Nummer 158 geführt.[62] Allerdings hätte es hierzu keines Passierscheins in das russische Litauen bedurft, dessen de Saussure sich offensichtlich auch bedient hatte – und wohl nicht einmal einer Reise nach Memel. Welches wissenschaftliche Programm oder welches sonstige Vorhaben de Saussure hier verfolgte, lässt sich bislang nicht rekonstruieren.[63] Jedenfalls kehrte er laut Ausreisestempel am 26. August aus dem russischen Litauen zurück und reiste nach Genf, wo er sich am 31. August in Colombier einer zweieinhalbwöchigen Wehrübung unterziehen musste. Ende November – wohl nach seinem Geburtstag am 26. November – zog er dann nach Paris, wo die für seine intellektuelle Biografie vielleicht bedeutendste Phase seines Lebens begann.

Für die Entscheidung de Saussures, Leipzig zu verlassen und seine Studien in Paris fortzusetzen, waren sicher verschiedene Gründe verantwortlich: Einmal hatte er mit der Publikation des *Mémoire* und mit seiner Leipziger Promotion die ›studentische‹ Phase der produktiven und kritischen Auseinandersetzung mit den Junggrammatikern eindrucksvoll abgeschlossen. Neue Anregungen hätte er hier kaum noch erwarten können. Zum zweiten wurde der Wechsel nach Paris zweifellos durch die bereits seit 1876 bestehende Mitgliedschaft in der Société linguistique de Paris und durch die wissenschaftlichen Kontakte motiviert, an die er hier anschließen konnte. Unter diesen ist insbesondere die Bekanntschaft mit dem an der École pratique des Hautes Études lehrenden Latinisten Louis Havet hervorzuheben, der das *Mémoire* kurz nach dessen Erscheinen durch eine überaus positive Rezension im *Journal de Genève* nicht nur in den intellektuellen Kreisen Genfs, sondern auch in Paris bekannt gemacht hatte (Havet 1879).[64] Wichtig waren aber zum dritten wohl auch die Pläne des Vaters Henri, der, wie er Havet im Februar 1879 brieflich mitteilte, die Absicht verfolgte, Ferdinand im Anschluss an seine Leipziger Promotion »nach Paris zu schicken« (Redard 1976b, 314). Insbesondere die mit Havet gewechselten Briefe (ob Ferdinand sie kannte, ist unklar) zeigen nachdrücklich, dass das Verhalten Henri de Saussures auch noch gegenüber dem inzwischen dreiundzwanzigjährigen Sohn durch eine ausgeprägte Fürsorgehaltung bestimmt war, deren dieser sicher nicht mehr bedurft hätte. Es ist kaum vorstellbar, dass Ferdinand über die anhaltenden Eingriffe des Vaters in sein Leben sonderlich glücklich gewesen ist. Auch seine Abwendung von der naturwissenschaftlichen Familientradition konnte ihn nicht wirklich von dem protektionistischen Schatten des Vaters befreien. Obgleich Ferdinand sich zum Ende seiner Schulzeit mit seiner Entscheidung für die Sprachwissenschaft den Erwartungen des Vaters entzogen und einen eigenen Weg eingeschlagen hatte, betrachtete dieser die akademische Karriere seines ältesten Sohnes, die sich nun im Horizont der Geisteswissenschaften entfaltete, offenbar nach wie vor, insbesondere angesichts des sich abzeichnenden spektakulären Erfolgs des *Mémoire*, als *sein* Projekt – ein Projekt, dem er eine ausgeprägte väterliche Aufmerksamkeit angedeihen ließ. So geht wohl die für den Saussure'schen ›Ruhm‹ nicht unbedeutende *Mémoire*-Rezension Havets auf Henris Anregung bzw. Bitte zurück. Jedenfalls berichtete Havet in einem Brief vom 8. Februar 1879 an Henri, dass er dessen Bitte entsprochen und seine Rezension des *Mémoire* an Monsieur Adert, den Chefredakteur des *Journal de Genève*, geschickt habe. Zugleich räumte er die von Henri offenbar zum Ausdruck gebrachte Sorge aus, der Erfolg des *Mémoire* könnte durch sein anspruchsvolles Niveau und die hiermit verbundene Schwierigkeit seiner Lektüre gefährdet werden. Das *Mémoire*, dessen eminente Bedeutung er mit großem Nachdruck hervorhebt, sei ein Buch für Experten, das einem gebildeten Laienpublikum in seinen völlig neuen fachlichen Einsichten nicht nahezubringen sei. Im Übrigen prophezeite er dem hierob sicher beglückten Vater eine große wissenschaftliche Karriere des Sohnes (Redard 1976b, 316 ff.).[65]

Ohne Zweifel löste sich de Saussure in der Pariser Dekade – wenn auch letztlich bis zu dessen Tod nie vollständig – aus dem protektionistischen Schatten des Vaters und wuchs aus der Rolle eines behüteten studentischen Sohns in die eines hoch angesehenen Hochschullehrers und Gründers einer wissenschaftlichen Schule hinein. Freilich zeigt sich noch in dem undurchsichtigen Ende seiner Pariser Zeit, in der offensichtlich aufgenötigten Rückkehr nach Genf, mit einiger Wahrscheinlichkeit die Einflussnahme des Vaters.[66]

Nach nur einem Jahr, in dem de Saussure sich zunächst noch als Student an der École pratique des Hautes Études eingeschrieben und Veranstaltungen von Louis Havet, Michel Bréal, James Darmesteter und Abel Bergaigne (Décimo 1994) besucht hatte, erhielt er auf Vorschlag von Bréal bereits zum Studienjahr 1881/82 den Titel eines »maître de conférences pour le gothique et le vieux haut-allemand«. Er übernahm entsprechende Vorlesungen – ein Lehrangebot, das er dann in den Folgejahren thematisch im Spektrum indoeuropäischer Sprachen erheblich erweiterte (Benveniste 1964, 24 ff.; Saussure 1997, 537 ff.). Neben seiner Lehrtätigkeit engagierte er sich in der Société linguistique de Paris, deren »secrétaire adjoint« er 1882 wurde, und war verantwortlich für die Redaktion der *Mémoires de la société linguistique de Paris* (Benveniste 1964, 24; De Mauro 1995, 338). Hier legte er auch selbst eine große Anzahl von knappen Publikationen vor, bei denen es sich trotz ihrer Kürze nach dem Urteil Jacob Wackernagels durchgängig um »Kabinettstücke« handelte (De Mauro 1995, 340).

Dabei verdankte sich de Saussures rasch wachsendes, außerordentlich hohes Ansehen nicht nur seinem jungen Ruhm als Autor des *Mémoire*, der ihm nach Paris vorausgeeilt war, sondern vor allem auch seinem von den Zuhörern bekundeten eindrucksvollen Lehrstil (Muret 1913; Duchosal 1950; Benveniste 1964, 25 ff.), dem wachsenden Spektrum seines Lehrangebots auf dem Gebiet einer zuvor in dieser Form nicht gelehrten vergleichenden indoeuropäischen Sprachwissenschaft sowie seinem originären theoretischen und methodischen Ansatz. Eine zunehmende Schülerschar wurde in Paris durch de Saussure in ein neues linguistisches Denken eingeführt, das schon früh als »französische linguistische Schule« (Grammont 1912, 387; Savatovsky 2004) in die Fachgeschichtsschreibung eingehen sollte.

Paris ist ohne Zweifel die Phase in der intellektuellen Entwicklung de Saussures, in der sich die in dem anregungsreichen Leipziger Reizklima gewonnenen theoretischen und methodischen Einsichten zum indoeuropäischen Vokalismus sowie die sprachtheoretischen bzw. sprachphilosophischen Interessen, die in Berlin beflügelt worden waren, zu einem allgemeineren Konzept historisch-vergleichender Sprachwissenschaft ausbildeten, das in dieser Form neu war: Es lebte zum einen – und hierin ähneln sich die intellektuellen Physiognomien Humboldts und de Saussures (Kap. 3.2 »Induktion und Divination«) – von seiner reichen Sprachenkenntnis[67], die den Horizont des Vergleichens mit einer eindrucksvollen Spannweite an Möglichkeiten versah, und zum anderen von einem sich immer schärfer konturierenden allgemeinen sprachtheoretischen Programm, das die sprachlichen Daten der historisch vergleichenden Analyse nicht mehr – wie etwa der junggrammatische Positivismus – als gegeben voraussetzte, sondern ihre Identität an die Umgebung eines zeitgleichen Sprachsystems band. De Saussure brachte so eine Erkenntnis in Erinnerung und entfaltete sie systematisch, die Friedrich Schlegel bereits 1808 in seiner *Sprache und Weisheit der Indier* (Schlegel 1877, 291) formuliert hatte, die aber im Laufe des 19. Jahrhunderts wieder verloren gegangen war: Schlegel hatte für die vergleichende Sprachforschung die bis dahin übliche Praxis der Einzelwort-Vergleiche abgelehnt und »als den entscheidenden Punkt, der hier alles aufhellen wird«, die Forderung erhoben, Sprachvergleich könne nur als »vergleichende Grammatik«, d.h. auf der Basis des Vergleichs der jeweiligen »innre[n] Structur der Sprachen«[68] betrieben werden.

Es ist dieser Gedanke, den de Saussure auf einem fortgeschrittenen linguistischen Niveau wieder zur Geltung bringt. Seit dem *Mémoire* war er sich darüber im Klaren, dass es, um eine sprachliche ›Form‹ »auf ihre Einheit zurückzuführen«, nicht genügt,

»zum indogermanischen Ausgangspunkt zurückgehen«, sondern dass sich die Identität von sprachlichen ›Formen‹ vielmehr einem »realen Band« verdankt, das allein die grammatisch-morphologische Umgebung einer Sprache zu einem bestimmten Zeitpunkt bereitstellen kann. Sprachvergleich ist für ihn immer Systemvergleich. In seinen Kursen zum Gotischen oder zum Althochdeutschen insistierte er deshalb darauf, dass sprachliche Formen grundsätzlich nicht als je einzelne wegen ihrer Ähnlichkeit in verschiedenen germanischen Dialekten verglichen werden dürften, sondern dass sie vielmehr ausschließlich im Kontext ihrer je einzelsprachlichen Grammatiken zueinander in Bezug zu setzen seien. In seinem Beitrag für die Leskien-Festschrift formuliert er diese Maxime, die seine Pariser Lehre bestimmte, später so: »Vor allem darf man nicht das Prinzip mißachten, dass der Wert einer Form vollständig in dem Text eingeschrieben ist, in dem er sich findet, das heißt in dem Ensemble der morphologischen, phonetischen, orthographischen Umstände, die ihn umgeben und erhellen.« (Saussure 1894b) In einem Brief an Gaston Paris, den er am 30. Dezember 1891 im Rückblick auf seine Pariser Zeit schreibt, charakterisiert er seine theoretische Position, die sich in Paris konsolidiert hatte, so: »Ich wage es kaum Ihnen den fundamentalen Gedanken zu unterbreiten: er besteht darin, dass ich glaube, dass es keine historische Morphologie (oder Grammatik) und dass es umgekehrt keine synchronische Phonetik (›phonétique momentanée‹) gibt. Das Band zwischen den aufeinanderfolgenden Zuständen der Sprache besteht genau betrachtet im phonetischen Band; das Band zwischen den Elementen desselben Sprachzustandes besteht umgekehrt im morphologischen Band [...]. Es gibt eine grundlegende Opposition und Unverträglichkeit zwischen dem phonetischen Gesichtspunkt der Sprache, der Aufeinanderfolge und das Absehen von Sinn voraussetzt, und dem morphologischen (grammatischen) Gesichtspunkt, der die ›Einheit der Epoche‹ (›unité d'époque‹) und das ›Einbeziehen von Sinn, Wert, Gebrauch‹ voraussetzt.« (Saussure 1891)[69] Es ist offensichtlich, dass de Saussure 1891, wie die Äußerung in seinem Brief zeigt, die Unterscheidung von Synchronie und Diachronie als Ergebnis einer sprachtheoretischen Reflexion der Arbeit des historisch vergleichenden Linguisten bereits konzeptuell ebenso vertraut ist wie der Gedanke einer durch den Gebrauch fundierten relationalen Verwobenheit von Zeichen (›Werten‹) im systematischen Rahmen einer bestimmten Gebrauchsepoche.

Der resümierende Brief an Gaston Paris schließt eine Phase des Saussure'schen Arbeitens ab, in der sich die komparatistische Lehr- und Publikationstätigkeit in einem noch weithin glücklichen Gleichgewicht mit der sprachtheoretischen Reflexion befindet. In dieser Phase zwischen 1881 und 1891 entsteht neben den zahlreichen komparatistischen Publikationen das erste umfangreiche Konvolut von unpublizierten *Notes* zu einer »phonétique sémiologique« (Saussure 1995, 120), in denen das Problem der lautlichen Identität, das in der zeitgenössischen vergleichenden Sprachwissenschaft noch weit davon entfernt war, ein Reflexionsgegenstand zu sein, bereits in den Kontext *zeichentheoretischer* Überlegungen eingestellt wird. Zu Beginn seiner Genfer Tätigkeit treibt er dann 1891 diese Überlegungen in seinen Notizen zur allgemeinen Sprachwissenschaft (Saussure 1997), den Gartenhaus-Notizen (Saussure 2003a) sowie in seinen Notizen zum litauischen Akzent (Saussure 2003b) voran, in denen nun der Begriff der Morphologie und ihr Verhältnis zur Phonetik semiologisch bestimmt werden (Saussure 2003a, 133 ff.; Saussure 2003b, 338; vgl. hierzu Kap. 4.1 und 4.2). Das Problem des Zeichens und seiner Identität, dessen Sichtbarkeit sich bereits im *Mémoire* abgezeichnet und das sich dann im Horizont der phonetischen Notizen der 1880er Jahre herausgebildet hatte, erhält so Mitte der 1890er Jahre seinen zentralen Stellenwert im Saussure'schen Denken, ohne dass dieses Denken freilich über die umfangreichen Notiz-Konvolute der Pariser und Genfer Gedankentagebücher hinaus in entsprechende Publikationen Eingang gefunden hätte.

2.3 Diaspora: Die Rückkehr nach Genf

De Saussures Pariser Phase endet de facto mit einer einjährigen Beurlaubung »aus gesundheitlichen Gründen« im akademischen Jahr 1889/90, nach der er nur noch für kürzere Zeit nach Paris zurückkehrt. Zum Wintersemester 1891/92 folgte er einem Ruf als »professeur extraordinaire d'histoire et de comparaison de langues indo-européennes« an die Universität Genf, auf eine Professur, die 1891 eigens neu für ihn eingerichtet worden war (Bouvier 1934, 91f.; Décimo 1994, 75). Sowohl um das Jahr der Beurlaubung als auch um den darauf folgenden endgültigen Weggang aus Paris, der de Saussure sehr schwergefallen zu sein scheint, ranken sich Vermutungen und Spekulationen. De Saussure hatte sich im Rahmen seiner Beurlaubung kaum nach Genf begeben, als sich bis nach Deutschland das Gerücht verbreitete, er habe sich aufgrund einer schweren psychischen Erkrankung aus Paris zurückgezogen. Am 28. Dezember 1889 schrieb etwa Streitberg an Brugmann: »Verehrter Herr Professor, [...] Eine Nachricht, die Sie gewiß interessieren dürfte, habe ich kürzlich von einem Schüler de Saussures empfangen, nämlich dass dieser vor kurzem einer unheilbaren Geisteskrankheit verfallen sei. Es wäre schade, wenn diese Nachricht sich bestätigen sollte. Sein Schwager [...] leugnete zwar eine Krankheit de Saussures; doch will ein solches Dementi nicht viel besagen.« (DOC 15) Ohne Zweifel ist Streitbergs Kolportage von der geistigen Erkrankung de Saussures eher Ausdruck der anhaltenden narzisstischen Kränkung der deutschen Sprachwissenschaft durch den ›zweiten Bopp‹ aus

Genf denn Reflex eines realen Ereignisses – wenn man nicht de Saussures zunehmende Graphophobie (Saussure 1997, 201) als Gefährdung der geistigen Gesundheit ansehen will. Tatsächlich hat de Saussure die Zeit seiner Genfer Rekreationsphase unter anderem dazu genutzt, intensiver an seinen Untersuchungen zum litauischen Akzent zu arbeiten. Zu diesem Zweck korrespondierte er im Oktober und November 1889 aus Genf sowohl mit Baudouin de Courtenay, den er am Anfang seiner Pariser Tätigkeit persönlich kennengelernt hatte, als auch über dessen Vermittlung (in lateinischer Sprache) mit dem litauischen Geistlichen Kasimir Jaunius (Sljusareva 1971-72; Godel 1973, 13-15). Bei Baudouin de Courtenay stellt er Erkundigungen über die muttersprachliche Kompetenz von litauischen Autoren an, die diesem näher bekannt waren; und Jaunius, den er den »beste[n] Autor und Kenner der litauischen Sprache unter den [litauischen] Gelehrten« nennt, befragt er als einen Nativespeaker differenziert zu Einzelaspekten der Akzentsetzung im Litauischen, die ihm seine Pariser litauischen Gewährsleute aufgrund ihrer »polnischen Aussprache« nicht verlässlich hatten geben können. Die Briefe zeugen – was hier vielleicht angemerkt werden sollte – von großer geistiger Frische und einer ersten intensiven Arbeit an den Problemen des litauischen Akzentes, die ihn in den frühen 1890er Jahren, im Rahmen eines Buchprojektes über den Akzent[70], intensiver beschäftigen sollten.[71] Schon aus diesem Grund hat auch eine zweite Spekulation, nämlich die, de Saussure habe das Jahr der Unterbrechung seiner Pariser Lehrtätigkeit für eine Reise nach Litauen genutzt, eine nur geringe Wahrscheinlichkeit. Seine schriftliche Befragung von Sprachzeugen des Litauischen spricht eher nicht dafür, dass sich de Saussure nach seiner kürzeren Leipziger Litauenreise 1880 noch einmal nach Litauen begeben hat, um eigene Feldforschung zu betreiben.

Richtig ist freilich, dass die Gründe de Saussures für seine Rückkehr nach Genf letztlich im Dunklen liegen. De Saussure bringt sein Bedauern über den Weggang aus Paris in einer Weise zum Ausdruck, die die Deutung nahelegt, es sei nicht eigentlich sein Wunsch gewesen, nach Genf zurückzugehen. Es falle ihm, schreibt er am 14. Juni 1891 an Gaston Paris, schwer, den Gefühlen Ausdruck zu verleihen, mit denen er nun seine Lehre an der ECHE beende (Décimo 1994, 78).[72] Die Pariser Kollegen ihrerseits taten alles, um ihn zu halten. Nachdem de Saussure Gaston Paris in seiner Eigenschaft als Präsident der »Sektion historisch philologische Wissenschaften« der École des Hautes Études sein Entlassungsgesuch übermittelt hatte, zog er, aufgrund einer inständigen Bitte Michel Bréals das Gesuch noch einmal für acht Tage zurück, ohne allerdings seine – für ihn offenbar bereits zu Beginn des Jahres absehbare – Entscheidung noch einmal zu ändern. Bereits zu diesem Zeitpunkt hatte er Gaston Paris angekündigt, dass wahrscheinlich Verpflichtungen auf ihn zukämen, die ihn zwingen könnten, Paris zu verlassen. Am 14. Juni 1891 teilte er dem Mentor dann endgültig sein Ausscheiden »aus sehr persönlichen Gründen« zum Ende des Sommersemesters mit, wobei dieser wohl näher über die Motive de Saussures informiert gewesen sein dürfte (Décimo 1994, 78). Offensichtlich war es nicht in erster Linie der Ruf nach Genf, der ihn bewogen hat, Paris zu verlassen. Es scheint eher so, als sei dieser Ruf ergangen, um dem Wechsel nach Genf Plausibilität zu verleihen.

Vor seiner Abreise lud er die engeren Kollegen zu einem kleinen Abschiedsessen »ohne jede Zeremonie« in das Hôtel St. James ein (Décimo 1994, 85). Gaston Paris und Michel Bréal brachten ihre tiefe Verbundenheit mit de Saussure dadurch zum Ausdruck, dass sie ihn für die Auszeichnung mit der »Légion d'honneur, à titre étranger« vorschlugen, die ihm noch im Jahr 1891 verliehen wurde (Décimo 1994, 78).

Die Rückkehr nach Genf war für de Saussure in mehrerer Hinsicht einschneidend. Zunächst führte sie ihn zurück in den Schoß der Familie, die offensichtlich Ansprüche auf ihn geltend gemacht hatte. Nach wie vor wurde diese maßgeblich durch seinen Vater Henri sowie dessen Bruder Théodore geprägt, der den ältesten Neffen Ferdinand in seinem Testament von 1901 zu seinem Haupterben einsetzen sollte.[73] Nach Ferdinands eigenem Bekunden waren für den Vater Henri die Familienbindungen »immer eine sehr große Sache, der er sehr treu war« (CFS (29) 1974-75, 28). Offensichtlich hatten Vater und Onkel Ferdinand dazu bewogen, nach Genf zurückzukehren und seinerseits eine Familie zu gründen. Bereits wenige Monate nach seiner Abreise aus Paris heiratete er am 16. März 1892 in Genthod die aus einer wohlhabenden Genfer Familie stammende Marie Faesch, die als neuen Wohnsitz Schloß Vufflens in die Familie einbrachte. Dieses eindrucksvolle Anwesen wurde für das Ehepaar neben dem Genfer Stadthaus zum Hauptwohnsitz. Hier wurden die Söhne Jacques Alexandre Benedicte (1892-1969), Raymond Maximilien Théodore (1894-1971)[74] sowie André-Victor[75] geboren, und hier starben 1913 bzw. 1950 Ferdinand und Marie.

Ähnlich einschneidend wie die Rückkehr in den Anspruchs- und Verpflichtungshorizont der angesehenen Genfer Familie de Saussure war der Wechsel Ferdinands vom intellektuellen Klima der Pariser Kollegenschaft, die er, so formulierte er 1891 in einem Brief an Gaston Paris, als anregende »Gemeinschaft des Geistes und der Inspiration« (Décimo 1994, 80) empfunden hatte, in ein akademisches Umfeld, in dem die komparatistische Sprachwissenschaft keine nennenswerte Rolle spielte. Als folgenreich für de Saussure erwiesen sich insbesondere die veränderten Umstände seiner Lehre und der hiermit verknüpfte Wandel seiner Rolle als Hochschullehrer, die sich trotz seines neuen Professorenstatus zunächst eher verschlechterten. Hatte er in Paris für eine Gruppe von hoch qualifizierten Studierenden gelesen, die teilweise jahrelang seine Lehrveranstaltungen besuchten und diesen nicht selten das Niveau von Doktorandenseminaren gaben, traf er in Genf zunächst nur auf sehr wenige sprachwissenschaftlich qualifizierte Hörer. Er war sich, wie er Gaston Paris am Ende des Jahres 1891 mitteilte, im Klaren darüber, dass er in absehbarer Zeit nicht wieder eine Auslese von Studenten haben würde, die in vergleichbarer Weise für den Lehrer so interessant, so gut vorbereitet und so reif sein würden wie seine Pariser Schüler. Nur drei oder vier der Studenten, die er in Genf in seinen ersten Veranstaltungen vorfand, erschienen ihm »seriös«. Ansonsten habe die Faculté des Lettres durch den »Köder «einer »licence ès sciences sociales« eine »desaströse Klientel« angezogen, die an »Substantiellerem als Soziologie und Pädagogik« nicht interessiert sei und die zu einem erheblichen Nachfragerückgang bei den klassisch geisteswissenschaftlichen Lehrveranstaltungen geführt habe (Décimo 1994, 80). Auch wenn sich in den folgenden Jahren eine Gruppe von interessierten und z.T. bedeutenden Schülern wie etwa Charles Bally, der sein erster Nachfolger werden sollte, Louis Caille, Émile Constantin, Henri Duchosal, Léopold Gautier, Paul F. Regard, Albert Riedlinger und Albert Sechehaye um seine Genfer Lehre versammelte (Linda 2001, 177-186), blieb doch die Resonanz auf sein Lehrangebot insgesamt so kärglich, dass er – teilweise auch noch in seinen Vorlesungen zur allgemeinen Sprachwissenschaft – nicht selten vor nicht mehr als einem oder zwei Zuhörern zu lesen gezwungen war (Linda 2001, 168, 170).

Dies lag ohne Zweifel weder an der Qualität der Saussure'schen Lehrveranstaltungen, deren »absolute Meisterschaft, Klarheit und souveräne Originalität« Bally rühmte (Bally 1913, 104) und deren »packenden Charme« sein Schüler Regard im Rückblick auf die Vorlesungen zur allgemeinen Sprachwissenschaft bekundete (Saussure 1997, 529), noch an einem Mangel an pädagogischem Engagement, das vielmehr außergewöhnlich war. So bot de Saussure verschiedentlich Seminare auf Wunsch einzelner Studenten an, einen Gotischkurs etwa auf Bitten Ballys oder einen Litauisch-Kurs auf Wunsch Juvets (Godel 1957, 26). Die mangelnde Resonanz auf seine Lehrtätigkeit lag also sicher nicht an Umständen, die de Saussure zu verantworten hatte. Dies zeigte sich nicht zuletzt darin, dass auch hier die Schüler, die die Chance nutzten, von ihm zu lernen, durch sein Engagement und seinen Anregungsreichtum zu ungewöhnlichen Dankesbekundungen veranlasst wurden. Am 14. Juli 1908 überreichten ihm, als dem »Autor des *Mémoire sur le système primitif des voyelles indo-européennes*«, Pariser und Genfer Schüler im Rahmen eines Festakts eine von der Société de linguistique de Paris realisierte Festschrift (Mélanges 1908), durch die er sich außerordentlich geehrt fühlte.

Für das geringe studentische Interesse an den Lehrveranstaltungen de Saussures, eines bei seiner Berufung jungen, vierunddreißigjährigen Professors, der bereits über einen beträchtlichen Ruhm verfügte, müssen also andere Gründe angenommen werden. Nicht unerheblich waren hier sicher die Strukturentscheidungen der Genfer Universität, die – zum Leidwesen de Saussures – verstärkt auf neue und zumindest auf der Nachfrageseite attraktivere Studienangebote wie den bereits erwähnten sozialwissenschaftlichen Studiengang setzte. Zur neuen Professur legte sie im historischen Rückblick ein doch eher leidenschaftsloses Bekenntnis ab, das zumindest nachträglich illustriert, warum die komparatistische Sprachwissenschaft eher in der Peripherie des Themenspektrums der Fakultät denn in ihrem Zentrum verortet war.[76] Wenn es sich eine Fakultät, heißt es in ihren Annalen, angelegen sein lasse, in Literatur, Kunst und Sprache der klassischen Antike gute Kenntnisse zu vermitteln, sei unbestreitbar auch die Lehre der vergleichenden indoeuropäischen Grammatik

»nicht überflüssig« (Bouvier 1934, 91 f.). So bedeutsam und verdienstvoll die Einrichtung der Professur für vergleichende Indoeuropäistik an der Genfer Universität auch gewesen sein mag, so wenig war sie doch in ein strukturelles Umfeld eingebettet, das es de Saussure ohne Weiteres erlaubt hätte, wie an der École des Hautes Études das Humboldt'sche Prinzip der Einheit von Forschung und Lehre zu praktizieren. Häufig waren seine Veranstaltungen mit dem Vermerk »Elementar- oder Fortgeschrittenenkurs je nach Wunsch und Vorbereitungsgrad der Schüler« (Linda 2001, 171) angekündigt. Seine Lehre, die im Laufe der Jahre ein immer größeres thematisches Spektrum umfasste (Linda 2001, 169 f.), war nun kein Ort mehr, an dem er mit gut vorbereiteten und hoch qualifizierten Studierenden Ergebnisse und Fragen seiner Forschung hätte diskutieren können. Nirgendwo kommt dies deutlicher zu Ausdruck als in einem Gespräch, das de Saussure am 6. Mai 1911 mit Leopold Gautier führte: Hier spricht de Saussure mit Blick auf seine Vorlesungen zur allgemeinen Sprachwissenschaft und den Wunsch der Schüler, »wenigstens ein Element seines Systems einer Philosophie der Sprache kennenzulernen«, von dem grundlegenden Dilemma, »entweder das Thema in seiner ganzen Komplexität aus[zu]breiten und alle meine Zweifel zu[zu]geben, was nicht angehen kann für eine Vorlesung, welche als Examensstoff dienen soll. Oder etwas Vereinfachtes zu machen, was einer Zuhörerschaft von Nichtlinguisten besser angemessen ist.« (Saussure 1997, 524 f.) Durch die gegebenen didaktischen Rahmenbedingungen entfernte sich also seine Forschung immer weiter von der Lehre, die aufgrund der avisierten nichtlinguistischen Adressaten Vermittlungs- und Diskussionsort der Forschung nicht mehr sein konnte.

Betrachtet man vor diesem Hintergrund die verschiedenen Stadien der akademischen Karriere de Saussures, so kann kein Zweifel daran bestehen, dass – nach dem Höhepunkt der Pariser Dekade, in der er nicht nur schulbildende Wirkung entfaltet hatte[77], sondern in der darüber hinaus Forschung und Lehre, theoretische Reflexion und akademischer Diskurs in einem spannungsreichen und fruchtbaren Gleichgewicht verwoben waren – die Rückkehr nach Genf in gewissem Maße einer Abkoppelung von den aktuellen Diskursen der avancierten komparatistischen Linguistik gleichkam. Er fühlte sich, wie er Bally anlässlich der Vorbereitung des Orientalistenkongresses in Genf im September 1894 schrieb, abgeschnitten von den aktuellen Debatten der Sprachwissenschaft und sah deshalb in der Veranstaltung des Kongresses die Chance, wenigstens für einen kleinen Augenblick diesem Mangel abzuhelfen. Dringlich bat er Bally aus diesem Grund, an dem Kongress teilzunehmen: »Ich würde es lebhaft bedauern, wenn Sie diese Gelegenheit, mit der Welt der Orientalisten und Linguisten Kontakt aufzunehmen, verpassen würden. Wir haben sonst in Genf so wenig Gelegenheit, uns an der ›aktuellen Front dieser Wissenschaften‹ zu befinden, dass wir es nicht versäumen dürfen, uns ein wenig wiederzubeleben, wenn sich die Chance dazu ergibt.«[78] Und an Johannes Schmidt, den er eingeladen hatte, in Genthod zu wohnen, schrieb er mit Blick auf dessen mögliche Partizipation, er hoffe, dass der Kongress »auch in der indo-german. Section etwas mehr und besseres zu bieten hat, als ein paar einheimische Linguisten«[79].

Ohne Zweifel stellt die Genfer Lebensphase für de Saussure eine Zeit dar, in der er über die nicht allzu lebhafte wissenschaftliche Korrespondenz hinaus, die ebenfalls häufig durch seine ›Epistolophobie‹ (Saussure 1997, 516) beeinträchtigt war, anders als in Paris über keine akademischen Orte verfügte, an denen er die Fragen und Probleme, mit denen er in seiner theoretischen Reflexion befasst war, hätte angemessen diskutieren können. Einen kleinen Ausgleich stellten allenfalls seine Versuche dar, über die disziplinären Grenzen hinweg den undogmatischen Interessen seines experimentellen Geistes zu folgen.[80] Die Rückkehr nach Genf war insofern in gewissem Sinne zugleich die Heimkehr in eine sprachwissenschaftliche Diaspora und der Rückzug in die Privatheit seines Arbeitszimmers, in der selbst die notwendigen Bibliothekskontakte häufig von Bally übernommen wurden (Amacker 1994, 125 f.). Er lebte hier, wie sein Schüler Léopold Gautier 1916 in der *Gazette de Lausanne* aus Anlass der Publikation des *Cours* schrieb, ein einsames Leben (Gautier 1916). Seine schriftstellerische Produktion verschob sich seit Beginn der 1890er Jahre fast vollständig in das Labor seiner Notiz- und Gedankentagebücher sowie in den Modus des aphoristischen Schreibens (Kap. 5.3), das offenbar nur in dem Maße aufblühte, in dem es vom zumindest unmittelbaren Zwang des Publizierenmüssens entbunden war. Während seine wissenschaftliche Publikationstätigkeit beinahe vollständig versiegte (Saussure 1997, 205, 207), entstand zugleich ein umfangreiches Œuvre, sprachhistorischer, literaturtheoretischer[81] sowie sprach- und zeichentheoretischer Notizen und Textfragmente (unter diesen die Buchentwürfe zum litauischen Akzent und zur Sprache im Allgemeinen, Kap. 4), für deren revolutionären Geist und für deren theoretische Tragweite es in der Tat in Genf – trotz der Ansätze eines Austauschs mit Bally und dem kleinen, engeren Kreis von Schülern – keine angemessenen akademischen Entfaltungsmöglichkeiten gab. Während noch in Paris sowohl die anregend diskursive Atmosphäre der Kollegenschaft, also auch die hohe Qualität seiner Studenten einen Raum eröffnet hatte, in dem er sein unorthodoxes Denken bis zu einem gewissen Grad auch öffentlich entfalten konnte, verschob sich seine theoretische Reflexion in Genf aus den skizzierten Gründen zunehmend in die Privatheit seines Arbeitszimmers in Genf und Vufflens – weithin ohne den sozialen Resonanzraum einer akademischen Öffentlichkeit.

Daran änderten schließlich auch die Vorlesungen zur allgemeinen Sprachwissenschaft nichts, die de Saussure nach dem Tod Joseph Wertheimers[82] ab 1907 aufgrund ihrer Prüfungsrelevanz mit übernehmen musste und die es ihm von ihrem thematischen Fokus her erlaubt hätten, an Reflexionsgegenstände anzuschließen, die ihn seit den 1890er Jahren intensiv beschäftigt hatten. Hier waren es jedoch, wie wir bereits gesehen haben, die didaktische Ausrichtung der Lehre und die theoretischen Skrupel, die ihn daran hinderten, sein sprach- und zeichentheoretisches Denken im Rahmen der Vorlesungen auf dem Niveau zu entfalten, durch das es in den verschiedenen Reflexionskontexten der *Notes* bereits bestimmt war. Offensichtlich boten ihm die Vorlesungen keinen Anlass, die weitreichenden Reflexionen zu Problemen der Sprachtheorie und Sprachphilosophie, die ihn in den 1890er Jahren beschäftigt hatten, intensiver wieder aufzunehmen und weiterzuentwickeln.[83] Gleichwohl lässt sich auch aus den zum Teil äußerst sorgfältigen Mitschriften der Hörer (Engler 1987, 141), die leider im *Cours* keine angemessene Darstellungsform gefunden haben (Kap. 5.1 und 5.2), erschließen, in welch umstürzender Weise de Saussure spätestens seit Beginn der 1890er Jahre über Fragen der Neubegründung von Sprachtheorie und Sprachwissenschaft nachgedacht hatte.

Die Vorlesungen zur allgemeinen Sprachwissenschaft, die er 1907, 1907/08, 1908/09 und 1910/11 wohl viermal gehalten hat (Linda 2001, 173 f.), begründeten in der eigenwilligen Realisationsform, die ihnen Bally und Sechehaye in der Publikation des *Cours de linguistique générale* gegeben haben, den strukturalistischen Ruhm einer Gestalt der Wirkungsgeschichte, die mit de Saussure zwar den Namen teilt, in deren Paradigmen-Gründungsschrift *Cours de linguistique générale* allerdings die Spuren der intellektueller Physiognomie de Saussures kaum zu finden sind. Selbst Rudolf Engler hat nach einigem Zögern Sechehaye und

Bally nicht mehr als Herausgeber, sondern als »die *Verfasser* des CLG« bzw. als »author-editors« bezeichnet (Engler 1987; Engler 2004, 47). De Saussure selbst hat sich dem Wunsch seiner Schüler, seine Vorlesungen zu publizieren, dezidiert widersetzt. Wie Albert Riedlinger berichtet, lehnte er in einem Gespräch im Januar 1909 ein Buch zum Gegenstand seiner Vorlesungen kategorisch ab: »Was ein Buch über dieses Thema betrifft, so ist nicht daran zu denken. Es muß, sagt Monsieur de Saussure, das endgültige Denken [›la pensée définitive‹] seines Autors wiedergeben.« (Saussure 1997, 33) Insofern ist es auch nicht überraschend, dass die Genfer Schüler de Saussures nach seinem Tod mit der Version der Vorlesungen eher nicht einverstanden waren, die Sechehaye und Bally ihnen gegeben hatten. Am deutlichsten hat diese kritische Distanz Paul F. Regard formuliert, dessen eigenes Editionsvorhaben am »harschen Widerstand« Ballys gescheitert war (Saussure 1997, 31 f.): »Ein Schüler, der einen großen Teil der Vorlesungen von Ferdinand de Saussure über die allgemeine Sprachwissenschaft selbst gehört hat[84] und mehrere der Dokumente kennt, auf denen die Veröffentlichung beruht, ist zwangsläufig enttäuscht, wenn er nun den ausgesuchten und packenden Charme der Vorlesungen des Meisters vergeblich sucht. Hätte eine Veröffentlichung der Vorlesungsmitschriften, um den Preis von ein paar Wiederholungen, nicht den Vorteil gehabt, das Denken Ferdinand de Saussures in seiner Stärke und seiner Originalität zu bewahren?« (Regard in Saussure 1997, 529)

De Saussures vorzeitiger Tod am 22. Februar 1913, der ihn nach einer kürzeren, schweren Erkrankung ereilte[85], beendete einen Denkweg, der nicht zum Abschluss gekommen war. Ob er seinem Denken ohne dieses abrupte Lebensende eine ›definitive‹ literarische Form gegeben und diese publiziert hätte, kann angesichts seiner selbstkritischen Skrupulosität bezweifelt werden. Unzweifelhaft ist jedoch, dass es im *Cours* eine auch nur annähernd angemessene Form nicht gefunden hat. Und ebenso unzweifelhaft ist es, dass ein Blick auf den Weg, den sein Denken bis zu seinem frühen Tod genommen hat, ein sprachtheoretisches Programm freilegt, das – auch wenn es unvollendet geblieben ist – verdient, angemessen wahrgenommen zu werden.

III. Denkweg: Ideengeschichtliche Kontexte

Die Umrisse der intellektuellen Biografie de Saussures, die in den vorangegangenen Kapiteln nachgezeichnet wurden, lassen bereits sichtbar werden, dass der Genfer Sprachwissenschaftler weder als ein zum strukturalistischen Revolutionär gewandelter Junggrammatiker noch als ein zeitgeistsensitiver Synthetisierer angesehen werden kann, der aus einigen ›in der Luft liegenden Ideen ein sehr gut geformtes System konstruierte‹ (Jordan/Bahner 1962, 337; Koerner 1973, 37; 1988, 44). Vielmehr muss er verstanden werden als ein kontinuierlich auf dem Feld der indoeuropäischen Sprachen komparatistisch arbeitender Forscher, dessen theoretische und methodische Scharfsicht ihn – schon während seines Studiums und in der Folge immer nachdrücklicher – beinahe wider Willen (Saussure 1997, 517 f.) zu einem grundlegenden Kritiker seiner Zunft hatte werden lassen. Es ist dieser kritische Gestus, dem sich seine Entwicklung zu einem bedeutenden Zeichentheoretiker und Sprachphilosophen verdankt. Zugleich hat sich aber auch gezeigt, dass dieser Prozess kaum – und mit fortschreitendem Alter immer weniger – an seinen publizierten wissenschaftlichen Arbeiten abgelesen werden kann, die zudem in den beiden letzten Genfer Jahrzehnten seines Lebens beinahe gänzlich versiegten. Die Überlegungen de Saussures zu einer sprachtheoretischen und methodologischen Neubegründung der Sprachwissenschaft, d.h. zu einer grundlegenden Neufundierung der »Prinzipien der Sprachwissenschaft« (Saussure 1997, 519)[86], entfalteten sich schon in seiner Pariser Zeit, insbesondere aber im ersten Jahrzehnt seiner Rückkehr nach Genf, in einem Modus schriftstellerischer Produktion, der eher dem Führen aphoristischer Gedankentagebücher (Kap. 5.3) als einer auf Publikation angelegten Textproduktion glich. Es sind diese aphoristischen Reflexionen, die den disziplinären Rahmen der vergleichenden Indoeuropäistik bewusst überschritten und in der Weite ihres Denkhorizontes die Grundüberzeugungen des zeitgenössischen linguistischen Paradigmas in einem solchen Maße in Frage stellten, dass de Saussure sie öffentlich zu machen erst gedachte, nachdem sie eine ›definitive Form‹ angenommen hätten – eine Form freilich, die sie für ihn angesichts seiner Skrupel, Selbstzweifel und hohen Selbstanforderungen zu seinen Lebzeiten nicht mehr annehmen sollten.

Im geschützten Reflexionsraum der *Notes* rückte in den 1890er Jahren die Wahrnehmung eines Problems zunehmend in das Zentrum seiner Aufmerksamkeit, das sich bereits im Zuge der Leipziger Arbeit am *Mémoire* sowie im Horizont der Pariser Lehre und Forschung zu konturieren begonnen hatte, sich aber erst nun, nach seinem Wechsel nach Genf, umfassender zu entfalten begann: die Einsicht nämlich, dass die Sprachwissenschaft einer tiefgreifenden Reform, d.h. einer theoretischen und begrifflichen Neubestimmung dessen bedürfe, was die Sprache im Allgemeinen ausmache (Saussure 1894; Saussure 1997, 518). Es ist diese erste Genfer Phase, in der sich bei dem Rückkehrer aus Paris – trotz einer weiterhin vorherrschenden Neigung für die sprachvergleichende Forschung – die Überzeugung von der Notwendigkeit einer grundsätzlichen Revision der Sprachwissenschaft immer nachdrücklicher zur Geltung brachte. Sowohl die von Robert Godel 1954 und 1957 publizierten und interpretierten Notizen (Godel 1954; 1957, 36-53) als auch die 1958 von den Söhnen de Saussures der Genfer Universitätsbibliothek übergebenen fragmentarischen Texte (Godel 1960, 5-11), die gemeinsam von

Engler 1974 unter dem Titel »Notes de F. de Saussure sur la linguistique générale« publiziert wurden (Engler 1974, EC(N)), bezeugen ebenso wie die Pariser ›Notes‹ zu einer »phonétique sémiologique« (Saussure 1995), die Notizen zum litauischen Akzent (Saussure 2003b) und die neu aufgefundenen Gartenhaus-Notizen (Saussure 2003a) ein in der ersten Hälfte der 1890er Jahre dominant werdendes grundlagentheoretisches Interesse: In ihm reflektieren sich die Ungenügenserfahrungen mit den theoretischen und methodischen Werkzeugen der zeitgenössischen vergleichenden Sprachwissenschaft, wie sie sich im Zuge seiner eigenen komparatistischen Arbeiten seit dem *Mémoire* eingestellt hatten (Jäger 1975, 202ff.; Jäger 2003a, 11-55).[87]

Paradigmatisch verdichtet sich dieser spannungsreiche Zusammenhang zwischen sprachvergleichender (empirischer) Forschung und grundlagentheoretischer (sprach- und zeichentheoretischer) Reflexion in de Saussures umfangreichen Notizen zum litauischen Akzent, die im Kontext eines geplanten Buches und einiger publizierter Aufsätze zu diesem Thema ebenfalls zu Beginn der 1890er Jahre entstanden waren und denen, wie noch deutlich werden wird[88], für die Genese des Saussure'schen Denkens zu allgemeinen Problemen der Sprachtheorie exemplarische Bedeutung zukommt. Der in diesen Notizen entfaltete thematische Reflexionsrahmen integriert gleichsam die anderen Gruppen der *Notes* zu einem konsistenten sprachtheoretischen Mosaik, das, obgleich es sich noch nicht zu einem integralen Text zusammenfügt, gleichwohl in eindrucksvoller Weise den Problemraum sichtbar werden lässt, in dem sich de Saussures Denken bewegt. Es ist der empirische Forschungshorizont des komparatistischen Labors, aus dem sich die sprach- und zeichentheoretischen Reflexionsgegenstände systematisch entwickeln: Seine Idee der Sprache entfaltet sich also im Zuge der eigenen sprachvergleichenden Forschung aus der kritischen Analyse der theoretischen Voraussetzungen der zeitgenössischen Indoeuropäistik, die er beinahe vollständig dekonstruiert und umfassend neu zu begründen versucht (Kap. 4.1 und 4.2).

Die Grundlinien der Sprachidee de Saussures, die sich im Medium der *Notes* entfalteten, markieren dabei nicht nur eine tiefgreifende theoretische Distanz zur zeitgenössischen Sprachwissenschaft, insbesondere zur Leipziger Schule, in deren Umfeld er sein Studium begonnen hatte, sondern auch zu jenem Paradigma, das die Komparatistik des auslaufenden 19. Jahrhunderts unter dem Namen Strukturalismus ablösen sollte und das sich auf de Saussure als auf seinen Gründervater beruft (Jäger 1975, 179-292; 1977, 1-78; Bouquet 1997, 95 ff.; Kap. 5.1 und 5.2). Die intellektuellen Gräben, die de Saussure von den beiden sprachwissenschaftlichen Schulen trennen, sind gleich tief. De Saussure war weder ein affirmativer Schüler seiner Leipziger Lehrer noch ein Begründer jenes Strukturalismus, der im *Cours de linguistique générale* seine Geburtsurkunde gefunden zu haben glaubte.[89] Sein Denken war alles andere als eine geschickte Zusammenfassung der am Ende des 19. Jahrhunderts in der Luft liegenden Ideen (Bloomfield 1924, 318; Engler 1975, 830), die nach hinten in der Tradition des jungrammatischen Positivismus wurzelte und nach vorne den Beginn eines neuen strukturalistischen Paradigmas markierte. Vielmehr stellen die *Notes*, die als ein über viele begriffliche und argumentative Knoten geknüpftes theoretisches Netzwerk angesehen werden können, einen überaus klaren Beleg dafür dar, dass de Saussures grundlegende Reflexionen zur Natur der Sprache und zur Neubegründung einer Wissenschaft der Sprache, so fragmentarisch und aphoristisch sie auch sein mögen, einen Geist atmen, der sich in seinen wesentlichen Momenten weder der Inspiration der Leipziger Schule verdankt, noch in irgendeiner Form angemessen durch die Sechehaye-Bally'sche Version seiner Genfer Vorlesungen repräsentiert wird. Alle fragmentarischen und aphoristischen Texte und Notizen dieses Korpus kreisen um einige von de Saussure so genannte ›heikle Punkte‹ (Kap. 5.3) der Sprach- und Zeichentheorie, die es ihm erlauben, das Problem der ›Sprache im Allgemeinen‹ aus einer völlig neuen Perspektive in den Blick zu nehmen, einer Perspektive, die es verdient, endlich von der deformierenden Last der wirkungsgeschichtlichen Erfolgsgeschichte des *Cours* und ihrer Apologeten befreit zu werden.

Die Entwicklung des Saussure'schen Denkens hin zu einem gänzlich neuen Blick auf das Problem der Sprache soll nun im Folgenden in zwei markanten Entstehungsmomenten nachgezeichnet werden: (1) seiner Kritik der zeitgenössischen Sprachwissenschaft sowie (2) seiner in der Auseinandersetzung mit Whitney und Humboldt entwickelten Idee des Verhältnisses von komparatistischer (›pittoresker‹) Sprachanalyse und allgemeiner Theorie der Sprache. Hier werden jene theoretischen und methodischen Grundauffassungen seines Denkens sichtbar, die zu einer ›aphoristischen‹ Neukartografierung der Sprachtheorie führen sollten.

3.1 »Mangel an Reflexion«: Saussures Kritik der zeitgenössischen Sprachwissenschaft

Hintergedanken: Saussures Zwiespalt

Auch wenn die Pariser Dekade als die für die intellektuelle Entwicklung de Saussures sicher bedeutendste Phase seines Lebens angesehen werden muss, kann doch kein Zweifel daran bestehen, dass auch dem Studium de Saussures in Leipzig ein nicht unerheblicher Stellenwert für diese Entwicklung zukommt. Das intellektuelle und diskursive Umfeld der Leipziger Sprachwissenschaft spielte für die Entfaltung des Saussure'schen Denkens eine wesentliche Rolle. Allerdings kommt – bei aller Anregung und Ausbildung, die er in der Hochburg der deutschen Indoeuropäistik ohne Zweifel erfahren hat – seinen sprachwissenschaftlichen Ansichten sehr früh eine große Eigenständigkeit zu. Dies hat die biografische Skizze seiner Studienzeit sichtbar machen können. Bereits in seiner revolutionären Studie zum indoeuropäischen Vokalismus kam eine – in theoretischer und methodischer Hinsicht unübersehbare – kritische Distanz zu seinem Leipziger Wissenschaftsumfeld zum Vorschein. Schon diese Monografie war – wie viele späteren komparatistischen Arbeiten de Saussures – geprägt von der Überlagerung des eigentlich *sprachvergleichenden* durch ein immer dominanter werdendes grundlagenorientiertes *sprachtheoretisches* Interesse: In seinem berühmten Brief vom 4. Januar 1894 an Meillet beschreibt de Saussure im Rückblick auf die Leipziger und Pariser Zeit diesen *Zwiespalt* (Saussure 1997, 333; Fehr 1997, 17ff.) zwischen der Freude an der einzelsprachlichen Analyse und der sich aus dem Hintergrund vordrängenden Einsicht in die Notwendigkeit einer Reflexion der linguistischen Mittel solcher Analysen: »Letztlich hat nur die pittoreske Seite einer Sprache, das, worin sie sich von allen anderen unterscheidet, weil sie zu einem bestimmten Volk mit bestimmten Ursprüngen gehört, dieser beinahe ethnographische Aspekt für mich Interesse bewahrt: Und genau dieses Vergnügen, mich diesen Studien ohne Hintergedanken hinzugeben und einen einzigartigen Fall zu genießen, der zu einem bestimmten Milieu gehört, ausgerechnet dieses Vergnügen ist mir nicht möglich.« Es sind vor allem die in den Augen de Saussures die Forschungspraxis der zeitgenössischen Sprachwissenschaft beherrschenden theoretischen und methodischen Mängel, durch die er sich zu einer Reflexion sprachtheoretischer Grundlagen genötigt sieht: »Die absolute Belanglosigkeit der geläufigen Terminologie, die Notwendigkeit einer Reform, die zeigen soll, was für ein Gegenstand die Sprache im allgemeinen ist, verdirbt mir mein historisches Vergnügen [...]. Wider meinen Willen wird das mit einem Buch enden, in dem ich ohne Enthusiasmus und Leidenschaft erkläre, weshalb es in der Linguistik nicht einen einzigen Begriff gibt, dem ich irgend eine Bedeutung zumesse. Und erst danach [...] werde ich meine Arbeit wieder aufnehmen können, wo ich sie unterbrochen habe.« (Saussure 1997, 518) Es ist dieser analytische Befund, dem sich die verschiedenen Konvolute von Notizen, Skizzen, Aphorismen, Textfragmenten und Texten verdanken. Mit ihnen begleitete er reflektierend seine historisch-sprachvergleichende Forschung, wobei die Neigung, den Forschungsprozess der Disziplin, auf deren Terrain er sich bewegte, zu analysieren und grundlegend zu reformieren, zunehmend obsessiv wurde (vgl. Godel 1957, 32 f.). Seine Reflexionen zu einer sprach- und zeichentheoretischen Grundlegung der Sprachwissenschaft sind insofern zunächst weniger aus einem allgemein sprachtheoretischen Interesse entstanden als vielmehr mittelbar aus einer Ungenügenserfahrung, die die historisch-vergleichende Forschung mit sich brachte, einer Erfahrung, die ihn immer wieder dazu veranlasste, seine grundlagentheoretischen ›Hintergedanken‹ in den Reflexionsvordergrund zu verschieben und seine Freude an einer historischen Arbeit zurückzustellen.

Auch wenn das von de Saussure ins Auge gefasste Buch zum Gegenstand der Sprache im Allgemeinen nie über den Status von fragmentarischen Entwürfen und Notizen hinausgelangte – hieran ändert auch der Fund des Gartenhauskonvoluts wenig – zwang ihn der in seinem Brief an Meillet geschilderte Zwiespalt seit Beginn der 1890er Jahre doch in wachsendem Maße, die sprach- und zeichentheoretischen Grundlagen linguistischer Theoriebildung zu reflektieren und insbesondere die Frage zu erörtern, um was für eine Art von Objekt es sich bei der Sprache handele.

Mit großer Schärfe diagnostizierte er für die zeitgenössische Sprachwissenschaft einen »wirklichen Mangel an Reflexion« (Saussure 2003a, 81), einen Mangel an Bereitschaft zu einer umfassenden grundlagentheoretischen Analyse der Bedingungen linguistischer Erkenntnis. Er warf ihr vor, keiner ihrer Repräsentanten habe »auch nur die Anwandlung dazu [gehabt], sich zu jenem Abstraktionsgrad zu erheben, der notwendig ist, um einerseits das zu beherrschen, was man macht, und andererseits den Überblick darüber zu haben, worin das, was man macht, seine Legitimität und seine Daseinsberechtigung hat in der Gesamtheit der Wissenschaften« (EC 8, 52; N 10). In einer Notiz zu dem geplanten sprachtheoretischen Buch formuliert er: »Das Schwerwiegendste ist, daß [...] unsere Wissenschaft [...] kaum beunruhigt scheint von einem vagen Gefühl, daß in ihrer Grundlage etwas faul ist; sie zeigt kein Mißbehagen in Anbetracht der noch so schiefen Auffassungen, die sie täglich akzeptiert, sie fühlt sich sogar ihres Gegenstandes derart sicher, daß sie keine Mühe hat, von Zeit zu Zeit aus dieser allgemeinen Unordnung Vorstellungen, Theorien der Sprache herauszuziehen, die sie in vollständiger Arglosigkeit präsentiert.« (Saussure 1997, 333) Auch in den Gartenhaus-Notizen beklagt er die bedauernswerte Konfusion der theoretischen Gesichtspunkte, die bis in Arbeiten hinein festzustellen sei, die den höchsten wissenschaftlichen Anspruch erhöben (Saussure 2003a, 81). Dabei hielt er der zeitgenössischen Linguistik insbesondere vor, dass sie sich auf bequeme Weise der wesentlichen Aufgabe entzogen habe, »zu entwirren, was es mit unseren ersten Entscheidungen auf sich hat. Es ist uns nicht möglich, zuzugestehen, daß man das Recht habe, eine Theorie aufzustellen, in der man sich dieser Definitionsarbeit enthält, obwohl diese bequeme Vorgehensweise bisher das sprachwissenschaftliche Publikum zu befriedigen schien.« (Saussure 1997, 296)

De Saussures grundsätzliche Kritik ist um so bemerkenswerter, als sie sich auf eine Phase der fachgeschichtlichen Entwicklung der Indoeuropäistik richtet, in der diese gegenüber dem älteren organologischen Schleicher-Paradigma, das die Sprache zu einem Naturgegenstand erklärt hatte[90], mit revolutionärem Erneuerungspathos auftrat und sich die grundsätzliche Reform der Fundamente sprachwissenschaftlicher Forschung zuschrieb (vgl. Jäger 1975, 255-291). Whitneys Replik auf Max Müller (Müller 1875) etwa, sein Aufsatz zu den »Streitfragen der heutigen Sprachphilosophie« (Whitney 1875b), markiert dieses neue Selbstbewusstsein, das sich in Leipzig durch Whitneys ›Wegweisung‹ (Brugmann 1897, 74 f.) just in dem Moment zu etablieren begann, in dem de Saussure hier sein Studium aufnahm. Er fand sich also in einem sprachwissenschaftlichen Umfeld vor, das durch ein ausgeprägtes reformatorisches Selbstbewusstsein geprägt war (Osthoff 1879; Paul 1880; Curtius 1885; Brugmann 1885; Delbrück 1885). Die Dynamik dieses Szenarios wurde einerseits bestimmt durch Diltheys Versuche einer wissenschaftslogischen Autonomisierung der Geisteswissenschaften (Dilthey V 1924), von denen sich die deutsche Linguistik in den 1870er Jahren wenig fasziniert zeigte (Scherer 1878, XII f.)[91], die aber durchaus Wirkung auf das Saussure'sche Denken gewinnen sollten (Kap. 3.2 »Induktion und Divination«), und zum anderen durch den universellen Geltungsanspruch der »Sciences«, die einen methodologischen Monismus verfochten (Stegmüller 1975, 104 f.). Insbesondere dieses monistische Programm hatte für die jüngeren einzelphilologischen und komparatistischen Sprachwissenschaftler in der Mitte der 1870er Jahren eine hohe Anziehungskraft (Whitney 1874, 78). Sie bewog auch die Repräsentanten der Leipziger Sprachwissenschaft, sich in ihrem *methodologischen* Selbstverständnis programmatisch an den Naturwissenschaften zu orientieren, wobei sie sich mit Bezug auf ihre *Gegenstände* freilich weiterhin den Kultur- bzw. Geisteswissenschaften zugehörig fühlten (Osthoff 1879, 47).[92] Sie forcierten deshalb im Rahmen einer ›prinzipienwissenschaftlichen‹ Neubegründung der Sprachwissenschaft eine an den Sciences orientierte »tiefgreifende Umgestaltung der Methode« (Paul 1880, 7; Brugmann 1881, 638). Davon, den »sicheren Weg der inductiven Logik« (Whitney 1974, 78) zu beschreiten, versprachen sie sich nun, »in Bezug auf die allgemeingültige Bedeutung ihrer Resultate« (Brugmann 1897, 74) eine den Naturwissenschaften vergleichbare Validität ihrer fachlichen Erkenntnisse, eine gleichsam »naturwissenschaftliche Evidenz« (Osthoff 1879, 46; Brugmann 1885, 38, 53, 61; Paul 1901, 175; Scherer 1878, 24).

Die junggrammatische Schule reagierte dabei allerdings auf die Anziehungskraft der Naturwissenschaften mit einer merkwürdigen Ambivalenz: Sie übernahm zum einen auf methodologischer Ebene als »methodische Schablone« (Dilthey V 1924, 43) den in den Naturwissenschaften vorherrschenden sensualistischen Positivismus (vgl. Jäger 1975, 179 ff., 199 ff., 255 ff.), ohne freilich ihre wissenschaftstheoretische Neuorientierung im Hinblick auf die genuine Gegenständlichkeit ihres Forschungsobjekts Sprache zu reflektieren (vgl. Jäger 1977, 29-39). Sie ignorierte aber andererseits auf der Ebene der konkreten Forschung weithin gerade jene Erkenntnisgewinne, die von benachbarten Naturwissenschaften bereits im auslaufenden 19. Jahrhundert auf dem Feld der Sprache erzielt worden waren (Jäger 2001).

So setzte etwa mit Paul Brocas Entdeckung des Aphasieproblems (Broca 1861) eine folgenreiche Debatte zwischen Medizinern und Psychologen sowohl über den ›Sitz der Fähigkeit zur artikulierten Sprache‹ im Gehirn des Menschen als auch über das Verhältnis von Sprache und Denken allgemein ein (Jäger 2001), die in ihrem Einfluss auf die Leipziger Schule außerordentlich begrenzt blieb, obgleich sie für die sprachtheoretische Modellbildung einer linguistischen »Prinzipienwissenschaft«, der es darum zu tun war, »in eine systematische Untersuchung der allgemeinen Lebensbedingungen der Sprache ein[zu]treten« (Brugmann 1885, 33), doch von einigem Interesse gewesen wäre. Allein Heymann Steinthal und Moritz Lazarus beteiligten sich als Sprachphilosophen 1874 an einer Debatte mit Medizinern[93] über Aphasie, die die »Berliner Gesellschaft für Anthropologie, Ethnologie und Urgeschichte« ausgerichtet hatte (Hagner 1997).[94] Während sich also die einzelphilologische und vergleichende Sprachwissenschaft im letzten Drittel des 19. Jahrhunderts im Interesse einer disziplinären Neukonstitution methodologisch am Ideal der Naturwissenschaften orientierte, ignorierte sie gleichwohl weithin die bedeutenden Erkenntnisse über die Sprache, die die Fortschritte der Medizin insbesondere im Bereich der Anatomie und Physiologie des Gehirns hervorgebracht hatten.

De Saussure durchschaute diese methodologische Selbstgewissheit der Leipziger Schule, die – so etwa Brugmann – glaubte, ihre Forschungsmethode sei durch ihre prinzipienwissenschaftliche Fundierung »jetzt auf denjenigen Untergrund gestellt, auf dem sie immer stehen wird« (Brugmann 1885, 39), als eine Selbsttäuschung. Er war sich vollkommen darüber im Klaren, dass die jeder Entscheidung für ein methodologisches Programm vorausliegende Notwendigkeit der Klärung der Gegenständlichkeit des Erkenntnisgegenstandes Sprache, eine Notwendigkeit, der sich die Junggrammatiker nicht wirklich stellten, ohne einen transdisziplinären Ausgriff über die Grenzen der Sprachwissenschaft hinaus nicht möglich sein würde. Bei aller Anerkennung der Fortschritte, die gegenüber der älteren Indogermanistik erzielt worden waren (Saussure 1997, 289), kritisierte er als entscheidenden Mangel des zeitgenössischen sprachwissenschaftlichen Denkens dessen fehlende Bereitschaft, über die engen philologisch-linguistischen Schranken hinaus die Ergebnisse der nicht-philologischen Nachbarwissenschaften und insbesondere auch die der Naturwissenschaften zur Kenntnis zu nehmen: »Es wäre«, notiert Riedlinger in der zweiten Vorlesung zu den Junggrammatikern, »segensreicher gewesen, wenn sie mit den Naturwissenschaften vertrauter gewesen wären bzw. mit anderen Wissenschaften als der Philologie. Es ist nicht so, dass ihnen der kritische Geist gefehlt hätte; aber man wäre schneller zu wissenschaftlichen Grundlagen vorgestoßen.« (EC 16, II R 159, 89) De Saussure seinerseits hat den aphasiologischen Befunden Brocas und Wernickes und dem hieraus abgeleiteten psycho-physiologischen Sprachmodell große, wenn auch kritische Aufmerksamkeit gewidmet.[95] Er integriert einmal in seine sprach- und zeichentheoretischen Überlegungen Brocas zentrale Unterscheidung einer *allgemeinen Sprach- und Zeichenfähigkeit* (»faculté du langage«) von einer *Fähigkeit zur lautsprachlichen Artikulation* (»faculté du langage articulé«) und warnt wie Broca vor der Vermischung dessen, »was die Stimme betrifft, mit dem [...] was nur die Übersetzung eines Gedankens durch ein Zeichen betrifft« (Saussure 1997, 378; Broca 1861, 331 ff.): »In der Tat sieht man [...] im Lichte der Aphasiefälle, daß die Fähigkeit, Laute auszusprechen, etwas anderes ist als die Fähigkeit, die Zeichen einer regulären Sprache [langage régulier] hervorzurufen [...].« (Saussure 1997, 383) Zum anderen schließt er im Zeichenkonzept der Genfer Vorlesungen über allgemeine Sprachwissenschaft und in der zugehörigen Gruppe der *Notes* begrifflich an Wernickes Theorie der »Erinnerungsbilder« an (Wernicke 1874) und unterscheidet wie dieser *»Bewegungsbild«* (»image musculaire« (EC 38, 201)), *»Klangbild/Lautbild«* (»image acoustique« (EC 43, 272)) und *»Gedankenbild/Begriff«* (»concept«, »image de pensée« (EC(N) 32, 3305.7).[96] Freilich übernimmt er dabei nicht die erkenntnistheoretischen und semiotischen Implikationen der von der Hirnforschung des auslaufenden 19. Jahrhunderts entwickelten »psycho-physiologischen Sprachtheorie«. Insbesondere kritisiert er – ähnlich wie Freud in seiner frühen Aphasieschrift (Freud 1891) – die Annahme einer kognitiven Unabhängigkeit der Begriffs-Domäne (Lichtheim 1885, 207) von den sprachlichen Erinnerungsbildern, d.h. vom Zeichenprozess, weil es – so de Saussure – »nicht das Denken ist, das das Zeichen hervorbringt, sondern das Zeichen, das das Denken zu allererst leitet (es von daher in Wirklichkeit hervorbringt [...])« (Saussure 2003a, 109; Kap. 4.2). In seiner Reflexion des terminologischen und begrifflichen Apparates der zeitgenössischen Sprachtheorie setzt er sich also intensiv mit den naturwissenschaftlichen Modellierungen der Sprache auseinander, lässt sich von ihnen anregen, ohne freilich sein eigenes zeichenphilosophisches und methodologisches Programm in das Paradigma der Naturwissenschaften einzustellen.

Wissenschaftslogisch bestimmt er die Sprachwissenschaft, die er in seiner Genfer Antrittsvorlesung von 1891 zunächst als *historische* Wissenschaft charakterisiert hatte (Saussure 1997, 248), genauerhin als eine *semiologische* Wissenschaft, die sich insbesondere aufgrund ihrer spezifischen gegenstandskonstitutiven Probleme (Kap. 3.2, 4.1 und 4.2) methodologisch nicht auf der Seite der Naturwissenschaften verorten lässt, sondern vielmehr den Geisteswissenschaften nahesteht. Sie muss ihre »Legitimität und Daseinsberechtigung in der Gesamtheit der Wissenschaften« – und hier lässt er das Paradigma der Junggrammatiker weit hinter sich – aufgrund des semiologischen Charakters ihrer Gegenstände aus ihrem Status als *Zeichenwissenschaft* (»Semiologie«) ableiten. Sie gehört »zu einer Abteilung der Wissenschaften, die, wenn sie nicht existiert, existieren sollte unter dem Namen *Semiologie*, das heißt Wissenschaft der Zeichen oder Untersuchung dessen, was sich ereignet, wenn der Mensch versucht, sein Denken mittels einer notwendigen Konvention bedeutsam zu machen« (Saussure 1997, 404; Kap. 4.2). De Saussures wissenschaftslogisches Modell der Semiologie antizipiert, auch wenn es nicht wirklich ausgearbeitet wurde, besonders im Hinblick auf die Rückführung geisteswissenschaftlicher Gegenstände auf ihre Zeichen-Natur, Cassirers *Philosophie der symbolischen Formen* (Cassirer 1964).[97]

Vergegenwärtigt man sich die – in den pointiert kritischen Äußerungen de Saussures zur Sprachwissenschaft des auslaufenden 19. Jahrhunderts zutage tretende – konzeptionelle Distanz zur Schule seiner Leipziger Lehrer, so kann es wenig verwundern, dass er nicht, wie etwa Brugmann (Brugmann 1881), in den *Prinzipien* Hermann Pauls die erste umfassende Methodologie der historischen Sprachwissenschaft sah: »Man muß alles, was Paul und die Modernen geschrieben haben, wiederaufnehmen, um es zu widerlegen.« (Saussure 1997, 522; Godel 1969, 29) Selbst mit Whitney, dessen grundlagentheoretische Leistungen er durchaus anerkannte und dem er konzedierte, er sei »der erste Verallgemeinerer« gewesen, »der in der Lage war, aus dem Werk der Grammatik keine absurden Schlüsse zu ziehen« (Saussure 1997, 305), stimmte er im Hinblick auf allgemeine Aussagen über die Sprache nicht überein: »Vom Moment an, in dem es um die universellen Dinge geht, die man über die Sprache [langage] sagen kann, fühle ich mich mit keiner Schule im allgemeinen in Übereinstimmung, nicht eher mit der vernünftigen Lehre Whitneys als mit den unvernünftigen Lehren, die er siegreich bekämpft hat. [...] Und diese Uneinigkeit ist derart, daß sie weder irgendeine Milderung oder Nuance kennt, weil ich mich sonst gezwungen sähe, Dinge zu schreiben, die in meinen Augen keinen Sinn haben.« (Saussure 1997, 317; Kap. 3.2 »Vergleich und Verallgemeinerung«)

In der linguistischen Fachgeschichtsschreibung ist die skizzierte intellektuelle und sprachtheoretische Distanz de Saussures zur zeitgenössischen Sprachwissenschaft bislang nicht nur kaum zur Kenntnis genommen, sondern häufig geradezu in ihr Gegenteil verkehrt worden. In weiten Teilen der de Saussure-Forschung wird noch immer die bereits erwähnte, völlig verfehlte und inzwischen geradezu topologisch erstarrte Bloomfield-These vertreten, die wissenschaftshistorische Leistung des Genfer Sprachwissenschaftlers habe darin bestanden, die am Ende des 19. Jahrhunderts in der Luft liegenden sprachwissenschaftlichen Ideen in einer rigorosen Systematisierung zusammengefasst zu haben. Nicht selten wird de Saussure umstandslos der junggrammatischen Schule zugerechnet (Putschke 1969; Einhauser 1989), sein ›Beitritt‹ zur junggrammatischen Gruppe behauptet, deren »erfolgreicher Combattant« er gewesen sei (Bierwisch 1966, 77), oder ihm gar das Prädikat »fast orthodoxer Junggrammatiker« zugesprochen (Peeters 1974, 54). Mitunter ist diese Annahme noch mit der zusätzlichen Behauptung verknüpft, »daß Saussures Hauptinspirationsquelle nicht außerhalb der Sprachforschung, sondern in der linguistischen Theorie seiner Zeit« gelegen habe (Koerner 1973, 92 u.ö.). Wissenschaften »wie die Psychologie, die Soziologie oder die Sprachphilosophie, von den Naturwissenschaften ganz zu schweigen«, seien für die Entwicklung seines Denkens ohne Belang gewesen (Koerner 1988, 91, 99).

De Saussure selbst hätte wohl auf diese Charakterisierungen der Ausrichtung seines Denken entgegnet: »Um die Linguistik sinnvoll anzugehen, muß man sie von außen her angehen, aber nicht ohne einige Erfahrung der bestechenden [›prestigieux‹] Phänomene aus ihrem Innern. Ein Linguist, der nur Linguist ist, ist, so glaube ich, unmöglich in der Lage, die Tatsachen zu klassifizieren.« (Saussure 1997, 364) So weist de Saussure gerade der Psychologie für die linguistische Modellbildung eine ganz besondere Bedeutung zu: »Mehr und mehr wird die Psychologie praktisch unsere Wissenschaft übernehmen, weil sie merken wird, daß die Sprache [langue] nicht nur einer ihrer Zweige ist, sondern das ABC ihrer eigenen Aktivität.« (Saussure 1997, 364)[98] Es ist deshalb auch nicht überraschend, dass er das Zeichen in den Gartenhaus-Notizen als »eine Operation einfacher psychologischer Ordnung« bezeichnet (Saussure 2003a, 167). Mit einem Nachdruck, der nichts zu wünschen übrig lässt, betonte er, dass das Problem der Sprache innerhalb der disziplinären Grenzen des Paradigmas zeitgenössischer Sprachwissenschaft nicht angemessen theoretisch entfaltet werden könne. Es sei evident, so trägt er seinen Schülern in der dritten Genfer Vorlesung vor, »dass die Sprache [langage] in den menschlichen Gesellschaften eine so beachtliche [considérable] Rolle spielt, dass sie ein Faktor von einer solchen Wichtigkeit für das menschliche Individuum und die menschliche Gesellschaft ist, dass es unmöglich ist, anzunehmen, dass das Studium eines so bedeutenden Teils der menschlichen Natur schlicht und einfach die Angelegenheit einiger Spezialisten bleiben dürfte« (EC 23, 118). Das Sprachproblem, daran bestand für de Saussure kein Zweifel, bedarf zu seiner angemessenen Reflexion eines transdisziplinären Ausgriffs weit über die Fachgrenzen der sich neu etablierenden Disziplin Sprachwissenschaft hinaus auf benachbarte Wissenschaften und Forschungsdiskurse, unter denen er neben der Sprachphilosophie und der Psychologie auch der Medizin, genauerhin der Anatomie und Physiologie des Gehirns, eine wichtige Rolle zuschrieb. In einer nicht abgeschlossenen Rezension des Buches *Programme et méthodes de la linguistique théorique* seines späteren ›Editors‹ Albert Sechehaye (Sechehaye 1908) hielt er diesem vor: »Da er eine Psychologie der Sprache betreibt, hätte sich Herr Sechehaye, scheint mir, nicht davon dispensieren dürfen, von der Brocaschen zerebralen Lokalisation [der Sprachfähigkeit] und den pathologischen Beobachtungen zu den verschiedenen Formen der Aphasie zu sprechen, die von größtem Interesse sind, nicht nur, um die Beziehungen der Psychologie zur [Anatomie][99] zu beurteilen, sondern, was von anderer Tragweite ist, zur Grammatik selbst.« (Saussure 1997, 382) Anders als die zeitgenössische Sprachwissenschaft hat de Saussure bei seiner Reflexion des allgemeinen Problems der Sprache und bei seinem Versuch einer semiologischen Begründung der Sprachtheorie entschieden die philologisch-komparatistischen Grenzen sowohl einerseits zur Psychologie und zur medizinisch-aphasiologischen Forschung sowie andererseits auch zur Sprachphilosophie überschritten, weil er das Sprachproblem für eines hielt, das in den Händen nur linguistischer Spezialisten allein nicht angemessen fokussiert werden könne. Man darf wohl in den Berliner Begegnungen mit Whitney, Steinthal und Wernicke (Kap. 2.2 »Das Berliner Intermezzo«) den Keim für ein solches Denken erblicken.

3.2 Pittoreske Sprache und Sprache im Allgemeinen

De Saussure befand sich also, wie man sagen könnte, bereits sehr früh in der Rolle eines Revolutionärs, dem der problemlose Zugang zu einer historisch-vergleichenden ›normalwissenschaftlichen Tätigkeit‹ (Kuhn 1973) deshalb verwehrt war, weil er die Unzulänglichkeit der theoretischen und methodischen Mittel erkannte, die das komparatistische Paradigma seiner Zeit, dem er fachlich angehörte, das er aber kognitiv längst verlassen hatte, zur Verfügung stellte.

Seine kritische Auseinandersetzung mit der zeitgenössischen Sprachwissenschaft nahm zwar ihren Ausgang von seinen eigenen Untersuchungen jener »pittoresken Seite« von Sprachen, die allgemein das thematische Zentrum der vergleichenden Sprachforschung im letzten Drittel des 19. Jahrhunderts ausmachte. Dieses primär ethnografisch sprachvergleichende Interesse aber, das er mit den meisten Linguisten seiner Zeit teilte, wurde überlagert von der Einsicht in die Notwendigkeit der Klärung grundlegender sprachtheoretischer und methodologischer Fragen, etwa der Frage nach (1) der spezifischen Gegenständlichkeit des Gegenstandes Sprache, d.h. dem theoretischen Status der Entitäten, mit denen es die Sprachwissenschaft zu tun hat, (2) dem Verhältnis von ›pittoresker‹ und ›allgemeiner Seite‹ der Sprache, d.h. dem Verhältnis von Theorie und Erfahrung sowie schließlich der Frage (3) nach der Begründung und Verortung der Linguistik als eigenständiger Disziplin im Ensemble der Wissenschaften. Weil die historisch-vergleichende Linguistik hinsichtlich solcher Fragen, die sie nicht einmal stellte, geschweige denn beantwortete, in de Saussures Augen ungenügend fundiert war, sah er sich seinerseits – zwar »ohne Enthusiasmus und Leidenschaft«, aber mit beträchtlichem Scharfsinn – dazu gezwungen, einen Beitrag zu ihrer Klärung zu leisten. Nimmt man die Genese des Saussure'schen Denkens unter dieser Perspektive in den Blick, so kann durchaus mit Robert Godel von einer »ganz natürlich[en] Entwicklung [...] von der vergleichenden Grammatik zur Theorie der Sprache« (vgl. Godel 1957, 24) gesprochen werden, wenn auch das sprachtheoretische Ergebnis dieses Denkweges im *Cours* keinen angemessenen Niederschlag gefunden hat.

In diesem Reflexionsprozess spielten für de Saussure zwei Autoren eine besondere Rolle, nämlich der amerikanische Sanskritist William Dwight Whitney und der deutsche Sprachforscher und Sprachphilosoph Wilhelm von Humboldt, denen beiden Tullio De Mauro mit Recht eine große Bedeutung für die Entwicklung des Saussure'schen Denken zumisst (De Mauro 1972, 387), eine Bedeutung freilich, die in ihrem jeweiligen Stellenwert für das Saussure'sche Denken durchaus unterschiedlich gewichtet war.

De Saussures besonderes Verhältnis zu Whitney, mit dem er bereits während seines Berliner Studiensemesters persönlich zusammengetroffen war (Kap. 2.2 »Das Berliner Intermezzo«), zeigt sich nicht nur darin, dass er nach dessen Tod im Zusammenhang mit einer Einladung der American Philological Association zu einem »Whitney Memorial Meeting« am 28. Dezember 1894 in Philadelphia einen umfangreichen Gedächtnisartikel für das *Journal of the American Oriental Society of America* (Saussure 1997, 303-328) entwarf (der freilich unvollendet geblieben ist), sondern auch darin, dass er in weiteren *Notes* sowie in seinen Vorlesungen verschiedentlich auf Whitney Bezug nahm (Saussure 1995, 28, 32, 52, 53; 1997, 343; 2003a, 102, 108) und zu diesem Zwecke kommentierte Auszüge aus seinen Schriften anfertigte (EC(N) 44). Die Bedeutung Whitneys sah de Saussure vor allem darin, dass er sich reflektierend vom komparatistischen Alltagsgeschäft der indo-europäistischen Linguistik gelöst habe, um aus kritischer Distanz allgemeine Überlegungen zur Natur des Gegenstands Sprache abzuleiten und methodische Verbesserungen einzuführen. In dem erwähnten Gedenkartikel von 1894 preist er Whitney dafür, dass es ihm als Erstem gelungen sei, eine »philosophische Sichtweise« auf »das Laboratorium ihrer [der Komparatisten L.J.] täglichen Vergleiche« zu entwickeln (Saussure 1997, 305, 328). Whitney habe »aus den Resultaten der vergleichenden Grammatik eine übergeordnete und allgemeine Sicht der Sprache« abgeleitet (Saussure 1997, 317) und so den Linguisten nicht nur »eine gesündere Betrachtungsweise dessen eingeschärft [...], was im allgemeinen der Gegenstand ist, den man unter dem Namen Sprache behandelt« (Saussure 1997, 314, 509), sondern ihnen zugleich Verfahren an die Hand gegeben, »die sich ein wenig von den früheren« unterschieden hätten (Saussure 1997, 305). An diese Würdigung Whitneys schließt er dann eine programmatische Feststellung hinsichtlich des Verhältnisses von komparatistischer Methode und allgemeiner sprachtheoretischer Reflexion an: »Die beiden Dinge, eine gute Verallgemeinerung in bezug auf die Sprache [...], oder eine gesunde Methode der vergleichenden Grammatik für die präzisen täglichen Operationen sind in Wirklichkeit ein und dasselbe.« (Saussure 1997, 305 f.)

Allerdings war für de Saussure diese Einsicht mit Voraussetzungen verbunden, die sich nicht nur den Junggrammatikern, sondern auch Whitney selbst nicht erschlossen hatten. Zwar konnte er durchaus mit der für die zweite Genfer Vorlesung exzerpierten Whitney'schen Aufgabenbestimmung der Linguistik übereinstimmen: dieser müsse es, so hatte Whitney formuliert, darum zu tun sein, im weitesten Sinne den gesamten Reichtum der menschlichen Sprache in allen ihren Manifestationen und Beziehungen, in ihren Verschiedenheiten sowie in deren Ursachen zu verstehen (EC(N) 44). Freilich musste ihm die von Whitney hieraus »mit evidenter Notwendigkeit« abgeleitete methodische Konsequenz problematisch erscheinen, sprachtheoretische Schlüsse seien mittels einer »Induktion« zu gewinnen, die auf der Grundlage der Untersuchung und des sorgfältigen Vergleichs mehr oder minder zerstreuter sprachlicher Fragmente zu ihren Verallgemeinerungen gelange (EC(N) 44). So kann es etwa für de Saussure keine in historischer Perspektive problemlos gegebenen und miteinander vergleichbaren sprachlichen Formen geben – wie die Junggrammatiker und auch Whitney annahmen. Die etwa von Brugmann selbstverständlich gemachte Voraussetzung, dass »eine Spracherscheinung« als »*dieselbe* [Hervorhebung L.J.] Form in mehreren Sprachen zugleich« auftreten könne (Brugmann 1884, 254), war für de Saussure hinsichtlich der hier gemachten Identitätsunterstellung völlig inakzeptabel. Mit Blick auf das »ganz allgemeine und fast populärwissenschaftliche Werk« *Leben und*

Wachstum der Sprache von Herrn Whitney stellt er deshalb fest: »[...] die gesamte Arbeit der sprachwissenschaftlichen Schule seit einem Jahrhundert, die sich ausschließlich auf die historische Abfolge bestimmter Identitäten richtet, die zu unterschiedlichen Zeitpunkten tausend Zwecken dienten, ist im Prinzip bedeutungslos.« (Saussure 2003, 108 f.)

Für de Saussure war gerade der Identitätsstatus der »fragmentarischen Materialien«, mit denen es die komparatistische Analyse bei ihrem induktiven Verallgemeinerungsgeschäft zu tun hat und denen Whitney keine theoretische Aufmerksamkeit widmete, in einem sehr grundlegenden Sinne aufklärungsbedürftig. Vergleichen lassen sich, wie de Saussure zu betonen nicht müde wird, nur Entitäten, die einen theoretisch definierten Status haben. Sprachliche Entitäten sind als semiologische nicht – wie dies im junggrammatischen Paradigma und auch von Whitney unterstellt wird – als in sich selbst bestimmte ›Individuen‹ in unmittelbarer Beobachtung gegeben. Wir sollten uns, bemerkt de Saussure in den Gartenhaus-Notizen, »tatsächlich in Erinnerung rufen, daß in der Sprachwissenschaft der *Gegenstand* zunächst nicht existiert, nicht in sich selbst bestimmt ist« (Saussure 2003a, 82). Es gibt, so de Saussure, »keinen einzelnen Gegenstand, der in der Sprache [langage] unmittelbar als sprachliche Tatsache gegeben ist. Wir befinden uns zu Beginn in dieser Situation: daß keiner der scheinbaren Gegenstände als legitime Grundlage für die Untersuchung dienen kann.« (Saussure 2003a, 152) Insofern setzt die Arbeit an den ›pittoresken‹ Einzelheiten der Sprache Kriterien voraus, über die sich Einheiten *als* sprachliche Einheiten erst identifizieren lassen. Induktive Verallgemeinerungen können nicht aus einem Verfahren hervorgehen, das zunächst auf *gegebene* sprachliche Daten (»fragmentarische Materialien«) stößt und *erst dann* mit dem Geschäft der Verallgemeinerung beginnt, also, wie Paul formuliert hatte, »das Gegebene durch Schlüsse [ergänzt]« (Paul 1901, 163), weil sprachliche Daten unabhängig von theoretischen Leistungen gar nicht *als* identische sprachliche Daten gegeben sind. Die Identität sprachlicher Entitäten wie *Silben*, »*Wörter*, *Suffixe*, *Präfixe etc.*« (Saussure 1997, 381), mit denen es der Germanist oder der Komparatist in ›pittoresker‹ Einstellung zu tun hat, ist keine Eigenschaft, die diesen gleichsam ontisch eignet. In den Gartenhaus-Notizen formuliert de Saussure hierzu programmatisch: »Die ganze Arbeit des Sprachwissenschaftlers, der sich methodisch Klarheit über seinen Untersuchungsgegenstand verschaffen möchte, läuft auf die außerordentlich schwierige und heikle Operation hinaus, Einheiten zu definieren.« (Saussure 2003, 86) Heikel ist diese Operation vor allem deshalb, weil die Sprache als Erkenntnisgegenstand spezifische Beobachtungsprobleme aufwirft: »Wer sich dem komplexen Gegenstand nähert, den die Sprache darstellt, um ihn zu untersuchen, wird dies notwendigerweise von der einen oder anderen Seite tun [...]. Nun gibt es aber hier den erstrangigen und der Natur der Sprache inhärenten Umstand, daß man, von welcher Seite aus man auch – berechtigterweise oder nicht – versucht, sie anzugehen, man bei ihr niemals Individuen wird entdecken können, das heißt Dinge (oder Größen), die in sich selbst bestimmt sind, auf deren Grundlage man anschließend die Verallgemeinerung durchführt. Sondern es gibt zuerst die Verallgemeinerung und nichts außerhalb von ihr: Da die Verallgemeinerung [...] nun aber einen Gesichtspunkt voraussetzt, der als Kriterium dient, sind die ersten und nicht weiter ableitbaren Entitäten, mit denen sich der Sprachwissenschaftler beschäftigen kann, schon das Ergebnis einer verborgenen Operation des Geistes. Daraus folgt unmittelbar, daß die gesamte Sprachwissenschaft [...] materialiter auf die Erörterung legitimer Gesichtspunkte [hinausläuft]: Sonst gibt es keinen Gegenstand.« (Saussure 2003a, 81 f.; ebenso 1997, 293, 342) Diese ›verborgene Operation des Geistes‹ aufzuklären, eine Operation, der sich die legitimen gegenstandskonstitutiven Gesichtspunkte erst verdanken, stellt deshalb für Saussure die zentrale Aufgabe des Sprachwissenschaftlers dar (Kap. 5.3).

Induktion und Divination: Saussure – Humboldt - Dilthey

Es ist das skizzierte Problem des Verhältnisses von Besonderem und Allgemeinem, von Empirie und Theorie (das in Whitneys positivistischem Programm zwar aufscheint, aber nicht angemessen analysiert wird), zu dessen Lösung de Saussure sich auf das sprachtheoretische Denken Wilhelm von Humboldts und auf eine Denktradition bezieht, die weiterhin durch die Namen Schleiermacher und Dilthey gekennzeichnet werden kann.[100] Dass de Saussure mit der (sprach-)philosophischen Tradition des deutschen Idealismus vertraut war, ist bereits oben – etwa an seiner Pictet-Rezension – deutlich geworden. Sicher kann man als Indiz hierfür auch die freundschaftlichen Beziehungen der Familien de Saussure und Humboldt sowie den Einfluss Pictets auf den jungen Genfer Bewunderer werten (Kap. 2.1). Insbesondere spricht hierfür aber der Umstand, dass de Saussure in seinem Berliner Semester mit einiger Wahrscheinlichkeit die Sprachphilosophie-Vorlesung Heymann Steinthals gehört hat (Kap. 2.2 »Berliner Intermezzo«). Zudem besaß de Saussure in seiner Bibliothek zumindest einen bedeutenden Text Humboldts, nämlich jenen Auszug aus den »Grundzüge[n] des allgemeinen Sprachtypus«, der 1884 in der von Techmer herausgegebenen *Internationalen Zeitschrift für allgemeine Sprachwissenschaft* (Bd. 1, Heft 1, 385-411) in den Paragrafen 72-126 abgedruckt worden war. Dieser Textauszug ist insofern aufschlussreich, als er im Abschnitt »Wörtervorrath« eine der wenigen explizit zeichentheoretischen Überlegungen Humboldts enthält, insbesondere seine Unterscheidung von Wort, Zeichen und Symbol (hierzu Trabant 1986, 71-75, 91-98; 1990, 32 ff.), an die de Saussure in seiner Konzeptualisierung der Zeichenidee systematisch anschloss (Kap. 4.2).

Die verschiedentlich in der Forschung vertretene These, es gebe keinerlei Hinweis darauf, dass de Saussure in irgendeiner Weise an Konzepten interessiert gewesen sei, die für die Humboldt'sche Tradition der Sprachwissenschaft typisch seien (etwa Koerner 1990, 156 u.ö.)[101], ist, wie viele andere Urteile in der ›Vorläuferdebatte‹, gänzlich verfehlt. Zwar zählt de Saussure in seinen wissenschaftshistorischen Bemerkungen Humboldt zu jenen Sprachtheoretikern, deren Versuche, obgleich sie voller Materialien seien, die dazu hätten dienen können, das Gebäude einer neuen Sprachtheorie zu errichten, nicht wirklich zu einer solchen Theorie geführt hätten. Nicht ein Einziger habe – und hier schließt de Saussure Humboldt ein – »die Grundlage dieses Gebäudes auch nur schon skizziert« (Saussure 1997, 381).[102] Gleichwohl wäre die für die Saussure'sche Sprachidee zentrale Reflexion des Verhältnisses von ›pittoresker‹ Sprache und der Sprache im Allgemeinen, von sprachvergleichendem Labor und allgemeiner Sprachtheorie, ohne das Humboldt'sche Programm eines zugleich sprachphilosophisch und empirisch-sprachvergleichend verfahrenden »Sprachstudiums« kaum denkbar gewesen (Jäger 1985, 163-173; Trabant 1986, 169-204; 1990, 50-59). De Saussure hat sein eigenes Forschen viel stärker an diesem Programm orientiert, als das – dem *Cours* geschuldete – wirkungsgeschichtliche Wahrnehmungklischee seines Denkens dies hat sichtbar werden lassen.

Dass de Saussure das Humboldt'sche Programm gekannt hat, lässt sich bereits an seinem Bekenntnis zur »pittoresken Seite einer Sprache«, zu ihrem »beinahe ethnographische[n] Aspekt« ablesen, insbesondere aber daran, dass er hinsichtlich des komplexen Vermittlungszusammenhangs von Vergleich und Verallgemeinerung explizit auf Humboldt Bezug nimmt. So notierte Louis Caille in der ersten Genfer Vorlesung zur allgemeinen Sprachwissenschaft von 1907 die folgende Bemerkung de Saussures zu Humboldt: »Es ist beinahe dieser ethnologische Gesichtspunkt, den Wilhelm von Humboldt in seinen philosophischen Induktionen über die Struktur der Sprachen des Globus einnimmt. Im Grunde haben seine Arbeiten das Ziel, die Beziehungen der Linguistik zur Logik zu ermitteln, aber der Anstoß ist durch seine ethnologischen Studien gegeben worden. Die Affinität, die die Linguistik mit der Ethnologie haben kann, ist enorm.«[103] Für de Saussure, der wie Humboldt seine allgemeinen Aussagen über die Natur der Sprache auf die exzellente Kenntnis einer Vielfalt von Sprachen stützen konnte (Kap. 2.2 »Pariser Dekade«), ist das Humboldt'sche Konzept einer »philosophischen Induktion über die Struktur der Sprachen des Globus« in verschiedener Hinsicht außerordentlich bedeutsam geworden:

(1) Zunächst bestärkt ihn der ›Humboldt'sche Gesichtspunkt‹ in seiner Einsicht, dass der Vergleich von ›sprachlichen Fragmenten‹ verschiedener Sprachen theoretisches Wissen über die jeweilige synchrone *Struktur* dieser Sprachen voraussetzt. Die von Friedrich Schlegel und Humboldt vertretene Ansicht, dass sich Sprachen nur über ihre »innere Structur« (Schlegel 1877, 291), über ihren »inneren Zusammenhang« (Humboldt 4, 10), »in ihrem Bau, ihrem Systeme« (Humboldt 7, 632) vergleichen lassen, lässt auch de Saussure zu der Überzeugung gelangen, dass jedem Vergleich von ›sprachlichen Fragmenten‹ die Bestimmung von deren *Identität*, d.h. die Bestimmung ihres *Wertes* vorausgehen muss. Diesem theoretisch-methodischen Prinzip war de Saussure ja bereits in seiner Pariser Lehre gefolgt, und es sollte zu einer Kerneinsicht seines sprachtheoretischen Denkens werden. Die Identität einer sprachlichen Entität lässt sich nur über die strukturellen Kontextbedingungen erfassen, durch die sie bestimmt wird.

Sprachvergleichende Verallgemeinerungen setzen insofern Analysen der jeweiligen Strukturen dieser Sprachen voraus.

Bereits Humboldt hatte an den älteren sprachvergleichenden Unternehmungen kritisiert, dass sie versucht hätten, »aus einigen Duzend mühselig aufgefundenen, in ihrem inneren Zusammenhang mit den übrigen ihrer Sprache gar nicht untersuchten Wörtern auf eine Verwandtschaft der Sprachen zu schließen« (Humboldt 7, 624). Mit Blick auf die »vergleichende Sprachkunde« stellt er fest, »dass man nicht hinlänglich in die Kenntnis der einzelnen Sprachen eingedrungen« sei und dass deshalb »die Vergleichung noch so vieler wenig helfen kann« (Humboldt 4, 10). Vergleichung macht für Humboldt erst Sinn, wenn ihre »erste Regel« beachtet wird, »zuvörderst jede bekannte Sprache in ihrem inneren Zusammenhange zu studieren« (Humboldt 4, 10). Diese Maxime machte sich de Saussure mit seiner – in den Notizen zur dritten Genfer Vorlesung und in dieser selbst – vorgetragenen Forderung zu eigen, dass Vergleich nur als »Vergleich der grammatischen Organisation« von Sprachen möglich sei (EC 441, 2875; Saussure 1997, 389). Es sei besser, bemerkt er in der ersten Vorlesung, »sich nicht in den Vergleich von Sprachfamilien untereinander einzumischen, ehe man die besonderen Grammatiken mehrerer dieser Sprachen untersucht hat«. Untersucht werden müssen zunächst die »zeitgleichen Elemente«, wie sie in der »Struktur« bzw. im »System« einer Sprache gegeben sind (EC 442, 2876), und nicht, wie auch Humboldt kritisiert hatte, Sprachfragmente, die in »zufällige Stücke zerschlagen« sind (Humboldt 4, 10). Erst der strukturelle Gesichtspunkt erlaubt es, sprachliche Entitäten zu identifizieren und ihren systematischen, einzelsprachlichen Zusammenhang aufzuzeigen; erst er macht es möglich, Sprachen zu vergleichen und sie in ihrer Verschiedenheit zu bestimmen. In diesem strukturalen Denken stimmt de Saussure, anders als Whitney und die bedeutenden Repräsentanten des junggrammatischen Paradigmas, in auffälliger Weise mit Schlegel und Humboldt überein.

(2) Humboldts Konzept einer »philosophischen Induktion über die Struktur der Sprachen des Globus« ist aber noch in einer zweiten Hinsicht für de Saussure bedeutsam, die mit dem Problem der *Sprachverschiedenheit* verknüpft ist. Der Gedanke einer aus ›philosophischen Induktionen‹ auf der Basis struktural einzelsprachlicher Analysen gewonnenen allgemeinen Sprachidee, der gleichermaßen für de Saussure und Humboldt charakteristisch ist, ist an eine wesentliche Voraussetzung geknüpft, nämlich daran, dass es sich bei den Verschiedenheiten – seien es nun Verschiedenheiten bei vorliegender oder ohne erkennbare Verwandtschaft (Saussure 1997, 389; 2003a, 175) – nicht um sprachliche Oberflächenphänomene[104], sondern um strukturell aufschlussreiche Diversitäten handelt. Nur unter dieser Voraussetzung macht es Sinn, im Hinblick auf eine allgemeine Sprachtheorie Verallgemeinerungen aus ihnen abzuleiten. In der Tat geht de Saussure von einer solchen Voraussetzung aus und misst deshalb der Sprachverschiedenheit, die das Erste sei, was sich dem Linguisten aufdränge (Saussure 1997, 387; EC 436, 2848), eine »fundamentale« Bedeutung zu (EC 438, 2856). Erst durch sie sei sowohl ein Bewusstsein von Sprache (EC 436; N 23.1, 2848) als auch Sprachwissenschaft selbst möglich geworden: »Für die Sprachwissenschaft ist die geographische Verschiedenheit der Sprachen [langues] sicher die entscheidende Tatsache. Es hat keine Sprachwissenschaft gegeben, bevor sich die Aufmerksamkeit nicht auf diese Verschiedenheit gerichtet hat, die mehr und mehr dem Vergleich und von Fortschritt zu Fortschritt der Idee einer allgemeinen Sprachwissenschaft Raum gegeben hat.« (EC 437 f., 2855) Für de Saussure besteht deshalb ein konstitutiver Zusammenhang zwischen der Entdeckung des Problems der Sprachverschiedenheit und dem Entstehen einer allgemeinen Sprachwissenschaft.

Der von Humboldt entwickelte Begriff der Sprachverschiedenheit, der den komparatistischen Programmen Humboldts und de Saussures gemeinsam zugrunde liegt, verdankt sich einer im Übergang vom 18. zum 19. Jahrhundert neu heraufziehenden Episteme, in deren Horizont sowohl die Idee einer universalen Sprache als auch die einer gattungsallgemeinen Menschennatur problematisch geworden war. Es ist diese Episteme, durch die Sprache als eigenständiger Erkenntnisgegenstand denk- und sichtbar wurde. In der Tat ist der Beginn eines genuin sprachphilosophischen und in der Folge sprachwissenschaftlichen Denkens eng mit der Entdeckung der Sprachverschiedenheit am Beginn des 19. Jahrhunderts und insbesondere mit dem Humboldt'schen philosophisch-empirischen Programm des »gesammten Sprachstudiums« (Humboldt 7, 619-628) verbunden. In der Verschiedenheit der Sprachen zeigte sich für Humboldt nicht mehr nur die Oberflächen-Variation eines Sprachschemas, das als universales Programm zur Ausstattung der menschlichen Gattung gehört (Beauzée/Douchet 1966): Die Sprache wurde vielmehr, wie Humboldt formuliert, zunehmend nicht mehr nur als eine »blosse [...] Verschiedenheit der Zeichen« (Humboldt 4, 429) verstanden, eine Verschiedenheit, die eher als ein »nachtheiliges Hindernis der Cultur« (Humboldt 7, 601) betrachtet worden war: »Mehrere Sprachen sind nicht ebenso viele Bezeichnungen einer Sache; es sind verschiedene Ansichten derselben [...].« (Humboldt 7, 602) Ähnlich hatte Schleiermacher formuliert: »Wenn wir von der Differenz der Sprache reden, unterscheiden wir die äußere Differenz des Klanges und die innere des Gehaltes. Es ließe sich denken, dass nur der Klang verschieden ist, der Gehalt derselbe. Aber kein Wort [...] korrespondiert mit einem Wort einer anderen Sprache.« (Schleiermacher 1977, 461) Die Differenz oder Verschiedenheit der Sprachen, die Humboldt nun unter den Begriffen des »Charakters« (Trabant 1986, 159-206) bzw. der »Individualität« (Jäger 1988) entfaltet, wird vielmehr gerade zu jenem Feld, auf dem es Sprachuntersuchungen vermögen, »auf eine tiefer in das geistige Leben eingreifende Weise, in der Eigenthümlichkeit ihres Baues Hülfsmittel zur Erforschung und Erkennung der Wahrheit, und Bildung der Gesinnung und des Charakters aufzusuchen« (Humboldt 4, 32 f.). Das Studium der vorhandenen Sprache diene insofern, wie Humboldt in dem von Friedrich Techmer abgedruckten Ausschnitt der *Grundzüge* formuliert, »zur Prüfung des Umfangs des im Menschengeschlecht wirklich gewesenen Denkens und Empfindens« (Humboldt 1884, 405 = Humboldt 5, 437).[105]

Es ist das Feld der Sprachverschiedenheit, auf dem sich im Medium des Sprachvergleichs die verschiedenen Gestalten freilegen lassen, die der »Gang der Einbildungskraft« bei der »Bezeichnung der Begriffe« (Humboldt 7, 633) in den ›Sprachen des Globus‹ jeweils annimmt. Und wie Humboldt betrachtet auch de Saussure die Arbeit des Vergleichs der ›grammatischen Organisation‹ der Sprachen (EC 442, 2875/76) als »einen Vergleich der verschiedenen möglichen Kontrakte zwischen Denken und Sprache« (EC 441, 2875) oder, wie es in Humboldt'scher Diktion auch heißt, als einen Vergleich der »Unterschiede im Gedankenausdruck« (EC 442, 2876) bzw. der »Verfahren [procédés], die verschiedene Sprachen zum Gedankenausdruck [expression de la pensée] verwenden« (EC 506, 3248). Es ist, wie sich noch zeigen wird, der hier deutlich werdende Gedanke der einzelsprachlich divergierenden Verfahren der ›Begriffsbezeichnung‹, der zu einem grundlegenden Wandel der Idee des Zeichens führen sollte, das nun in einem kategorial neuen Rahmen konzeptualisiert wurde. Die aus dem Verschiedenheitstheorem abgeleitete These Humboldts, die Sprache sei »das bildende Organ des Gedanken« (Humboldt 7, 53) und nicht mehr nur dessen abbildendes Werkzeug, sollte auch zu einem Programmsatz für die

Saussure'sche Zeichenidee werden. Auch für ihn gilt, wie für Humboldt, dass im sprachlichen Zeichen »die Bezeichnung erst das Entstehen des zu Bezeichnenden im Geiste vollendet« (Humboldt 5, 436).[106]

(3) Für die neue Episteme, in der sich am Beginn des 19. Jahrhunderts der Begriff der Sprachverschiedenheit – und damit auch die Idee der ›philosophischen Induktion‹ – als neuer Leitbegriff etablierte, waren zwei konvergente Bewegungen bestimmend, die man als Anthropologisierung der Sprachwissenschaft und als Linguistisierung der Anthropologie bezeichnen könnte. Beide Bewegungen geben dem Begriff der ›philosophischen Induktion‹ eine Semantik, die ein neues Verhältnis von Theorie und Erfahrung, von Allgemeinheit und Individualität zur Folge hat, ein Verhältnis, das auch für das Denken de Saussures bestimmend werden sollte. Sprache trat ebenso in das Blickfeld der Anthropologie, wie umgekehrt die anthropologische Perspektive Einzug in die Sprachtheorie hielt. Während die ältere Anthropologie als »doctrina humanae naturae« (Marquard 1971, 363) die universelle physische und moralische Natur des Menschen ins Auge gefasst hatte, ohne dass der Sprache hierbei ein theoretischer Rang zuerkannt worden wäre[107], war es im Nachgang zu Herder vor allem Humboldt, der die anthropologische Fragestellung in den sprachwissenschaftlichen Horizont einstellte (Trabant 1990, 50-68). Die Menschennatur zeigt sich für Humboldt nicht mehr, wie noch für Kant in seiner *Anthropologie in pragmatischer Hinsicht*, in gleichsam universalen Gattungsmerkmalen des »Menschen als Weltbürger«, bei dessen Untersuchung »die Generalkenntnis [...] immer der Lokalkenntnis voraus[zugehen]« (Kant 1975, 400) hatte. Sie tritt vielmehr gerade hervor in der ›lokalen‹ Verschiedenheit und Vielfalt der menschlichen Kulturen und insbesondere ihrer Sprachkulturen (etwa Humboldt 5, 449 f.). In der Verschiedenheit der Sprachen kommen die ver-

schiedenen Formen zum Ausdruck, in denen sich die *eine* Menschennatur notwendig als Vielheit individueller Ausprägungen entfaltet: »Mir nun«, formuliert Humboldt, »scheint das Wesen der Sprache verkannt, der geistige Process ihrer Entstehung [...] nur scheinbar erklärt [...], wenn man das Menschengeschlecht als zahllose zu derselben Gattung gehörende Naturen, und nicht vielmehr als Eine in zahllose Individuen zerspaltene betrachtet [...].« (Humboldt 5, 383)

Jede Sprache, lesen wir, stellt gerade in ihrem je individuellen Charakter »den menschlichen Geist vollständig« dar (Humboldt 3, 314). Oder wie es im *Essai sur les langues* heißt: »[A]lle Sprachen zusammen ähneln einem Prisma, bei dem jede Facette das gesamte Universum in einer jeweils verschieden nuancierten Farbe zeigt.« (Humboldt 3, 321) Deshalb diente, wie Humboldt im *Essai* weiter formuliert, alles, was er bisher ausgeführt habe, »dem Nachweis, daß jede besondere Sprache immer als Fragment der Sprache des Menschengeschlechts im allgemeinen untersucht werden muß« (Humboldt 3, 339). Was uns die Sprachen darbieten, ist, so formuliert Humboldt seine anthropologische Maxime, »volle, reine und schlichte Menschennatur«. (Humboldt 7, 602) Die Sprachen konnten so, wie de Saussure später formulieren wird, zum »wertvollste[n] Indiz« der kulturellen (›sozio-politischen‹) Verschiedenheit der Ethnismen (EC 498, 3197) werden.

Es liegt nun auf der Hand, dass der Sprache bzw. den Sprachen und ihrer wissenschaftlichen Betrachtung durch diese Engführung von Sprachstudium und Anthropologie ein neuer Status zuwächst: Das »Sprachstudium«, das *die* Sprache im Medium *der* Sprachen als einen wesentlichen Entfaltungsort des Humanen aufsucht, steigt auf zum methodischen Königsweg anthropologischer Untersuchung: Eine zentrale Aufgabe besteht nun darin, in der Vielheit und Verschiedenheit der Sprachen »die Sprachfähigkeit des Menschengeschlechts auszumessen« (Humboldt 7, 622), d.h. in der »Verfahrensart des Menschen, die Sprache zu erfinden und fortzubilden« (Humboldt 7, 599), das »innere Bedürfnis des menschlichen Geistes« freizulegen, eine »Mannigfaltigkeit der intellectuellen Formen« als eine »Vielheit der Sprachen« hervorzubringen (Humboldt 7, 621). Es ist dieser neu perspektivierte Blick, dem sich die Entdeckung der Sprache als autonomer Gegenstand wissenschaftlicher Erkenntnis verdankt und der Humboldt dafür plädieren lässt, »die Sprache an und für sich selbst als ein wichtiges und gemeinnütziges Studium zu zeigen« (Humboldt 7, 601), oder, wie wir an anderer Stelle lesen können, sie »wie überhaupt jeden Gegenstand, den man wahrhaft ergründen will, nur um ihrer selbst willen, und unabhängig von jedem andren Zwecke [zu] studieren« (Humboldt 4, 430).

Es gehört zu den Ironien der Wissenschaftsgeschichte, dass dieser Humboldt'sche Satz beinahe wörtlich als von den Herausgebern hinzugefügter Schlusssatz im *Cours* wieder auftaucht (CLG 324) – hier freilich als Leitsatz eines ›strukturalistischen‹ Sprachbegriffs, aus dem alle Momente der soziokulturellen Situiertheit von Sprache gelöscht sind, während er für Humboldt und für de Saussure gerade programmatisch für eine ›philosophisch-induktive‹ Sprachidee steht (Kap. 5). Die Sprache ›um ihrer selbst willen‹ zu untersuchen heißt nämlich bei Humboldt, sie in ihrer Verschiedenheit zu untersuchen und in dieser Verschiedenheit nicht mehr ein »nachtheiliges Hinderniss der Cultur« (Humboldt 7, 601), sondern geradezu deren Möglichkeitsbedingung zu sehen, heißt, das »eigentliche Geschäft« des Sprachstudiums als Lösung der »Hauptaufgabe zu betrachten, das Feld des Denkens durch die Verschiedenheit der Sprachen« auszumessen (Humboldt 6, 248).

Humboldt schließt also das empirische Programm eines ›Studiums der Sprachen des Erdbodens‹ mit einem anthropologisch-epistemologischen Interesse kurz, das die erkenntniskonstitutive Funktion der Sprache, »ihren mit der inneren Geistesthätigkeit eng verwebten Ursprung« (Humboldt 7, 44) fokussiert, wie sie sich in den semiologischen Verfahren der je kulturell individualisierten Gedankenbildung zeigt (vgl. auch Di Cesare 1990). Empirischer Sprachvergleich und sprachtheoretische Reflexion treten also in ein interdependentes Wechselverhältnis, ein Verhältnis, ohne das einerseits die Komparatistik blind und andererseits die Theorie leer bleiben müsste. Theorie und Empirie müssen kurzgeschlossen und in einem Verfahren wechselseitiger Validierung aufeinander angewendet werden: Einerseits ist Sprachvergleich nur möglich im Lichte theoretischer Gesichtspunkte, die ihn leiten: Der erste hier nothwendige Schritt richtet sich deshalb, so Humboldt, »auf die Sprache, und ihren Einfluß auf den Menschen, beide in ihrem allgemeinen Begriff genommen und ohne Rücksicht auf individuelle Vielheit und Eigenthümlichkeit« (Humboldt 7, 622). Ehe man im vergleichenden Sprachstudium »die Verwandtschaft der Sprachen in Thatsachen aufsuchen kann«, muss man »die leitenden Grundsätze dazu in ihrer allgemeinen Form entdecken« (Humboldt 7, 633). Andererseits hat sich alles, »was über die Sprache, ihre Natur, ihre Vertheilung in mehrere einzelne Sprachen, ihr Verhältniss zu dem Menschen und zur Welt im Allgemeinen gesagt werden kann« (Humboldt 7, 627), an der Erfahrung, d.h. an den »Thatsachen« zu bewähren, die sich nur auf empirischem, wie Humboldt formuliert, auf »geschichtlichem« Weg in der Untersuchung verschiedener Einzelsprachen gewinnen lassen: »Nur der geschichtliche Weg kann daher wesentlich zur Erkenntnis des Sprachbaues führen.« (Humboldt 5, 450) Ebenso wie also ein allgemeiner Begriff von Sprache, der ihr semiologisch-erkenntnistheoretisches Verfahren ausfaltet, nur valide zu gewinnen ist, »wenn man immer wieder auf den Grund der Erfahrung auftritt, und immer zu ihm zurückkehrt« (Humboldt 7, 623), können umgekehrt die empirisch gewonnenen Daten nur dann als theoretisch angemessen konstituiert gelten, wenn sie am Leitfaden allgemeiner Begriffe generiert worden sind, wenn also »die grammatischen Begriffe [...] philosophisch richtig bestimmt und scharf von einander gesondert, die wirklich gemeinsamen, unabänderlich waltenden Gesetze klar erkannt werden« (Humboldt 5, 450). In den Grundzügen des allgemeinen Sprachtypus heißt es deshalb: »Die Grundlage alles Sprachstudiums muss immer die philosophische seyn, und bei jedem einzelnen Punkt, jedem noch so concreten Falle muss man sich mit vollkommener Klarheit bewusst werden, wie er sich zu dem Allgemeinen und Nothwendigen in der Sprache verhält.« (Humboldt 5, 450) Hinsichtlich der im Zuge des Sprachvergleichs gewonnenen sprachlichen Daten darf, wie Humboldt formuliert, die »Bedingung der Totalitaet« nicht vernachlässigt werden, ohne deren Beachtung »die Mannigfaltigkeit [als] nur verwirrend« (Humboldt 4, 250) erscheint: »Jene Bedingung der Totalitaet aber wird erfüllt, [...] wenn der Geist ununterbrochen thätig ist, nach den Datis der Erfahrung [...] das Vorhandene nie als zufällig abgerissenes Bruchstück, sondern als integrirenden Theil des Ganzen zu betrachten.« (Humboldt 5, 451)

Es ist diese Idee der ›philosophischen Induktion‹, die sich de Saussure zu eigen macht und an die er theoretisch und methodologisch anschließt: theoretisch in der Weiterentwicklung des Konzepts der Sprache als »Struktur« bzw. als »System« (EC 442, 2876) sowie in der Ausfaltung einer Zeichenidee, die auf dem Gedanken der sprachrelativen Gedankenkonstitution beruht (Saussure 2003a, 106; Kap. 4.2 »Das Spiel der Zeichen«) und methodologisch in der Neukonfigurierung des Verhältnisses von Theorie und Erfahrung. De Saussure entwickelt also einmal die theoretischen Überlegungen Humboldts im Rahmen eines sprachtheoretischen Konzepts weiter, das die erkenntniskonstitutive

Funktion der Sprache zeichentheoretisch im Rahmen seiner semiologischen Sprachidee ausbuchstabiert (Kap. 4.2 »Das Spiel der Zeichen«), wobei er in einer transdisziplinären Bewegung die Befunde von Psychologie und Neurologie mit einbezieht (Kap. 3.1 »Sprache – nichts für Spezialisten«). Zum anderen entwickelt er, zum ersten Mal in seinem Entwurf eines theoretischen Programms für seine Genfer Professur für »Geschichte und Vergleich der indo-europäischen Sprachen«, ein Modell sprachwissenschaftlichen Forschens, das wie bei Humboldt durch zwei dialektisch miteinander vermittelte Schritte bestimmt ist: Einmal hat der Linguist auf dem Wege historisch-vergleichender Studien »die Gesetze zu rekonstruieren, die in der Sprache [langage] universell im Spiel sind, und auf absolut rationale Weise die allgemeinen Phänomene von den besonderen zu unterscheiden, wie sie in dieser oder jener Sprache [langue] auftreten« (EC 20, III C 7, 108). Andererseits gilt aber zugleich, dies hebt de Saussure in seiner Genfer Antrittsvorlesung vom November 1891 nachdrücklich hervor, »daß das Studium der Sprache [langage] als einer menschlichen Tatsache ganz oder beinahe ganz im Studium der Sprachen [langues] enthalten ist. [...] niemals, ich erlaube es mir zu sagen, werden die elementarsten Phänomene der Sprache [langage] vermutet oder klar wahrgenommen, klassifiziert und verstanden, wenn man nicht in erster und in letzter Instanz auf das Studium der Sprachen [langues] zurückgreift. Sprache [langue] und Sprache [langage] sind ein und dieselbe Sache; diese eine ist nur die Verallgemeinerung der anderen. Die Sprache [langage] studieren zu wollen, ohne sich die Mühe zu machen, ihre verschiedenen Erscheinungen davon, nämlich eben die Sprachen [langues], zu untersuchen, ist ein absolut vergebliches und schimärisches Unterfangen.« (Saussure 1997, 244 f.) In diesem Sinne sind die Sprachen in ihrer Vielfalt und Verschiedenheit der »Stoff« der Sprachwissenschaft, der »von den verschiedenen

Beobachtungen, die im besonderen Gebiet dieser oder jener Sprache gemacht wurden« (Saussure 1997, 245), gewonnen wird: »*Die Sprachen* [›langues‹], das ist der konkrete Gegenstand, der sich an der Oberfläche der Erde dem Linguisten darbietet. *Die Sprache* [›langue‹], das ist der Titel, den man dem geben kann, was der Linguist aus seinen Beobachtungen der Sprachen in Zeit und Raum ziehen konnte.« (Saussure 1997, 387) Zugleich können aber die auf dem induktiven Weg gewonnenen Daten ihrerseits nur sprachtheoretisch relevant werden, wenn die Induktion gleichsam philosophisch verfährt, d.h. die empirisch gewonnenen Daten so konstituiert und zueinander in Beziehung setzt, dass sie mit einer allgemeinen Sprachtheorie in Übereinstimmung gebracht werden können: »[...] andersherum betrachtet ist die Absicht, die Sprachen [langues] zu untersuchen, wenn man vergißt, daß diese Sprachen [langues] wesentlich von gewissen Prinzipien bestimmt sind, die in der Vorstellung der Sprache [langage] zusammengefaßt sind, noch mehr eine jeder ernsthaften Bedeutung, eine jeder wirklich wissenschaftlichen Grundlage entbehrende Arbeit [...].« Die Erforschung der existierenden Sprachen [langues] »würde sich [...] dazu verdammen, beinahe steril zu bleiben, jedenfalls ohne Methode und ohne leitendes Prinzip zu bleiben, wenn sie nicht fortwährend danach trachtete, das allgemeine Problem der Sprache [langage] zu illustrieren, wenn sie nicht danach trachtete, von jeder Einzelheit, die sie beobachtet, den Sinn und den Nutzen herauszuschälen, die daraus für unsere Kenntnis der möglichen Operationen des auf die Sprache [langue] angewandten menschlichen Vermögens resultieren.« (Saussure 1997, 245)

So wichtig es also für den überzeugten Komparatisten de Saussure auch ist, die linguistische Theoriebildung auf den Reichtum der Daten zu stützen, der in den verschiedenen Einzelsprachen gegeben ist, so klar ist er sich andererseits – im Gegensatz zum komparatistischen Programm des zeitgenössischen ›junggrammatischen‹ Positivismus und auch zu dessen kritischer Revision bei Whitney – darüber, dass sich sprachliche Daten nicht vortheoretisch beobachten lassen, weil sie sich nur im Lichte allgemeiner theoretischer Prinzipien konstituieren. Für den Begriff der Induktion heißt das, dass er nicht als Verallgemeinerung auf der Grundlage sensuell gegebener Daten, sondern allein als *philosophische* Induktion gedacht werden kann. Daten müssen, bevor sie beobachtbar sind, theoretisch konstituiert werden, allerdings auf einem Wege, der seinerseits der theoretischen Legitimation bedarf (Kap. 4.1, 5.2 »Gesichtspunkt und Gegenstand«). De Saussure scheint hier unmittelbar den Humboldt'schen Gedanken aufzunehmen, dass »die vollständige Durchschauung des Besondren immer die Kenntnis des Allgemeinen voraussetzt« und insofern »von Ideen geleitet seyn« muss, wobei freilich auch umgekehrt gilt, dass »diese Ideen aus der Fülle der Begebenheiten selbst hervorgehen« müssen (Humboldt 4, 46). Dass de Saussure dieses methodologische Modell parallel zu dem Schleiermacher-Dilthey'schen methodologischen Verfahren des sogenannten ›hermeneutischen Zirkels‹ (Dilthey V 1924, 330; hierzu Engler 2001, 63 ff.) konzipiert, das, so Dilthey, »im Zusammenwirken von Induktion, Anwendung allgemeiner Wahrheiten auf den besonderen Fall und vergleichendem Verfahren« besteht (Dilthey V 1924, 330), wird augenfällig durch seine Verwendung des Begriffs der »Divination«: Die induktiv gesammelten Daten müssen durch eine divinatorisch gewonnene Hypothese theoretisch konstituiert werden, aus der dann deduktiv Prognosen abgeleitet werden können (Saussure 2003a, 168), die sich wiederum an den Daten bewähren müssen: »Die Sprachwissenschaft«, formuliert er in den Gartenhaus-Notizen, »geht tatsächlich mit Hilfe von Induktion und Divination vor, und sie muß so vorgehen, um zu fruchtbaren Ergebnissen zu gelangen. Wenn erst einmal eine Hypothese ins Auge gefasst ist, geht man immer von dort aus, von dem was rekonstruiert ist, um danach, ohne vorzugreifen, jeder Sprache [langue] das zuzuweisen, was für sie aus der Hypothese folgt.« (Saussure 2003, 167) Ähnlich hatte bereits Schleiermacher das vergleichende und das divinatorische Verfahren methodisch zueinander in Beziehung gesetzt: »Beide dürfen nicht voneinander getrennt werden. Denn die Divination erhält ihre Sicherheit erst durch die bestätigende Vergleichung, weil ohne sie alles fantastisch sein kann. Die komparative aber gewährt keine Einheit. Das Allgemeine und Besondere müssen einander durchdringen, und das geschieht immer nur durch Divination.« (Schleiermacher 1977, 170)

Das forschungslogische Programm der philosophischen Induktion[108], das de Saussure mit Humboldt teilt, reagiert also auf ein Beobachtungsdilemma der Sprachwissenschaft, das von der positivistischen Sprachwissenschaft der Zeit, insbesondere von der Leipziger junggrammatischen Schule, weder gelöst noch überhaupt gesehen worden war: Da wo sie theoriefrei beobachten zu können glaubte, konnte sie keine *sprachlichen* Entitäten beobachten. Da aber, wo sie sprachliche Formen beobachtete, nahm diese ›Beobachtung‹ kategoriales Wissen in Anspruch, das die reine Beobachtung transzendiert. Insofern sind die kategorialen Entscheidungen der Sprachwissenschaft, sind ihre gegenstandskonstitutiven Gesichtspunkte legitimationsbedürftig im Rahmen einer Reflexion dessen, was die spezifische Gegenständlichkeit sprachlicher Tatsachen ausmacht. Eine solche Reflexion ist, wie sowohl Humboldt als auch de Saussure sehen, in ihrem Kern nichts anderes als eine philosophisch-semiologische Klärung dessen, was Humboldt die »Verfahrensart des Menschen, die Sprache zu erfinden und fortzubilden« (Humboldt 7, 599), genannt hatte. Sie entfaltet sich als eine Untersuchung des menschlichen Zeichenvermögens, und das heißt als eine theoretische Aufklärung der – für den Linguisten und seine theoretischen Kategorisierungen maßgeblichen – Kriterien, nach denen Sprachteilhaber im Diskurs produktiv und rezeptiv sprachliche Identitäten hervorbringen. Die Sprachwissenschaft muss sich zwar notwendig im Zuge ihrer Erkenntnisgewinnung auf empirische Daten stützen, die sie etwa auf dem Wege des Sprachvergleichs gewinnt; sie muss sich aber zugleich immer der Tatsache bewusst sein, dass sich Daten ohne ein theoretisch zu legitimierendes kategoriales Wissen *als sprachliche* nicht wahrnehmen lassen: Induktion ist nur als philosophische Induktion möglich – oder wie Dilthey formuliert hatte: »Die Induktion, deren Daten sinnliche Vorgänge sind, vollzieht sich hier [in den Geisteswissenschaften, L.J.] wie überall auf der Grundlage eines Wissens von einem Zusammenhang.« (Dilthey V 1924, 334 f.) In ihrem Geschäft der Vermittlung des Besonderen und des Allgemeinen ist die Induktion deshalb immer auf Divination angewiesen. Hierin stimmt de Saussure ohne Einschränkung mit Humboldt und der Schleiermacher-Dilthey-Tradition überein. Ohne Daten lässt sich zwar die Theorie der Sprache nicht validieren, aber umgekehrt lassen sich ohne eine allgemeine Theorie die in den Sprachen gegebenen Daten nicht vergleichen. Das komparatistische Labor kann nur betreten werden, wenn die ›Operationen des Geistes‹, denen sich die Urteile über die Identität sprachlicher Entitäten verdanken, im Rahmen einer semiologischen Theorie der Sprache aufgeklärt worden sind (Kap. 4.1 und 5.3 »Heikle Punkte«).

IV. Notizen und Fragmente: Umrisse der Saussure'schen Sprachidee

Unser bisheriger Versuch, die Genese des Saussure'schen Denkens nachzuzeichnen, hat sichtbar werden lassen, dass sich seine Sprachidee in einer zweifachen Bewegung entfaltete. Zum einen unterzog er im Kontext seiner eigenen sprachvergleichenden Untersuchungen (bereits in seiner Leipziger Studienzeit und dann später in wachsendem Maße) die zeitgenössische komparatistische Sprachwissenschaft einer grundlegenden Kritik und warf ihr einen Mangel an Reflexion der zentralen Frage vor, um was für eine Art von Gegenstand es sich bei der Sprache handele. Insbesondere machte er deutlich, dass eine solche Besinnung der Sprachwissenschaft auf ihre theoretischen und epistemologischen Voraussetzungen im engeren Rahmen linguistischen Spezialistentums, über das er selbst freilich souverän verfügte, nicht angemessen möglich sei. Die geforderte systematische Grundlagenreflexion musste für ihn vielmehr transdisziplinär ausgreifen über den begrenzten Horizont des komparatistischen bzw. einzelphilologischen Labors hinaus auf Wissen etwa der Medizin (Aphasiologie), der Psychologie oder auch der Sprachphilosophie. Im Entwurf seines Artikels zu Whitney formulierte er: »Jeder systematische Versuch stellt [...] etwas dar, von dem ich zu sagen wagen würde, daß er neu ist, und stellt unmittelbar eine persönliche, sehr unabhängige und längere Anstrengung dar, die allein möglich ist unter der Bedingung, mit linguistischen Kenntnissen [ein wirkliches Denken] zu verbinden, [ein wirklich philosophisches Vermögen oder vielmehr eine Bildung in mehreren Disziplinen außerhalb der Linguistik].« (Saussure 1997, 381)

Zum zweiten entwickelte er in der Auseinandersetzung mit Whitney und im Anschluss an Humboldts Idee der »philosophischen Induktion« – ausführlicher zum ersten Mal in seiner Genfer Antrittsvorlesung von 1891 – Grundrisse einer theoretischen und methodologischen Reform der Sprachwissenschaft, in der insbesondere das Verhältnis von Theorie und Erfahrung neu bestimmt wird. Erfahrung kann für de Saussure nicht mehr, wie dies etwa in der Praxis der zeitgenössischen Sprachanalyse selbstverständlich vorausgesetzt wurde, als eine erste basale und theoriefreie Ebene des Forschungsprozesses angesehen werden, auf der sprachliche Daten zunächst empirisch erhoben werden müssen, bevor sich aus ihnen auf der Stufe der Theorie Verallgemeinerungen ableiten lassen. Wenn nämlich, wie de Saussure zeigt, bereits in der ›Wahrnehmung‹ der Daten ›verdeckte Operationen des Geistes‹ am Werke sind (Kap. 4.1), so wird die Aufklärung dieser Operationen zu einer der grundlegenden Aufgaben der Sprachwissenschaft. Die Identitätsbedingungen sprachlicher Entitäten rücken nun in den Fokus theoretischer Aufmerksamkeit. Und ihre Aufklärung ist es, die allein die notwendige Neuvermessung eines theoretisch angemessenen Begriffes von Sprache ermöglicht, eines neuen Sprachbegriffs, den de Saussure vor allem in den *Notes* der 1890er Jahre als *semiologische Sprachidee* entfaltet (Kap. 4.2).

4.1 Physik und Grammatik: Die Notizen zum litauischen Akzent

Wenn man im Universum der Textfragmente und Notizen nach dem Ort sucht, an dem sich die theoretische Konturierung des Saussure'schen Denkens wie in einem Prisma gebündelt beobachten lässt, stößt man notwendig auf die Notizen zum litauischen Akzent (Saussure 2003b). Obgleich diese Notizen vor allem Vorarbeiten zu verschiedenen publizierten Untersuchungen zum Litauischen darstellen (Saussure 1881; 1894a; 1894b), gehen sie in ihrem selbstreflexiven theoretischen Gestus weit über den thematischen Fokus der publizierten Aufsätze hinaus. In ihnen wird paradigmatisch deutlich, wie sich die theoretische Grundlagenreflexion de Saussures im Zuge seiner ›normalwissenschaftlichen‹ Arbeit an der ›pittoresken‹ Seite der Sprache bei dem Versuch der Klärung der Voraussetzungen einer solchen Arbeit herausbildet. Zugleich gewinnt sie hier jenen dominanten Status, der ihr auch in den anderen Gruppen der *Notes* und in den Vorlesungen zur allgemeinen Sprachwissenschaft generell zukommen sollte. In der Tat lässt sich die Geburt der Saussure'schen Theorie aus dem Geiste des Labors besonders einprägsam an diesen skizzenhaften Vorstudien zu seinen Untersuchungen des litauischen Akzents aufweisen. Sie scheinen geradezu der Kulminationspunkt zu sein, an dem sich zentrale theoretische Einsichten formieren – Einsichten, die de Saussures allgemeine Idee der Sprache spezifisch prägen sollten. Die Notizen, die neben ihrem im engeren Sinne thematischen Gegenstand über das ganze Textkorpus verstreut eine Fülle von aphoristischen und fragmentarischen Bemerkungen zu allgemeinen sprachtheoretischen Problemen enthalten – Bemerkungen, die in einem engen theoretischen und begrifflichen Zusammenhang mit den Notizen zur allgemeinen Sprachwissenschaft (Saussure 1997) sowie den Gartenhaus-Notizen (Saussure 2003a) stehen –, scheinen einen zentralen intellektuellen Ort zu markieren, an dem sich de Saussures aphoristisch-fragmentarisches Denken zu Problemen der Sprachtheorie exemplarisch entfaltet. Besonders am Untersuchungsfeld des litauischen Akzents wird deutlich, dass viele der sprachtheoretischen Überlegungen de Saussures ihre eminente zentrifugale Dynamik aus dem forschungspraktischen Zentrum der Untersuchung konkreter sprachlicher Phänomene gewinnen, um von hier aus in freiere theoretische Umlaufbahnen und zu der Frage zu gelangen, welches jeweils die theoretisch angemessene Form einer solchen Untersuchung darstellt. Die Genese sprach- und zeichentheoretischer Überlegungen lässt sich hier als Folge der analytischen Aufdeckung untergründig im Forschungsprozess des Labors enthaltener Probleme beobachten. Es ist also die unmittelbare Rückbindung an forschungspraktische Fragestellungen des sprachvergleichenden oder einzelsprachlichen ›Laboratoriums‹, die den Theorieprozess in Gang setzt und vorantreibt. Hier zeigt sich für de Saussure, wie unreflektiert in den vorherrschenden sprachwissenschaftlichen Analyseverfahren deren elementare Voraussetzungen geblieben sind und wie viel Aufklärungsbedarf hier tatsächlich noch besteht.

Die Illusion der Dinge, die natürlich gegeben sind

Als das vielleicht wichtigste der reflexionsbedürftigen Probleme, die der zeitgenössischen Sprachwissenschaft verborgen geblieben waren, betrachtete de Saussure in den Litauen-Notizen (sowie in den eng mit diesen verwobenen Notizen aus der zweiten Hälfte der 1890er Jahre) die weit verbreitete positivistische Überzeugung, sprachliche Entitäten seien der linguistischen Analyse vortheoretisch als identische, gleichsam »natürlich« gegeben. »Die Illusion der Dinge, die natürlich gegeben wären in der Sprache, reicht tief.« (Saussure 1997, 298 f.) Wer von einer solchen ›natürlichen‹ Gegebenheit von sprachlichen Entitäten ausgehe, habe sich, wie es in den Gartenhaus-Notizen heißt, »einmal mehr der Illusion hingegeben, dass sprachliche Einheiten eine unabhängige Existenz haben« (Saussure 2003a, 82), der Illusion also, »die Sprachwissenschaft [fände] als ersten und unmittelbaren Gegenstand einen *gegebenen* Gegenstand vor, eine Gesamtheit von Dingen, die sinnlich wahrnehmbar sind, wie das in der Physik, der Chemie, der Botanik, der Astronomie etc. der Fall ist«. Dies trifft aber auf die Linguistik, wie de Saussure kategorisch feststellt, »keinesfalls und zu keinem Zeitpunkt [zu]: Sie ist den Wissenschaften diametral entgegengesetzt, die von dem ausgehen können, was sinnlich gegeben ist.« (Saussure 2003a, 78) Es ist ein Irrtum, anzunehmen, »daß in der Sprache [langue] irgendein erster, berührbarer Gegenstand existiert, der aber der Analyse vorausgeht und nicht ihr Ergebnis ist [mais antérieur à l'analyse et non postérieur à celle-ci]« (Saussure 1997, 334).[109] Illusionär ist die Annahme einer unmittelbaren sinnlichen Gegebenheit sprachlicher Tatsachen vor allem deshalb, weil schon »die ersten und nicht weiter ableitbaren Entitäten, mit denen sich der Sprachwissenschaftler beschäftigen kann«, als »das Ergebnis einer verborgenen« (Saussure 2003a, 82), freilich »sehr positiven Operation des Geistes« angesehen werden müssen (Saussure 1997, 298). Wir nehmen, wie es in der zweiten Genfer Vorlesung heißt, »etwas als Einheit, das nicht direkt gegeben ist« (EC 238, 1730). Einheiten dieses Typs stellen vielmehr bereits das Ergebnis einer kognitiven Leistung dar. Ohne eine solche, die Beobachtung leitende Leistung »gibt es nicht die geringste Spur einer *sprachlichen* Tatsache« (Saussure 2003a, 84). Die Identität sprachlicher Entitäten ist also, da sie nichts positiv Gegebenes sein kann, im Hinblick auf die identitätsstiftende Leistung, der sie sich verdankt, etwas Aufklärungsbedürftiges. Wir befinden uns, wie de Saussure in den Gartenhaus-Notizen formuliert, in der sprachwissenschaftlichen Forschung von Beginn an »in dieser Situation: daß keiner der scheinbaren Gegenstände als legitime Grundlage für die Untersuchung dienen kann. Zuerst müßte bewiesen werden, daß der Gegenstand in dieser Form zu einer sprachlichen Tatsache wird, und mit welchem Recht [...].« (Saussure 2003a,

152) Für die Analyse eines sprachlichen Phänomens, wie es die Untersuchung der ›accentuation lituanienne‹ darstellt, heißt das, dass vorgängig die Frage geklärt werden muss, in welcher theoretisch legitimen Weise von einem Forschungsgegenstand wie ›Akzent‹ überhaupt die Rede sein kann. Die Untersuchung dessen, was ein Akzent ist, ist durch Missverständisse gefährdet, die erst ausgeräumt und entschärft werden müssen, damit die Gegenstandsfrage auf eine theoretisch legitimierte Basis gelenkt werden kann (Saussure 2003b, 336). Was ein Akzent ist, ist nicht vortheoretisch evident.

Bereits im *Mémoire* hatte der Leipziger Student de Saussure in einem analogen intellektuellen Verfahren den Umstand, dass er »die grammatische Rolle der verschiedenen Arten des *a*«, die doch den eigentlichen Gegenstand seiner Arbeit bildet, erst im fünften Kapitel seines Buches analysierte, mit dem Argument begründet, dass zunächst geklärt werden müsse, ob solche Entitäten überhaupt existierten: »Aber wir hatten uns der Existenz verschiedener Phoneme zu versichern, bevor wir ihre grammatische Rolle definieren konnten [...].« (Saussure 1922, 116) Diese vorgängige Klärung aber setze, so de Saussure, das Eingeständnis voraus, »daß die Frage des *a* in Verbindung mit einer Serie von phonetischen und morphologischen Problemen steht, die zum einen noch ihrer Lösung harren, während mehrere noch gar nicht als Probleme erkannt sind« (Saussure 1922, 3). Auch wenn sich der Linguist bei der Thematisierung solcher vorgängiger Fragen gezwungen sehe, »die unbebautesten Regionen der indo-europäischen Linguistik zu durchqueren«, sei ihre Erörterung doch unabdingbar: »Wenn wir uns gleichwohl dorthin wagen, wohl wissend, daß unsere Unerfahrenheit sich manchesmal im Labyrinth verirren wird, so deshalb, weil, sich mit solchen Untersuchungen zu beschäftigen, keine Tollkühnheit ist, wie man oft sagt, sondern eine Notwendigkeit, eine erste Schule darstellt, die man durchlaufen muß; denn es handelt sich hier nicht um Spekulationen transzendenter Art, sondern um die Untersuchung der elementaren Gegebenheiten, ohne die alles schwankt, willkürlich und unsicher ist.« (Saussure 1922, 3; hierzu Jäger 1975, 188 ff.)

Absoluter versus differenzieller Wert

Auch dem Akzent-Problem nähert sich de Saussure in der für ihn charakteristischen grundlagentheoretischen Einstellung. Bevor nämlich ein Grammatiker, der die »accentuation« untersuchen wolle, eine solche Untersuchung in einer Einzelsprache beginnen könne, müsse er sich vorgängig über die spezifische Form seines Problems klar werden: »Der Grammatiker, der die Akzentuation einer Sprache behandeln will, muß sich zu allererst der wahrhaften Natur der Fragen vergewissern, die er sich zu stellen hat und die prinzipiell in einem solchen Thema enthalten sind.« (Saussure 2003b, 339) Er muss dies in den Augen de Saussures vor allem deshalb, weil eine Entität wie der Akzent nicht derart, gleichsam ontisch, als physisches Phänomen gegeben ist, dass sie unabhängig von ihren strukturellen Funktionen einen ›absoluten Wert‹ besäße. Dies anzunehmen wäre eine »große Naivität«. Die Grammatik ist nicht an »der Kenntnis der innersten Natur (des absoluten Wertes) der Terme, zwischen denen ihre Fragen ausgetragen werden [entre lesquels se débattent ses questions]«, interessiert (Saussure 2003b, 337). ›Absolute Werte‹, die sprachlichen Entitäten unabhängig von systematischen Bezugssystemen als gleichsam ontische Qualität zugeschrieben werden, sind keine Gegenstände sprachwissenschaftlicher Analyse: Eine »gesunde Beurteilung dessen, was die Sprache [langage] oder eine Sprache [langue] ist, zeigt, daß es nur ein sehr begrenztes Interesse gibt, die absoluten Werte zu kennen, die sich in ihr finden [...]« (EC(N) 31, 3305.3). Es ist de Saussures Überzeugung, dass, so formuliert er in den Gartenhaus-Notizen, »die Sprache [langue] auf einer bestimmten Anzahl von *Differenzen* oder von *Oppositionen* beruht, die sie anerkennt, und sich im Wesentlichen nicht um den absoluten Wert der jeweiligen entgegengesetzten Terme kümmert, der in hohem Maße variieren kann, ohne dass der Sprachzustand aufgebrochen wird« (Saussure 2003a, 97). Einen ›Wert‹ haben sprachliche Entitäten nur durch ihren Bezug zu und durch ihre Abgrenzung von anderen ›Werten‹ des gleichen Systems. Sprachliche Elemente existieren erst von dem Moment an, »wo man ihnen eine differentielle Bedeutung [...] geben kann« (Saussure 2003b, 330).

De Saussure verwendet deshalb in den verschiedenen *Notes* sowie später in den Genfer Vorlesungen zur allgemeinen Sprachwissenschaft den Terminus »absoluter Wert« als Oppositionsterm zu dem eines »rein oppositiven, relativen und negativen Wert[es]« (EC 495, 3176), der allein Gegenstand linguistischer Analyse sein kann: »Eine Untersuchung, die sich wie die universelle Theorie der Phonation [théorie universelle de la phonation] damit beschäftigt, den absoluten Wert eines Elementes zu bestimmen, das zu einem gegebenen Augenblick in diesem oder jenem System vorkommt, z.B. *z* oder *o*, hat nicht die mindeste Verbindung zur Linguistik.« (Saussure 2003b, 335) Eine solche Theorie der Phonation beschäftige sich, so de Saussure, mit *panchronischen*, aber nicht mit *idiosynchronischen* Werten (Saussure 2003b, 335). Für die (panchronische) Phonologie (EC 91, 636 f.) existiere eine Entität wie der Laut unabhängig vom System einer Einzelsprache: »Er existiert weiter für den Phonologen, weil es das Eigentümliche der Phonologie ist, daß sie sich außerhalb der Sprache ansiedelt (im Gegensatz zur Phonetik[110] & zur Grammatik).« (Saussure 2003b, 330) In einer solchen hypostasierten Form existiert eine lautliche Entität jedoch nicht für den Linguisten: »Die wahre Art, sich die phonischen Elemente einer Sprache vorzustellen, ist nicht, sie als Laute zu betrachten, die einen absoluten Wert haben, sondern als solche mit einem rein oppositiven, relativen und negativen Wert.« (EC 495, 3176) Dasselbe gilt für die Morphologie: Hier habe sich, bemerkt de Saussure, die vergleichende Grammatik nicht durch die Frage nach der Identität ihrer Einheiten irritieren lassen und ihren Unterteilungen der Wörter in Wurzeln, Stämme, Suffixe etc. »einen absoluten Wert« zugemessen (Saussure 1997, 288).

Wir haben hier den systematischen Grund dafür vor uns (im Übrigen zugleich einen der Quellpunkte für de Saussures Auffassung der Sprache als eines Systems differenzieller Werte; vgl. Kap. 4.2 »Sprache«), dass sich auch Akzent und Akzentuation ohne theoretische Vorentscheidungen weder beobachten noch analysieren lassen. Eine gleichsam dekontextualisierte, auf den ›absoluten Wert‹ einer Entität gerichtete Analyse, wie sie in den Augen de Saussures etwa die zeitgenössische Lautphysiologie (Phonologie) hinsichtlich des ›Lautes‹ betrieb, wäre, so de Saussure, ähnlich unsinnig wie der Versuch, die funktionale Bedeutung einer Farbe in der Heraldik durch ihre physikalische bzw. optische Analyse klären zu wollen: »[...] die Kenntnis der Rolle, die man dem Gelb in der Heraldik zuweist, und die Kenntnis dessen, was die Farbe gelb für die physikalische Analyse ist, [haben] dieselbe Beziehung zueinander wie die Untersuchung der Rolle des Akzents in den Wörtern einer Sprache und die Kenntnis dessen, was ein Akzent physikalisch in dieser oder einer anderen Sprache ist.« (Saussure 2003b, 337) In den Gartenhaus-Notizen verallgemeinert de Saussure diesen Gedanken auf die Analyse der verschiedenen Strukturdimensionen der Sprache: »Jedes Mal, wenn sich ein Autor in irgendeinem Zweig der Sprachwissenschaft [...] der Abhandlung eines bestimmten Gegenstandes der ›Phonetik‹, der ›Morphologie‹, der ›Syntax‹ gewidmet hat, zum Beispiel der Existenz einer grammatischen Unterscheidung des Femininums im Indoeuropäischen oder auch dem Vorkommen eines kakuminalen n im Sanskrit, – das bedeutet, daß er einen bestimmten Ausschnitt *negativer* Tatsachen, die für sich genommen keinen Sinn haben und nicht existieren, hat untersuchen wollen, – wird seine Untersuchung *in dem Maße* fruchtbar sein, *wie er die Terme einander entgegengesetzt haben wird, die einander entgegengesetzt werden mußten*; andernfalls nicht und zwar in einem nicht banalen Sinn: Denn die Tatsache, mit der er sich beschäftigt, existiert buchstäblich nur im Vorkommen von Tatsachen, die man einander entgegensetzen kann.« (Saussure 2003a, 130 f.)

Tatsachen und Gesichtspunkte

Für den Akzent, wie für alle sprachlichen Entitäten, die durch die linguistische Theorie fokussiert werden, gilt also – und hierin liegt für de Saussure die wissenschaftslogische Eigentümlichkeit der Sprachwissenschaft –, dass sie als ›Gegenstände‹ der Erkenntnis nicht ›in sich‹ gegeben sind: »Die Linguistik befindet sich deshalb im allgemeinen außerhalb der Analogie zu anderen Wissenschaften, weil die Gegenstände [objets], mit denen diese sich beschäftigen, entweder ohne Analyse unmittelbar oder durch Analyse abschließend bestimmt sind, während es in der Linguistik keinen EINZIGEN Gegenstand gibt, [...] der in sich selbst existiert.« (Saussure 2003b, 334; vgl. auch 1997, 325) In den Gartenhaus-Notizen formuliert er: »Wenn ich mich nicht irre, kann man in anderen Bereichen die verschiedenen untersuchten Gegenstände, wenn auch nicht als Dinge bezeichnen, die für sich genommen existieren, so doch zumindest als etwas, das positive Dinge zu Entitäten zusammenfaßt [...]; nun scheint es aber, daß die Sprachwissenschaft insofern eine besondere Stellung einnimmt: als die Gegenstände, die sie vor sich hat, niemals *in sich real* sind oder *unabhängig* von den anderen zu untersuchenden Gegenständen existieren; sie haben absolut keine Grundlage, kein Substratum für ihre Existenz außerhalb *ihrer Differenz* oder *DER Differenzen* jedweder Art, an die der Geist DIE grundlegenden *Differenzen* zu heften vermag [...].« (Saussure 2003b, 130) Die Linguistik kann sich also, wie de Saussure programmatisch in den Akzent-Notizen formuliert, nicht auf ein sprachliches ›Substratum‹ (2003b, 330) stützen, das unabhängig von Gesichtspunkten gegeben wäre: »Wir bestreiten der Linguistik kategorisch das Recht, das sie ständig in Anspruch nimmt, von einer Sache unter diesem oder jenem Gesichtspunkt zu sprechen. Zum Beispiel vom Wort unter dem Gesichtspunkt des Sinns oder der Wurzel. Die anderen Wissenschaften haben als ihre Grundlage Objekte, die unabhängig von jedem Gesichtspunkt durch ihre Existenz definiert sind. Für die Linguistik ist es ein besonderer und schwerwiegender Umstand, daß ein Objekt nur durch den Gesichtspunkt [...] selbst beginnt, definiert zu sein.« (Saussure 2003b, 338) Oder wie es in den Gartenhaus-Notizen heißt: »Man hat Unrecht, wenn man sagt: Eine sprachliche Tatsache will von unterschiedlichen Gesichtspunkten aus betrachtet sein [...]. Denn man geht dann von der Annahme aus, daß die sprachliche Tatsache außerhalb des Gesichtspunktes gegeben ist. Man muß sagen: Zu allererst gibt es Gesichtspunkte; sonst [...] ist es schlicht unmöglich, eine sprachliche Tatsache zu erfassen.« (Saussure 2003a, 77) Und in den Notizen zu einem Buch über allgemeine Sprachwissenschaft formuliert er sehr prinzipiell: »In anderen Bereichen kann man von Dingen ›unter diesem oder jenem Gesichtspunkt‹ sprechen, kraft der Gewißheit, daß man einen sicheren Boden im Gegenstand selbst finden kann. In der Linguistik verneinen wir im Prinzip, daß es gegebene Gegenstände gäbe, daß es Dinge gäbe, die zu existieren fortfahren, wenn man von einer Vorstellung zu einer anderen gelangt, und daß man sich erlauben könne, ›Dinge‹ in verschiedenen Ordnungen zu betrachten, wie wenn sie durch sich selbst gegeben wären.« (Saussure 1997, 301) In der Sprachwissenschaft ist deshalb – wie in den semiologischen Wissenschaften überhaupt – die Konstitution der Erkenntnisgegenstände von gegenstandskonstitutiven Gesichtspunkten abhängig, die freilich ihrerseits theoretisch begründungsbedürftig sind: »Anderswo gibt es Dinge, gegebene Gegenstände, bei denen es einem freisteht, sie hinterher unter verschiedenen Gesichtspunkten zu betrachten. Hier [in der Linguistik, L.J.] gibt es zunächst Gesichtspunkte, richtige oder falsche, aber einzig Gesichtspunkte, mit deren Hilfe man sekundär Dinge SCHAFFT.« (Saussure 1997, 300 f.; vgl. auch 2003a, 79-84; sowie Kap. 5.2 ff. »Gesichtspunkt und Gegenstand«).

Es gibt kein Substratum der Sprache

Gerade in der konkreten einzelsprachlichen oder komparativen Analyse zeigt sich also, dass in der Sprachwissenschaft die Erkenntnisgegenstände nicht auf einer vortheoretischen Ebene der Beobachtung als »Substratum« gegeben sind. Es sei, bemerkt de Saussure in den Akzent-Notizen, »ein ewiges Mißverständnis und eine immer währende Illusion, sich vorzustellen, es existierte und sei es ein Atom von Substratum [un atome de substratum] in der Sprache« (Saussure 2003b, 330; ebenso 334, 344). Und auch in den Notizen zur Semiologie hält er fest: »Es gibt nicht irgend ein Substrat zu den sprachlichen Entitäten; sie haben die Eigenheit, einzig wegen ihres Unterschieds zu existieren, ohne daß das Pronomen *sie*, wo auch immer, dazu käme, etwas anderes zu bezeichnen als einen Unterschied.« (Saussure 1997, 405) Aus diesem Befund leitet sich der »Ausgangspunkt« jeder sprachtheoretischen Überlegung ab: »Weil die Sprache [langage] in keiner ihrer Erscheinungsformen eine Substanz bildet, sondern kombinierte oder isolierte Aktionen von physiologischen, physischen und mentalen Kräften, und weil dennoch alle unsere Sprechweisen nach dieser unwillentlichen Annahme einer Substanz gebildet sind, wird man sich nicht weigern können, vor allem anzuerkennen, daß die wesentliche Aufgabe der Theorie der Sprache [langage] darin besteht, zu entwirren, was es mit unseren ersten Entscheidungen auf sich hat.« (Saussure 1997, 296; Kap. 5.2 »Form und Substanz«)

Es ist nun also auf der Basis dieser Argumente einsichtig, dass wir es, wenn wir den Versuch unternähmen, den Akzent einmal ›in sich selbst‹ und ein anderes Mal in seinem funktionalen (synchronischen) Kontext zu betrachten, nicht mit derselben Sache unter verschiedenen Gesichtspunkten, sondern mit verschiedenen Dingen zu tun hätten: »Wenn man nun den Akzent, indem man vom Wort abstrahiert, in sich selbst betrachtet (NATUR DES AKZENTS) oder wenn wir ihn, um die vielfältigen Beziehungen zu studieren, in das natürliche Milieu des Wortes versetzen, scheint es, daß wir in beiden Fällen nicht mehr dieselbe Sache untersuchen [...].« (Saussure 2003b, 341) Wer auch immer den Akzent untersuchen will, muss sich also entscheiden, was er untersuchen möchte: »die Natur des Akzentes«, seine »Phonation« oder »seine Rolle im Wort« (Saussure 2003b, 336). Entscheidet er sich für die erste Frage, hat er sich nicht für eine linguistische Fragestellung entschieden, weil »es leicht [ist], einzusehen, dass der Akzent als solcher in Wirklichkeit keinerlei Interesse erweckt und dass er folglich eine Fiktion ist« (Saussure 2003b, 342) Tatsächlich sind nämlich die ›Physik des Akzentes‹ und seine ›Grammatik‹ einander ebenso vollständig fremd »wie die Physik einer Farbe und das, was man die heraldische Grammatik der Farbe nennen könnte« (Saussure 2003b, 337). Der fundamentale Irrtum der zeitgenössischen Linguistik besteht also darin, dass sie ›Physik‹ und ›Grammatik‹ sprachlicher Entitäten verwechselt, mithin in dem Glauben, diese Entitäten seien auf einer quasi ontologischen Ebene als ›Substratum‹ von den Gesichtspunkten unabhängig gegeben, unter denen man sie beobachtet und analysiert. Erst Gesichtspunkte (ob sie nun dem Linguisten bewusst sind oder nicht) sind jedoch, wie de Saussure in seiner Auseinandersetzung mit dem Problem der ›accentuation lituanienne‹ deutlich macht, gegenstandskonstitutiv. Ohne sie gibt es nichts, was Akzent genannt werden könnte. Eine Entität wie »Akzent« lässt sich deshalb in einer ›grammatisch‹ relevanten Hinsicht nicht angemessen in den Blick nehmen, wenn die (scheinbar gesichtspunktfreie) ›Physik des Akzentes‹, der ›Akzent als solcher‹, fokussiert wird. So ist de Saussures paradoxale Formulierung zu verstehen, das »zentrale Objekt der Fragen nach dem Akzent [sei] nicht der Akzent« (Saussure 2003b, 335). Der ›Akzent in sich selbst‹, die ›Natur des Akzentes‹ ist kein Gegenstand des linguistischen Fragens nach dem Akzent.

Freilich ist mit dieser Zurückweisung der »ontischen Reduktion« (Apel 1973, 79) sprachlicher Tatsachen noch nicht geklärt, welches der Gesichtspunkt ist, der bezüglich des Problems der ›accentuation‹ eine linguistisch *angemessene* Gegenstandskonstitution erlaubt. Es wäre nämlich ein gravierender Irrtum, anzunehmen, dass ein solcher Gesichtspunkt für den Linguisten frei wählbar wäre. Auch wenn Saussure die Popper'sche Einsicht vorwegnimmt, dass Beobachtung stets Beobachtung im Licht von Theorien ist (Popper 1973, 31, 76), geht er doch – im Gegensatz zu Popper – davon aus, dass die theoretischen Gesichtspunkte, in deren Licht gegenstandskonstitutive Leistungen erbracht werden, ihrerseits Angemessenheitskriterien unterliegen (Kap. 4.1 »Tatsachen und Gesichtspunkte«; 5.2 »Gesichtspunkt und Gegenstand«). Dass bezüglich des Akzentes allein der ›grammatische‹ und nicht der ›physikalische‹ Gesichtspunkt angemessen ist, dass der Akzent ›nicht an sich real‹ ist, dass er nicht durch ein Substratum, sondern durch seine Differenzialität, genauer durch seine Differenzierungsleistungen konstituiert wird (Saussure 2003b, 334), hängt nämlich damit zusammen, dass seine theoretische Konstruktion, wie die von linguistischen Entitäten insgesamt, eine für semiologische Wissenschaften konstitutive Fundamentalbedingung zu erfüllen hat: Hier sind nämlich die zu untersuchenden Entitäten nicht erst durch nachträgliche theoretische Gesichtspunkte des Grammatikers, sondern bereits auf der Ebene der Daten durch Identitäts- und Differenzkriterien bestimmt.[111] De Saussure hält es, wie er in den Notizen zur allgemeinen Sprachwissenschaft formuliert, für eine grundlegende Wahrheit, »daß das Band, das man zwischen den Dingen herstellt, in diesem Bereich schon früher existiert *als die Dinge selbst* und daß es dazu dient, sie zu bestimmen« (Saussure 1997, 300, 356). Differenzielle Identitäten dieser Art verdanken sich nicht erst den nachträglichen theoretischen Kategorisierungen des untersuchenden Linguisten, sondern sie sind im synchronischen System einer Sprache selbst, und das heißt im Bewusstsein der Sprecher, in ihrer Differenzialität vorgängig konstituiert. Von sprachlichen ›Formen‹ heißt es in den Gartenhaus-Notizen: »Eine Form ist ein lautliche Figur, die für das Bewußtsein der Sprecher *bestimmt*, d.h. zugleich existent und abgegrenzt ist.« (Saussure 2003a, 98) Oder an anderer Stelle: »*Form* nennt man eine lautliche Figur, die *für das Bewußtsein der Sprecher bestimmt ist*«, eine Definition im Übrigen, die, wie de Saussure in einer Anmerkung in kantischer Diktion formuliert, »in Wirklichkeit überflüssig« ist, »denn es existiert nichts außer dem, was für das Bewußtsein [...] existiert; wenn also eine lautliche Figur bestimmt ist, dann ist sie für [das Bewußtsein bestimmt].« (Saussure 2003a, 111)[112] Es ist deshalb, wie de Saussure in der dritten Genfer Vorlesung formulieren sollte, »der Gesichtspunkt des sprechenden

Subjektes« (EC 182, III C 336, 1349), den der Sprachwissenschaftler einzunehmen hat (EC 199, 1497). Die »Realität« und Identität sprachlicher Entitäten, die nicht gesichtspunktfrei gegeben sind, verdanken sich also bereits den realitätskonstitutiven und differenzierenden Leistungen des »Bewußtseins«, das die Sprecher einer Sprache zu einem bestimmten Zeitpunkt teilen und das insofern die Begründungsbasis für sprachwissenschaftliche Identitätsurteile (Kap. 5.3 »Heikle Punkte«; Kap. 5.2 »Gesichtspunkt und Gegenstand«) abgibt: Für Sprachen gilt, dass »in jedem Augenblick ihrer Existenz sprachlich nur das EXISTIERT, was vom Bewußtsein [der Sprecher, L.J.] wahrgenommen wird« (Saussure 2003a, 106): »Ich nenne *Realität* = Tatsache, die dem Bewußtsein der sprechenden Subjekte präsent ist.« (EC 417, N 7, 2769)

Identität – Differenz – Synchronismus

Die Identität sprachlicher Entitäten verdankt sich mithin nicht dem Umstand, dass durch den Sprachtheoretiker einem zunächst differenzlosen ›Substratum‹ – etwa dem des Wortes – nachträglich differenzierende Eigenschaften zugeschrieben würden: »Es gibt im Wort kein irgendwie geartetes Substratum, dem differenzierende Eigenschaften hinzugefügt würden, vielmehr sind diese differenzierenden Eigenschaften das Wort. Entzieht man sie, so bleibt kein Rückstand [...].« (Saussure 2003b, 344; Saussure 2003a, 149) Identität resultiert restlos aus der Differenzialität selbst, die der Sprachgebrauch in einer bestimmten Epoche im Bewusstsein der Sprecher etabliert hat (Saussure 2003a, 130 u.ö.; Kap. 4.2 »Zeichensysteme«). In der Sprachwissenschaft »ist es die Differenz (und die Differenz in einer anderen Differenz), die das Objekt vollständig konstituiert [...]. In einer gemeinsamen Epoche muss es evident sein, dass die Qualitäten, die die

Linguistik ihren Entitäten zuschreibt, im strikten Sinne dasselbe sind wie die Summe der Differenzen, durch die sich eine Entität von einer anderen oder den anderen abtrennt.« (Saussure 2003b, 334) Im Gegensatz zu chemischen und zoologischen Entitäten kann im Bereich der Sprache nicht davon ausgegangen werden, »daß irgendeine sprachliche Tatsache [fait de langue] [...] einen einzigen Augenblick für sich genommen außerhalb ihrer Opposition zu anderen existiert, und daß sie etwas anderes ist als eine mehr oder weniger glückliche Weise, die vorliegenden Differenzen zusammenzufassen: derart, daß nur diese Differenzen existieren, und daß daher der gesamte Gegenstand, mit dem sich die Sprachwissenschaft befaßt, in eine Sphäre der Relativität geworfen ist, die vollständig und auf bedenkliche Weise das übersteigt, was man normalerweise unter der ›Relativität‹ der Tatsachen versteht« (Saussure 2003a, 131).

Auch hier gelangt de Saussure zu einer grundlegenden Einsicht, die sein gesamtes theoretisches Verständnis von sprachlichen und semiologischen Gegenständen bestimmen sollte (Kap. 4.2): Es gibt, so formuliert er diesen Befund, den er in seinem Entwurf zu seinem Whitney-Artikel das »letztgültige Gesetz der Sprache« (EC 264, 1903) nennt, hinsichtlich sprachlicher Entitäten keinen Unterschied zwischen ›Gegenstand‹ und Differenz: Man darf »allgemein das Bestehen einer neuen wissenschaftlichen Synonymie behaupten: Das Element wird zur selben Sache wie das Merkmal [caractère]; das, was für einen Gegenstand konstitutiv ist, ist niemals mehr oder etwas anderes als dasjenige, was ihn von einem anderen Gegenstand unterscheidet.« (Saussure 2003b, 332) Die Unterscheidung »zwischen einer *Sache* und ihren *Eigenschaften*, *Qualitäten*, *Merkmalen*, Attributen etc.« ist eine Schimäre (Saussure 2003b, 332). Auch in den *Notes inédites* (»Aphorismen«) heißt es programmatisch: »In der Sprache [langue] wie in jedem semiologischen System kann es keinen Unterschied geben zwischen dem, was ein Ding charakterisiert, und dem, was es konstituiert. [...] Element und Merkmal sind dasselbe. Es ist ein Zug der Sprache wie jedes semiologischen Systems im allgemeinen, daß es keinen Unterschied geben kann in ihr zwischen dem, was ein Ding unterscheidet, und dem, was es konstituiert.« (Saussure 1997, 379f.)

De Saussures in den Akzent-Notizen und den Notizen der 1890er Jahre insgesamt entfaltete ›Deontologisierung‹ sprachlicher Entitäten vollzieht sich also in einer dreifachen Bewegung: (1) Er zeigt zunächst, dass sprachliche ›*Tatsachen*‹ als ›*sprachliche*‹ Tatsachen in ihrer Identität nicht ohne die Inanspruchnahme von *Gesichtspunkten*, die die Beobachtung leiten, wahrgenommen werden können. (2) Realität und Identität ›sprachlicher Tatsachen‹ sind deshalb für ihn keine intrinsisch ontischen (und damit unmittelbar beobachtbaren) Eigenschaften sprachlicher Entitäten, sondern ein Derivat ihrer *differenziellen* und *relativen* Natur. (3) Differenzialität und Relativität ihrerseits sind konstitutiv an das je zeitgleiche, durch *Gebrauch* etablierte Sprachbewusstsein von Sprechern im Netzwerk sprachlicher Systeme zurückgebunden: »Ein Sprachsystem (das immer ein gegenwärtiges System [système momentané] ist) findet sich von Augenblick zu Augenblick enthalten in einer bestimmten Anzahl von Werten, die allein aufgrund ihrer Differenz, ihren Oppositionen und Relationen gelten.« (Saussure 2003b, 337) Grammatik und Morphologie beziehen sich deshalb immer notwendigerweise auf einen besonderen »Synchronismus« (Saussure 2003b, 335) und die ihn konstituierenden, differenziell bestimmten »idiosynchronischen Werte«: Sie beschäftigen sich »mit allen Arten von gegenwärtigen Werten [valeurs momentanées], die das System, das man einen Sprachzustand nennt, immer als ein gegenwärtiges bilden – Werten, die absolut nur durch ihre OPPOSITION oder ihre Beziehungen existieren«. Beide haben es immer mit der Frage zu tun,

»welchen relationalen Wert ein Element in diesem oder jenen besonderen Synchronismus hat« (Saussure 2003b, 335; Kap. 3.2 »Induktion und Divination«; Kap. 5.2).

Ganz allgemein lässt sich deshalb feststellen: »Ein System der Sprache, das immer ein gegenwärtiges System ist, enthält von Moment zu Moment eine gewisse Anzahl von Werten, die ihre Geltung nur durch ihre Differenz, ihre Oppositionen und Relationen erhalten.« (Saussure 2003b, 337) Der Wert ergibt sich also in seiner Identität »von Minute zu Minute aus dem [...], was um ihn herum existiert« (Saussure 2003a, 133). Insofern ist es auch folgerichtig, dass, wie de Saussure in seiner Genfer Antrittsvorlesung 1891 formuliert, die Elemente eines Systems in ihrer differenziellen Identität niemals permanente, »sondern nur vorübergehende und in der Zeit begrenzte Merkmale« haben (Saussure 1997, 268): »Es gibt nur Sprachzustände [états de langue], die fortwährend im Übergang sind vom Zustand des Vortags zu jenem des folgenden Tags.« (Saussure 1997, 268; Kap. 5.2) Für die Analyse des Akzentes und der Akzentuierung heißt dies, dass sie nur möglich ist, wenn sie als ›grammatische‹ Analyse vollzogen, und das heißt, wenn sie systematisch auf die Elemente des synchronischen Systems einer Sprache bezogen wird: »Man muß also, um zu definieren, welches die Rolle des Akzentes in der Sprache ist, ihn im Hinblick auf sprachliche Einheiten derselben Ordnung beurteilen« (Saussure 2003b, 241): Diese sprachlichen Einheiten einer zeitgleichen relationalen Ordnung sind die Beziehungsgrößen für die Bestimmung von Rolle und Funktion des Akzentes: »Wo also ist die Einheit, die es zugleich erlaubt, die Rolle des Akzentes nach einem festen Pol [un pôle fixe] zu bestimmen und zu sagen, daß der erhaltene Wert seine Geltung in der Sprache vollständig zum Ausdruck bringt? Diese Einheit ist das Wort. Wenn wir untersuchen, worin die Beziehungen zwischen dem Akzent und dem Wort bestehen, haben wir zugleich bestimmt, worin die Beziehungen des Akzentes und der Sprache bestehen.« (Saussure 2003b, 341) Nur wenn der Akzent in das »natürliche Milieu des Wortes« (Saussure 2003b, 341) situiert wird, lässt sich seine Rolle erkennen: »[...] der Akzent [bedeutet] nichts (für einen Sprachzustand), wenn man nicht sagt, daß es sich bei ihm um ein Mittel der Differenzierung [moyen de différence] zwischen zwei Wörtern handelt.« (Saussure 2003b, 330) Versuche, das Akzent-Problem ohne diese systematische Bezugnahme auf die jeweiligen synchronischen Ebenen einer Sprache zu behandeln, sind deshalb für de Saussure zum Scheitern verurteilt: Der Akzent in seiner dekontextualisierten physikalischen Natur ist kein sprachlicher und deshalb auch kein linguistischer Gegenstand.

4.2 Das Spiel der Zeichen: Die Idee der Semiologie in den Notizen der 1890er Jahre

Während die theoretischen Reflexionen de Saussures in den Akzent-Notizen unmittelbar durch den Kontext der konkreten Analyse einzelsprachlicher und sprachvergleichender Fragestellungen (insbesondere den der Analyse des litauischen Akzents) herausgefordert worden waren, gilt dies für die beiden anderen größeren Gruppen von Textfragmenten aus den 1890er Jahren, die Notizen zur allgemeinen Sprachwissenschaft (EC(N), Saussure 1997) sowie die Gartenhaus-Notizen (Saussure 2003a), nicht in gleichem Maße. Zumindest können hier solche Bezüge nicht so direkt hergestellt werden. Zwar lassen sich auch diese beiden thematisch eng zusammenhängenden Gruppen von fragmentarisch-aphoristischen Texten aus dem Saussure'schen Gedankentagebuch, die offensichtlich nur durch Umstände der Überlieferung auseinandergerissen worden sind, in einem weiteren Sinne als Paratexte der komparatistischen und einzelphilologischen Forschung lesen. Gleichwohl hat sich in ihnen aber, trotz der engen theoretisch-begrifflichen Verwobenheit mit den Akzent-Notizen, die Reflexionsintention stärker aus dem Horizont ›pittoresker‹ Thematiken gelöst und auf allgemeine sprachtheoretische Fragestellungen ausgeweitet. Das zentrale Problem der Identitätskriterien ›sprachlicher Tatsachen‹, das als Reflexionsthema alle Notizen durchzieht, die Frage also, »mit welcher Art von Entitäten [...] man es in der Linguistik zu tun [hat]« (Saussure 1997, 377), wird hier nun stärker in einen zeichentheoretischen, oder wie de Saussure ihn nennt, *semiologischen* Theorierahmen eingestellt, wie sich überhaupt die Idee des Semiologischen in den Vordergrund schiebt. Die Sprache als eine »Welt der Zeichen« (Saussure 2003a, 134) gerät in den Fokus der Aufmerksamkeit: Die Bedingungen, unter denen sie »in ihr semiologisches Leben« tritt (Saussure 1997, 501), genauerhin die Bedingungen, die für die »*Konstitution*« (Saussure 1997, 357) und die »*Zirkulation*« (Saussure 1997, 419, 425; 2003a, 159) bzw. das »*Spiel*« des sprachlichen Zeichens (Saussure 2003a, 96, 99, 131) verantwortlich sind, werden nun Gegenstand der Analyse. In diesem Reflexionsrahmen erhalten die in den Akzent-Notizen erörterten Begriffe wie »Identität«, »Laut«, »absoluter« und »differenzieller Wert«, »sprachliche Tatsache«, »Gesichtspunkt«, »Substanz«, »Substratum«, »Morphologie«, »Synchronismus« etc. eine *zeichentheoretische* Aufladung. Paradigmatisch lässt sich dies etwa am Begriff der Morphologie ablesen. Bereits in den Akzent-Notizen hatte de Saussure den Terminus »Morphologie« aus dem (nachhaltig kritisierten) zeitgenössisch üblichen Definitionskontext gelöst: Während hier, wie die Morphologie-Notizen diagnostizieren, »Morphologie« in historischer Perspektive auf »die Erforschung der *Formen* der Sprache [langage]« gerichtet war – im Gegensatz zur »Phonetik«, die es mit der (ebenfalls historischen) »Erforschung der

Laute« zu tun hatte (Saussure 1997, 285) –, gab de Saussure der Semantik des Terminus in den Akzent-Notizen eine *sprachsystematische* Wende: Morphologie hat sich für ihn, wie wir oben bereits gesehen haben, »mit allen Arten zeitgleicher Werte [valeurs momentanées]« zu beschäftigen, weshalb »Morphologie« und »Grammatik« auch als Termini mit »identischer Bedeutung« bezeichnet werden (Saussure 2003b, 335). Dieser sprachsystematischen Neubestimmung von »Morphologie« fügt de Saussure nun in den Notizen zur allgemeinen Sprachwissenschaft ein *semiologisches* Bestimmungsmoment hinzu. »Morphologie« wird zu einem Synonym von »Zeichentheorie«: Ihr »wahre[r] Name« lautet nun: »die Theorie der Zeichen – und nicht die der Formen« (Saussure 1997, 288). Das *morphologische* Prinzip ist nun eo ipso ein *semiologisches* Prinzip (Saussure 2003a, 135). Natürlich hat die theoretische Bewegung, die sich in der *Semiologisierung* des Begriffs der Morphologie exemplarisch zeigt, Auswirkungen auf das gesamte Netzwerk theoretischer Begriffe, die de Saussure aus der zeitgenössischen Sprachwissenschaft aufnimmt, um sie zu rekonzeptualisieren. Auch für das überkommene Verständnis von Phonetik etwa gilt nun, dass ›Laute‹ »nur aufgrund der Opposition zu anderen vorkommenden Lauten einen Wert« haben (Saussure 2003a, 84). Sie sollen deshalb, wie de Saussure bereits in seinen Pariser Jahren zum ersten Mal vorschlagen hatte, im Rahmen einer »*semiologischen Phonetik*« als »Laute und Folgen von Lauten [Phoneme und Folgen von Phonemen]« untersucht werden, »insofern sie einen Wert für die Idee (›une valeur pour l'idée‹)« (Saussure 1995, 120)[113], und das heißt für de Saussure, insofern sie einen »*semiologischen Wert*« haben (Saussure 1995, 224, 225; Kursivierung L.J.): Die Sprache, lesen wir in den Notizen zur Morphologie, »ist sich des Lautes nur als Zeichen bewußt« (Saussure 1997, 288).

Das gesamte terminologische Inventar der komparatistischen Tradition, das de Saussure bereits in den Harvard-Notizen und in den Notizen zum litauischen Akzent einer begrifflichen Revision unterzogen hatte, wird nun in das theoretische Feld einer sich zunehmend konturierenden, einheitlichen *semiologischen* Sprachidee implementiert, die als »umfassender konzeptueller Rahmen« (Fehr 1997, 210) den Reflexionsertrag der 1880er und frühen 1890er Jahre in einem integrierenden Gestus fokussiert. Sprache kommt nun als eine »besondere Semiologie« (Saussure 1997, 321) in den Blick und die Sprachtheorie als ein »besondere[r] Fall der Theorie der Zeichen« (Saussure 1997, 325) im Rahmen einer umfassenderen Zeichenwissenschaft, die sich mit dem Leben semiologischer Systeme insgesamt beschäftigt (Saussure 1997, 404 ff., 501 ff.; Naville 1901; Fehr 1997, 117 ff.). Dabei lässt de Saussure freilich insbesondere in den Genfer Vorlesungen keinen Zweifel daran, dass es unter den verschiedenen Zeichensystemen keinen wichtigeren Fall gibt als den der *sprachlichen* Zeichen (EC 47, III C 274, 282). Die Sprachwissenschaft ist deshalb der »Hauptbereich« [compartiment principal] einer allgemeinen Semiologie (EC 48, II C 11, 290). Nur wenn man die Semiologie unter der Perspektive sprachlicher Zeichen in den Blick nimmt, erschließen sich, so de Saussure, ihre *wesentlichen* Seiten: »Das semiologische Sujet erscheint nicht, wenn man es unter anderen als dem sprachlichen Gesichtspunkt untersucht [...].« (EC 49, II R 18, 299, 300) Nur aus der Perspektive der sprachlichen Semiologie wird das Feld des Semiologischen sichtbar und theoretisch angemessen konzeptualisierbar.

Das grundlegend Neue an der Saussure'schen Idee der Semiologie, wie sie insbesondere in den Notizen zur allgemeinen Sprachtheorie, den Gartenhaus-Notizen sowie später auch in den Genfer Vorlesungen umrissen wird, ist ihr epistemologischer, *ontologiekritischer* Gestus (vgl. auch Kap. 3.1 und 4.1), der sie als *semiologische* Zeichenidee von der gesamten *semiotischen* Tradition seit der Antike abhebt. Die in der Literatur immer wieder vertretene These, alle Elemente der Saussure'schen Zeichentheorie seien schon in der vor-saussureschen Sprachbetrachtung präsent gewesen und de Saussure habe »kein einziges Element zu dieser Theorie hinzugefügt« (etwa Coseriu 1967, 112)[114], zeugt von einem tiefen Missverständnis des Saussure'schen Denkens. De Saussures Idee der Semiologie steht vielmehr – wie in den folgenden Abschnitten noch ausführlicher deutlich werden wird – in allen wesentlichen Momente in vollkommenem Gegensatz zur semiotischen Tradition der Zeichenauffassung: Während etwa das semiotische Denken das Zeichen gemäß der scholastischen Formel »aliquid stat pro aliquo« als eine *binäre* Entität versteht, die sich aus Signifikant und Signifikat zusammensetzt, betrachtet de Saussure eine solche Zweiteilung des Zeichens in eine physische Laut- und eine psychische Begriffs-Seite als einen »unverzeihlichen Irrtum« (Saussure 2003a, 128; Kap. 4.2 »Laut und Begriff«, »Zeichensysteme«). Während die semiotische Tradition das Zeichen als einen Signifikanten auffasst, der das Signifikat als eine ihm transzendente, vorsprachliche Bedeutung repräsentiert, hält de Saussure die »traditionelle Unterscheidung« von *Laut* und *Begriff* als je selbständige Domänen, »die doch im Gegenteil für unseren Geist untrennbar miteinander vereint sind«, für »bequem und verheerend«, für »völlig falsch« (Saussure 2003a, 129; 1997, 332). Signifikant und Signifikat können deshalb auch nicht, wie dies durchgängig in der semiotischen Tradition unter dem Titel der *Willkürlichkeit des Zeichens* angenommen wird, als je selbständige, einander konventionell zugeordnete Elemente aufgefasst werden: »Die lautliche Figur für sich genommen bedeutet nichts. [...] Der Begriff für sich genommen bedeutet nichts.« (Saussure 2003a, 139 f.) »Arbitrarität« im Sinne de Saussures lässt sich gerade nicht als die willkürliche *Zuordnung* je selbständiger

Inhalts- und Ausdruckselemente verstehen. Mit der Arbitraritäts-Idee ist vielmehr die zentrale Annahme verknüpft, dass das Zeichen weder durch vorsprachliche »Begriffe« noch durch vorsprachliche »lautliche Figuren« prädeterminiert ist. Die beiden ›Seiten‹ des Zeichens sind nicht präexistent, sondern erst das *Ergebnis* der Zeichensynthese (Saussure 2003a, 106; Kap. 4.2). Das Zeichen ist deshalb für de Saussure auch keine durch *Angrenzungsassoziation* gebräuchlich gewordene Einheit von Inhalt und Ausdruck, die als Ganzes gegenüber ihren Teilen keinerlei Eigenständigkeit beanspruchen kann, sondern eine synthetische »Vereinigung besonderer Art« (Saussure 1997, 357). Hierfür hat er in den Gartenhaus-Notizen ein eindrucksvolles Bild gefunden:

»Das absolut Besondere an einer *sprachlichen Identität* besteht darin, daß sie die Assoziation zweier unterschiedlicher Elemente impliziert. Würde man uns dazu auffordern, einerseits eine Eisen-, Gold- oder Kupferplatte chemisch zu bestimmen und dann die zoologische Gattung eines Pferdes, eines Rindes, eines Schafs festzustellen, wären das zwei einfache Aufgaben; – forderte man uns aber auf, zu bestimmen, zu was für einer ›Gattung‹ die merkwürdige Zusammensetzung einer an einem Pferd befestigten Eisenplatte, einer an einem Rind angebrachten Goldplatte oder eines kupfernen Schmuck tragenden Schafs gehört, würden wir protestieren und die Aufgabe für absurd erklären. Der Sprachwissenschaftler muß begreifen, daß es genau diese absurde Aufgabe ist, vor die er vom allerersten Moment an gestellt ist. Er versucht dem zu entkommen, indem er sich [...] davonstiehlt, das heißt, indem er, wie es logisch scheint, die *Begriffe* klassifiziert, um anschließend die Formen zu betrachten, – oder umgekehrt die *Formen*, um dann die *Begriffe* zu betrachten; und in beiden Fällen verkennt er das, was unzweifelhaft der Gegenstand seiner Untersuchung und seiner Klassifikationen ist, nämlich ausschließlich der Punkt, an dem die beiden Bereiche verbunden sind.« (Saussure 2003a, 76)

In den *Notes item* führt de Saussure, um den synthetischen Einheitscharakter des Zeichens hervorzuheben, den Terminus »sème«

ein: »Unter anderem beseitigt oder möchte das Wort *sème* beseitigen jede *Vorherrschaft* und jede anfängliche Trennung zwischen der stimmlichen Seite und der ideologischen Seite des Zeichens. Es stellt *das Ganze des Zeichens* dar, das heißt Zeichen und Bedeutung in einer Art Persönlichkeit vereint.« (Saussure 1997, 358 f.)[115] Weit davon entfernt, als eine Art von Vorläuferschaft für das Saussure'sche Denken gelten zu können, stellt – wie im Folgenden ausführlicher deutlich werden wird – die semiotische Zeichenauffassung in allen ihren zentralen Bestimmungsmomenten allenfalls die kritische Folie dar, vor deren Hintergrund sich die semiologische Idee des Zeichens entwickelt.

Onymique: Das »Plumpste« in der Semiologie

Die Semiologie hat es für de Saussure wesentlich mit einer bestimmten Klasse von Zeichen zu tun, nämlich jenen, die als ›beliebig fixierbare Werte‹ netzwerkartig in Zeichensystemen miteinander verwoben sind, wobei ihre Bedeutung in grundlegender Weise von dieser relationalen Verwobenheit abhängt und nicht, wie viele klassisch nomenklatorischen Zeichentheorien unterstellen, »eine Wurzel in den Dingen hat« (Saussure 1997, 400). An dieser Charakterisierung ist vor allem eines wesentlich: die Annahme nämlich, dass Zeichen als »Werte« (»valeurs«) bzw. als Parasème (»parasèmes«)[116] bestimmt werden. Alle ihre konstitutiven Eigenschaften, insbesondere etwa die Art, wie sie Bedeutung ›haben‹, leiten sich aus den strukturellen Bedingungen der Zeichensysteme ab, deren Elemente sie sind – und nicht aus der ontologischen Ordnung einer präsprachlichen Welt der ›Dinge‹, auf die mit den Zeichen etwa über deren begriffliche Repräsentationen Bezug genommen werden kann.

Freilich muss bereits hier sofort bemerkt werden, dass de Saussure die referentielle Dimension von Zeichen, ihren Bezug auf die Gegenstände einer präsemiologischen Welt, keineswegs (wie ihm immer wieder und zuerst von Benveniste vorgehalten worden ist) ausschließt oder unterschlägt (Benveniste 1973, 82; Scherer 1980, 108). Vielmehr konzipiert er, wie sich noch zeigen wird, den Begriff der *Referenz* aus dem Horizont einer Theorie der *inferentiellen* Beziehung von Zeichen auf Zeichen (Kap. 4.2 »Sprache«; hierzu Brandom 2001; Fehr 1997, 142 ff.). Nur unter dieser Voraussetzung ist die Bemerkung de Saussures angemessen zu verstehen, er halte es für unglücklich, wenn man damit beginne, die »Gegebenheit der bezeichneten Objekte [...] als wesentliches Element« in die Zeichentheorie einzuführen (Saussure 1997, 338). Natürlich ist es auch für Saussure eine grundlegende Eigenschaft von Zeichen, dass man durch sie (mit ihnen) auf die Gegenstände einer realen Erscheinungswelt Bezug nehmen kann. Aber man kann diese referentielle Handlung nur unter ganz bestimmten inferentiellen Voraussetzungen durchführen.

De Saussure entwickelt diesen Gedanken in mehreren Schritten, deren erster die Kritik einer Zeichentheorie ist, die sich am Modell der *Namengebung* orientiert. Der »Grund der Sprache [langage]«, hält er jenen Philosophen vor, die Sprache als eine Art Nomenklatur verstehen (Saussure 1997, 393, 499), »[wird] nicht von Namen gebildet. Es ist ein Zufall, wenn das Zeichen einem Objekt entspricht, das definiert ist für die Sinne wie *ein Pferd*, *das Feuer*, *die Sonne* [...].« (Saussure 1997, 337 f.) In den *Notes item* fasst er seine Kritik an der Nomenklatur-Idee pointiert so zusammen: Sobald von der Sprache [langue] die Rede sei, habe man es immer mit Beispielen von Wörtern zu tun »wie *Baum*, *Stein*, *Kuh*, wie Adam, der [den Dingen Namen][117] gibt, das heißt das Plumpste, was es in der Semiologie gibt: der Fall, in dem sie (durch den Zufall der zur Bezeichnung ausgewählten Objekte) eine einfache Onymique ist, das heißt, [...] der Fall, in dem es ein unbezweifelbar *drittes* Element gibt in der psychischen Assoziation des *sème*, das Bewußtsein, dass es sich auf ein äußerliches Wesen bezieht, selbst genügend bestimmt, um dem allgemeinen Gesetz des Zeichens zu entgehen« (Saussure 1997, 360).

Fälle einer solchen scheinbar direkten Objekt-Zeichen-Entsprechung, wie sie für die Onymique charakteristisch sind, Fälle also, in denen es ›für die Sinne definierte‹, d.h. jenseits semiologischer Bestimmungen ›selbst genügend bestimmte‹ Referenzobjekte von Zeichen zu geben scheint, dürfen nun, wie de Saussure betont, nicht nur nicht als »Typus der Sprache« genommen werden, sie sind geradezu ein »falsches Beispiel« (Saussure 1997, 338). Selbst wenn sich ein »Wort auf einen materiellen Gegenstand bezieht«, ist das »Wesen des Gegenstandes selbst« nicht derart beschaffen, »daß es dem Wort eine positive Bedeutung gibt« (Saussure 2003a, 141). Der »Eindruck, der von einem materiellen Gegenstand herrührt, [kann] selbst niemals auch nur eine einzige sprachliche Kategorie hervorbringen« (Saussure 2003a, 143). Kategorisch stellt de Saussure fest: »Wenn ein Objekt, wo es auch sei, der Endpunkt sein könnte, auf den ein Zeichen fixiert ist, würde die Linguistik augenblicklich aufhören, zu sein, was sie ist, von der Spitze bis zur Basis.« (Saussure 1997, 338)

Gegenstand semiologischer Theorien sind nicht Zeichen als *absolute*, sondern als *relative* Werte (EC 251, 1816; 254, 1838 ff.; Kap. 4.1 »Absoluter versus differenzieller Wert«). Zeichen dieses Typs gewinnen ihre Bedeutung nicht aus der Fähigkeit, als je einzelne (absolute) Zeichen auf die Dinge einer präsemiologischen Welt sprachsystemfrei Bezug zu nehmen, sondern aus ihrer relationalen Bezogenheit auf andere Zeichen des gleichen synchronen Systems. Die in Psychologie und Philosophie verbreiteten nomenklaturtheoretischen Ansätze »unterschlagen [...] die gegenseitige Determination sprachlicher Werte durch deren Koexistenz« (Saussure 1997, 499). Würden die sprachlichen Zeichen auf die Funktion reduziert, »die Gegenstände zu benennen, hätten die unterschiedlichen Terme dieser Sprache [langue] keine Beziehung zueinander, würden der eine wie der andere ebenso getrennt bleiben, wie die Gegenstände selbst« (Saussure 1997, 394).

Sprachliche Zeichen sind also zwar durch ›*Unabhängigkeit*‹ von den Objekten und Gegenständen einer präsemiologischen Welt charakterisiert – dies aber nur in einem sehr spezifischen Sinne. Dass sie von diesen unabhängig sind, heißt dezidiert nicht, dass ›die Wirklichkeit‹ aus dem semiologischen Prozess ausgeschlossen würde. Die ›Wirklichkeit‹ im Sinne einer vorsprachlich ontologischen Region ist nur nicht bestimmend für das, was den Zeichen an semantisch-referentieller Kraft innewohnt. Es gibt für de Saussure keine präsemiologische Welt distinkter Gegenstände und Sachverhalte, keine »Gegebenheit der bezeichneten Objekte« (Saussure 1997, 338), die als sprachunabhängige Quelle, als gleichsam ontologischer Bestimmungsgrund von Zeichensemantisierungen dienen könnte. Die Saussure'sche These besagt also lediglich, dass die Bezugnahme ›auf ein äußerliches Wesen‹ dieses nicht als eine bereits bestimmte Entität vorfindet, »weil kein Gegenstand von Natur aus abgegrenzt oder gegeben ist« (Saussure 2003a, 149). Sie besagt, dass Bestimmtheit und Distinktivität keine Eigenschaften der Referenzobjekte sind, sondern ein Ergebnis des Zeichenprozesses.

Das ›Gesetz des Zeichens‹ schreibt also zwar den materiellen Gegenständen ihre semiologische Identität vor, »denn es existiert nichts außer dem, was für das Bewußtsein [...] existiert« (Saussure 2003a, 111), aber »das hebt die Existenz dieser materiellen Gegenstände nicht auf« (Saussure 2003a, 99). Zwar bilden sprachliche Zeichen, wie de Saussure in seinen Notizen zu Whitney ausführt, ein »besonderes System von unabhängigen Symbolen«, die »*keine Art* von sichtbarer *Bindung* mit dem zu bezeichnenden Objekt haben und folglich nicht von ihm abhängen können« (Saussure 1997, 311). Aber aus der Feststellung *dieser* Unabhängigkeit folgt nicht, dass es sich bei der Sprache um ein semiologisches Spiel handelte, in dem die Bezugnahme auf eine präsemiologische Welt nicht vorgesehen wäre. Sie besagt allein, dass »wir einen Gegenstand immer nur durch den Begriff erkennen«, dass das »Wort den materiellen Gegenstand nur gemäß einem Begriff«, wie de Saussure formuliert, *berührt* (Saussure 2003a, 142; Hervorhebung L.J.). Dabei wird der Terminus »Begriff« freilich verstanden als die relationale – also nicht ›positive‹ – *Bedeutung* des Wortes im semiologischen Bewusstsein der Sprecher (vgl. die beiden folgenden Abschnitte).

De Saussures Kritik des Namensgebungsmodells, seine These, dass das sprachliche Zeichen nicht »eine Wurzel in den Dingen hat«, impliziert also nicht, dass ›die Wirklichkeit‹ aus dem zeichentheoretischen Modell ausgeschlossen wäre. Sie besagt allein, dass sprachliche Zeichen nur in dem Maße auf eine transsemiologische Wirklichkeit *referentiell* Bezug nehmen können, besagt, dass Zeichen selbst ›materielle Gegenstände‹ nur in dem Maße ›berühren‹ können, in dem sie als relational vernetzte Elemente eingebettet sind in das *inferentielle*, oder wie de Saussure formuliert, *parasemische* Netzwerk einer bestimmten Sprache zu einer bestimmten Zeit. Die Bedeutung sprachlicher Zeichen hat also ihre Wurzel nicht in den Dingen, sondern im semiologischen (parasemischen) Bewusstsein der Sprecher einer Sprache, das allein diese instand setzt, sich vermittels der Zeichen referentiell auf ›die Wirklichkeit‹ zu beziehen.

Sprache: Die großartige Maschine negativer Kategorien

Aus de Saussures ontologiekritischer Abrechnung mit dem Onymique-Programm der Zeichentheorie ergeben sich nun, wie sich bereits angedeutet hat, weitreichende theoretische Konsequenzen für die Frage, in welcher Weise Zeichen Bedeutung haben.

De Saussure entwickelt diese Konsequenzen in einem zweiten Schritt über seine Kritik des Namensgebungsmodells hinaus. Wenn die »traditionelle Annahme, daß ein Wort eine absolute Bedeutung besitzt, die sich auf einen bestimmten Gegenstand bezieht«, zu verwerfen ist – »eben diese Annahme bekämpfen wir« (Saussure 2003a, 142) –, muss die Theorie der absoluten (nicht relationalen) Bedeutung insgesamt verabschiedet werden. Sprachliche Zeichen beziehen nicht nur keine »positive Bedeutung« aus dem »Wesen des Gegenstandes selbst« (Saussure 2003a, 141), sondern sie haben überhaupt keine *absolute*, also nicht relationale Bedeutung. »Nichts *ist*. Zumindest *ist* nichts absolut im sprachlichen Bereich.« (Saussure 2003a, 149) Für die Sprache [langue] gilt, dass sie »auf einer bestimmten Anzahl von *Differenzen* oder von *Oppositionen* beruht, die sie anerkennt«; sie kümmert »sich im wesentlichen nicht um den absoluten Wert der jeweiligen entgegengesetzten Terme [...]« (Saussure 2003a, 97). Der »Bedeutungsraum [sphère de signification]« ist »vollständig und einzig und allein durch die Opposition bestimmt [...]« (Saussure 2003a, 148).

Wer das Reich des Semiologischen betritt, muss das Phantasma der ›absoluten‹ oder ›positiven‹ Bedeutung aufgeben und die grundlegende Relativität der Bedeutung anerkennen. In den Notizen zu Whitney formuliert de Saussure kategorisch: »Das gänzlich letzte Gesetz der Sprache [la loi tout à fait finale du langage] ist, soweit wir etwas darüber zu sagen wagen, daß es nichts gibt, was dauernd in *einem* Term residieren kann (dies als direkte Folge des Umstandes, daß die sprachlichen Symbole keine Beziehung zu dem haben, was sie bezeichnen sollen) [...]. [B]eide [a und b, L.J.] haben ihren Wert allein in ihrer gegenseitigen *Differenz*, oder, keines von beiden, nicht einmal in einem seiner Teilchen (ich denke hier an »die Wurzel u. ä.«), [hat] seine Bedeutung anderswo als in dem Geflecht ewig negativer Differenzen.«

(Saussure 1997, 323 f.; vgl. Kap. 4.1 »Identität – Differenz – Synchronismus«) Es ist für de Saussure »von absoluter, sogar apriorischer Evidenz, daß es niemals ein einzelnes Sprachfragment [fragment de langue] geben wird, das auf etwas anderes gegründet sein kann, im Sinne eines letzten Prinzips, als auf sein Nichtzusammenfallen oder auf den Grad seines Nichtzusammenfallens mit dem Rest« (Saussure 1997, 324). De Saussure bezeichnet es deshalb in den ›Notes‹ zur »Semiologie« als das »erste universelle Merkmal der Sprache [langage], mittels der Unterschiede, und zwar der *Unterschiede allein*, zu leben, ohne irgend eine Abschwächung [mitigation] wie jene, die sich aus der Einführung irgendeines positiven Terms zu irgendeinem Augenblick ergäbe« (Saussure 1997, 407). Weil Sprachen grundsätzlich durch das Prinzip »der Oppositionen oder der reziproken Werte oder der negativen und relativen Grössen« bestimmt sind (Saussure 2003a, 84), weil sie als Zeichensysteme vor allem »System[e] von Werten« (Saussure 2003a, 184) sind, muss zur Kenntnis genommen werden, »daß die Bedeutung nur eine Art ist, den *Wert* einer [sprachlichen L.J.] Form auszudrücken, daß dieser Wert vollständig von den Formen abhängt, die zu jedem Zeitpunkt koexistieren [...]« (Saussure 2003a, 102). Es gibt, wie de Saussure formuliert, »überhaupt keine bestimmbare Grenze [...] zwischen dem Wert, den die Formen aufgrund ihrer reziproken und materiellen Differenz haben, und dem, den sie aufgrund ihres Sinns haben, den wir diesen Differenzen zusprechen«. »Wert«, »Sinn« und »Bedeutung« sind deshalb für de Saussure synonym: »*Insbesondere* ist der *Sinn jeder Form* dasselbe wie die *Differenz zwischen den Formen*. Sinn = unterschiedlicher Wert.« (Saussure 2003a, 88)[118]

Genau hier, in ihrer relationalen Wertbestimmtheit, und nicht ›in den Dingen‹, haben Bedeutungen ihre ›Wurzel‹, wobei freilich bislang noch nicht geklärt ist, wie das Verfahren der ›Wertbestimmung‹ selber aussieht (vgl. Kap. 4.2 »Zeichensysteme«). Ohne

»*bestimmte Differenzen*« zwischen Termen in einer Sprache blieben diese »leer und unbestimmt« (Saussure 2003a, 129). De Saussure gibt hier – so scheint es – der kantischen Formulierung, dass »Gedanken ohne Inhalte leer [...], Anschauungen ohne Begriffe [...] blind« seien (KrV, B 75), eine interessante semiologische Wende. Auch für de Saussure sind Anschauungen ohne Begriff blind, »weil kein Gegenstand von Natur aus abgegrenzt oder gegeben ist« (Saussure 2003a, 149) und weil »nichts [existiert], außer dem, was für das Bewußtsein [...] existiert« (Saussure 2003a, 111). Allerdings erhalten ›Gedanken‹ ihren Inhalt, ohne den sie »leer und unbestimmt blieben«, nicht allein durch Anschauung, nicht allein durch den »Eindruck, der von einem materiellen Gegenstand herrührt« – dieser könnte, wie wir gesehen haben, »selbst niemals auch nur eine einzige sprachliche Kategorie hervorbringen« (Saussure 2003a, 143). Sie erhalten vielmehr ihren Inhalt aus ihrer inferentiellen Verfasstheit, d.h. dadurch, dass sie als Zeichen auf andere Zeichen bezogen sein müssen, damit sie sich (referentiell) auf Gegenstände beziehen können. Die semantische Aufladung der Zeichen kommt, wie de Saussure formuliert, immer »von der Seite« (EC(N) 18, N 7, 3293.5). In gewissem Sinne gibt er mit seinem ›gänzlich letzten Gesetz der Sprache‹ einem systematisch analogen semiologischen Grundsatz wie Peirce Ausdruck: »In keinem Moment gibt es also einen Gedanken [...], auf den nicht ein Gedanke folgt, der ihn interpretiert oder wiederholt. Das Gesetz, daß jedes Gedankenzeichen in einem anderen, das auf es folgt, übersetzt und interpretiert wird, hat daher keine Ausnahme.« (Peirce, W 2.233) Isoliert gedachte Zeichen mit ›positiver‹ bzw. ›absoluter‹ Bedeutung müssten für de Saussure wie für Peirce leer und unbestimmt bleiben.

Dies zeigt sich selbst in den Fällen, die den Anschein erwecken, geradezu paradigmatische Exempel für eine solche Art positiver Bedeutung zu sein und die wohl auch für die Suggestivität nomenklaturtheoretischer Auffassungen verantwortlich sind. In den Gartenhaus-Notizen diskutiert de Saussure einige Beispiele von Wörtern, die aufgrund ihrer ›positiven Bedeutung‹ ›die vollkommen negative Wirkungsweise der Zeichen‹ außer Kraft zu setzen scheinen: »*Sonne* scheint [...] vielleicht genauso wie das Wort *Mond* einen vollkommen positiven, genauen und bestimmten Begriff zu repräsentieren; als Diogenes jedoch zu Alexander sagt ›Gehe mir aus der Sonne‹, liegt nicht mehr in *Sonne*, nichts anderes in *Sonne*, als die Opposition zum Begriff *Schatten*; und dieser Begriff *Schatten* ist selbst nur die Negation der Begriffe *Licht*, tiefste *Nacht*, *Halbschatten* usw. zusammengenommen, verknüpft mit der Negation der beleuchteten Sache im Verhältnis zum dunklen Raum usw. Wenn wir wiederum das Wort *Mond* nehmen, so kann man sagen, *der Mond geht auf*, *der Mond nimmt zu*, *nimmt ab*, *es ist Neumond*, wir säen bei *Neumond*, es werden einige *Monde* vergehen, bevor so etwas geschieht ... und wir nehmen unterschwellig wahr, daß [...] alles, was wir in *Mond* hineinlegen, absolut negativ ist [...].« (Saussure 2003a, 140)

Es sind die den Sprechern einer Sprache ›unterschwellig‹ verfügbaren, komplexen und ausgedehnten Netzwerke koexistierender »Werte« – de Saussure nennt sie in den *Notes item* Paraseme –, durch die die Bedeutung selbst jener Zeichen bestimmt wird, die eine ›Wurzel in den Dingen‹ zu haben scheinen. Es wäre deshalb, wie de Saussure formuliert, selbst bei diesen Fällen »ein vollkommen schimärisches Unterfangen, die in einem Wort enthaltenen Begriffe erschöpfend behandeln zu wollen [...]«. Auch mit Beispielen wie »*Eisen* oder *Eiche* [...], wird man [...] bei der Menge von Bedeutungen und Gebrauchsweisen, [...] die wir diesen Wörtern zuschreiben, nie zu einem Ende gelangen und allein der Vergleich von *Eisen* mit zwei oder drei Wörtern wie *Stahl*, *Blei*, *Gold*, oder *Metall*, allein der Vergleich von *Eiche* mit zwei oder drei Wörtern wie *Weide*, *Weinstock*, *Holz* oder *Baum* stellt eine unendliche Arbeit dar.« (Saussure 2003a, 144) Aus der vermeintlichen Distinktheit materieller Gegenstände lässt sich eine ›positive Bestimmtheit‹ von Zeichenbedeutungen (Begriffen) nicht gewinnen. Unerreichbarer noch wäre das schimärische Unternehmen einer »erschöpfende[n] Behandlung des Inhalts« bei Wörtern wie »*Geist* in Opposition zu *Seele* oder *Denken* [...] oder die des Inhalts von *gehen* in Opposition zu *marschieren*, *vorbeigehen*, *dahinschreiten*, *sich hinwenden*, *kommen* oder *sich begeben* [...]«. Hierüber könnte, so de Saussure, »ohne Übertreibung ein ganzes Menschenleben vergehen« (Saussure 2003a, 144). Der Bestimmungsgrund für die Bedeutung von Wörtern liegt also nicht in einer vorsprachlichen distinktiven Ordnung der Wirklichkeit selbst: Es gibt, wie das Beispiel des Wortes »Mond« zeigt, keinen »richtige[n] oder falsche[n] positive[n] Begriff dessen, was der Mond ist«, es gibt nur »die negative Wahlmöglichkeit zwischen den Ausdrücken [termes] ohne irgendeine Verdichtung des Begriffs auf den einheitlichen Gegenstand« (Saussure 2003a, 141). Auch bei materiellen Gegenständen – von immateriellen Objekten wie etwa »Folter« (vgl. Saussure 2003a, 146 f.) ganz zu schweigen – lässt sich eine ›erschöpfende‹ Explikation sprachlichen Wissens nicht bewerkstelligen, weil es keinen ›absoluten‹ bzw. ›positiven‹ ontologischen Grund für eine solche Explikation gibt. Vielmehr ist es eine grundlegende Eigenschaft von Wortsemantiken, dass sie ihren Sprechern nicht in der Form *expliziter* positiver Bedeutungen, sondern ›unterschwellig‹ als in semantischen Netzwerken organisiertes *implizites* Wissen zur Verfügung stehen, in dem sich die »vollkommen negative Wirkungsweise [action] der Zeichen« manifestiert (Saussure 2003a, 146). Sprecher haben ein »Sprachgefühl« (Saussure 1997, 291), ein »feines Gespür« dafür, was in Wörtern wie »*Geist*« in Opposition zu »*Seele*« oder »*Denken*« etc. »und darüber hinaus in tausenden anderen enthalten ist«, wobei dieses Vermögen zu möglicher Explikation im Regelfall gar nicht in Anspruch genommen zu werden braucht, weil »[...] es offensichtlich [ist], daß dieses Gespür auf der rein *negativen* Tatsache der Opposition der Werte beruht«. Nur so ist überhaupt die Lernbarkeit von Zeichenbedeutungen in der Ontogenese zu erklären, da »die Zeit, die materiell notwendig gewesen wäre, um den positiven Wert der Zeichen zu erlernen, [...] uns hundert- und tausendfach gefehlt [hätte]« (Saussure 2003a, 144 f.).

Sprachen sind also, wie de Saussure deutlich macht, keine Repräsentationswerkzeuge für vorsprachliche Dingwelten, sondern vielmehr semiologische Verfahren, die es allererst ermöglichen, Unterscheidungen in präsemiologische Wirklichkeiten einzuschreiben: Deshalb »ist die Existenz der materiellen Tatsachen genauso wie die Existenz der Tatsachen einer anderen Ordnung für die Sprache [langue] unwichtig. Sie schreitet die ganze Zeit über fort und bewegt sich mit Hilfe der großartigen Maschine ihrer negativen Kategorien [...].« (Saussure 2003a, 143) Und auch die Begriffe, die es ihr erlauben, die Objekte in der Wirklichkeit zu ›berühren‹, verdanken ihre Distinktivität nicht einer präsemiologischen, ontologisch geordneten Welt, sondern der parasemischen Vernetztheit der Zeichen, die das Verfahren der Sprache bestimmt.

Laut und Begriff: Zwei falsche Grammatiken

Die Entfaltung der Zeichenidee in den *Notes* schreitet also systematisch in mehreren Schritten voran: Zunächst kritisiert de Saussure einen Begriff von *Referenz*, der die Bezugnahme von Zeichen auf Dinge am Modell der Namengebung (»onymique«) orientiert. Zeichen können ihre Bedeutung nicht – als ›positive‹ Bedeutung – aus dem »Wesen des Gegenstandes selbst« (Saussure 2003a, 141) gewinnen, weil Gegenstände ohne die Distinktionsleistungen des semiologischen Systems gar keine unterscheidbaren Entitäten wären. Referenz ist vielmehr – und damit erreichen wir das zweite Stadium der Entfaltung des semiologischen Konzepts – nur ›gemäß Begriffen‹ möglich, die als Elemente eines relationalen Netzwerks die ›Berührung‹ der ›Dinge‹ erst ermöglichen. Zeichenbedeutungen (selbst die, die sich auf materielle Gegenstände beziehen) sind keine ›absoluten‹, sondern relationale Entitäten, weil Bedeutung überhaupt auf der ›rein *negativen* Tatsache der Opposition der Werte‹ beruht. Es ist die ›großartige Maschine negativer Kategorien‹, die ›unterschwellig‹ das Sprachgefühl der Sprecher einer Sprache bestimmt und diese in die Lage versetzt, auf Gegenstände und Sachverhalte einer Welt Bezug zu nehmen, deren Distinktivität sich *semiologischen* und nicht *ontologischen* Gründen verdankt.

Hier nun gelangen wir zum dritten Entfaltungsschritt der Saussure'schen Zeichenidee. Wenn die Zeichenbedeutung ihre Wurzel nicht in den Dingen hat und wenn sie überhaupt nicht als ›absolute‹ bzw. ›positive‹, sondern allein als relationale Bedeutung aufgefasst werden darf, wie lässt sich dann das Verfahren charakterisieren, dem sie sich in ihrer Genese verdankt? Was setzt die ›großartige Maschine negativer Kategorien‹ in Bewegung und hält sie in Gang? Wodurch erhalten die Zeichen als ›Werte‹ bzw. als ›Parasème‹ ihre negative *Bestimmtheit*?

Zunächst ist klar, dass die Quelle der semantischen Aufladung der Zeichen, da sich diese nicht einer ontologischen Ordnung der Dinge verdankt, auch nicht in einer Welt vorsprachlich-begrifflicher Repräsentationen dieser ontologischen Ordnung gefunden werden kann, d.h. in einer Welt *›absoluter begrifflicher Kategorien‹* (Saussure 2003a, 107). In der dritten Vorlesung formuliert de Saussure (nach dem Notat Constantins) lakonisch: Es gibt weder »Ideen, die vollständig etabliert und im Verhältnis zueinander distinkt wären«, noch »Zeichen für diese Ideen. Sondern es gibt überhaupt nichts Distinktes vor dem sprachlichen Zeichen.« (EC 252, 1824, 1825) Die Begriffe, die es Zeichenverwendern erlauben, die Dinge zu ›berühren‹, sind nicht präsemiologischer Natur. Sie haben nicht – wie etwa im Rahmen der semiotischen Tradition – einen Status, der sie den Zeichen, die dann nur Zeichen*ausdrücke* wären, epistemologisch vorordnete. Begriffe führen kein vom Leben der Zeichen unabhängiges Dasein. Für den sprachlichen Bereich der Semiologie gilt nämlich, dass es in ihm »ebenso vergeblich ist, den Begriff außerhalb des Zeichens, wie das Zeichen außerhalb des Begriffs betrachten zu wollen« (Saussure 2003a, 106).[119] Begriffe sind als »Bedeutungen« integraler Teil der Zeichen, so »daß es dasselbe ist, sich in der Welt der Zeichen zu bewegen oder in der der Bedeutungen« (Saussure 2003a, 88). Sie sind im Zeichen mit den lautlichen Figuren so synthetisiert, dass sie als präsemiologisch autonome Quelle der Einspeisung von Semantik in das System der Zeichen nicht in Frage kommen: Das Denken wird ebenso »Begriff im Zeichen«, wie die lautliche Figur »Zeichen im Begriff« wird (Saussure 2003a, 106). Tatsächlich handelt es sich bei »Zeichen« und »Bedeutung« nur »um zwei Formen desselben Begriffs [concept] des Geistes, da ja die Bedeutung ohne ein Zeichen nicht existierte [...]« (Saussure 2003a, 161).

Das Verfahren der Bedeutungsgenerierung kann also nur im Horizont des Zeichensystems selbst und seiner parasemischen Ordnung, nicht aber in den präsemiologischen Regionen der Dinge oder der sie repräsentierenden Begriffe seinen Ort haben. Die insbesondere in der semiotischen Tradition verbreitete Idee, dass es »zwei Grammatiken« gäbe, »von denen eine vom Begriff, die andere vom Zeichen« ausgeht, ist nicht haltbar: Diese Grammatiken sind »alle beide falsch« (Saussure 2003a, 79), weil es »keine positive Trennlinie [dissociation] zwischen *dem Begriff des*

Wortes und *dem Begriff des Begriffs, der im Wort ist*«, gibt (Saussure 2003a, 151).

De Saussure hat sowohl in den Notizen zur allgemeinen Sprachwissenschaft als auch in den Gartenhaus-Notizen große argumentative Anstrengungen unternommen, zu zeigen, inwiefern die Annahme zweier Grammatiken, die Geltungsansprüche für zwei je selbständige Regionen des Begrifflichen und des Lautlichen erheben, von irrtümlichen Voraussetzungen ausgeht. Sobald von der synthetischen Einheit der Zeichen abstrahiert wird, haben wir es nicht mit »zwei getrennten Ordnungen von Tatsachen« (Saussure 1997, 347), sondern nur mit zwei »chaotischen Bereichen« zu tun, in denen nichts zu unterscheiden wäre. In den *Notes item* formuliert er: »Wenn es eine Wahrheit a priori gibt, die nichts als den gesunden Menschenverstand verlangt, um zur Geltung zu kommen, dann, daß, wenn es psychologische Realitäten gibt und wenn es phonologische Realitäten gibt, keine der beiden getrennten Folgen von Realitäten fähig wäre, auch nur einen Moment der geringsten sprachlichen Tatsache zur Geburt zu verhelfen.« (Saussure 1997, 357) Nur dadurch, dass sich die »beiden chaotischen Bereiche [les deux chaos] vereinigen, entsteht eine Ordnung. Nichts ist vergeblicher, als Ordnung herstellen zu wollen, indem man sie trennt. [...] und eben dies halten wir für das Grundübel der grammatischen Untersuchungen.« (Saussure 2003a, 114f.)

Wenn also de Saussure davon spricht, dass das Zeichen Dinge ›gemäß Begriffen berührt‹ (Saussure 2003a, 142), so sind Begriffe nicht als vorsprachliche Entitäten, als ›absolute Kategorien‹, sondern als integrale Momente des Zeichens angesprochen. Die begriffliche ebenso wie die lautliche ›Seite‹ werden im Zuge der Zeichensynthese, »einer Vereinigung der besondere[n] Art« (Saussure 1997, 357; 2003a, 78), *als* Momente des Zeichens allererst hervorgebracht. »*Wenn man aber das anerkennt, dann ist es ganz klar, daß man nicht mehr das Recht hat, aufzuteilen* und auf der einen Seite das *Wort* und auf der anderen Seite die *Bedeutung* zuzulassen.« (Saussure 2003a, 158) Es ist, so Saussure, »höchst illusorisch«, anzunehmen, »dass man in der Sprachwissenschaft eine erste Ordnung: LAUTE, und eine zweite Ordnung: BEDEUTUNGEN erkennen könne, aus dem einfachen Grund, dass die sprachliche Tatsache [...], um existieren zu können, EINE ENTSPRECHUNG, aber in keinem Augenblick eine SUBSTANZ, UND AUCH NICHT ZWEI SUBSTANZEN verlangt [...]« (Saussure 1997, 347; 2003a, 161; Kap. 4.1 »Es gibt kein Substratum«; 5.2 »Form und Substanz«).

Weder das epistemologische Modell der ›Onymique‹ noch das hiermit eng verbundene Modell einer präsemiologischen Begriffswelt kann also das Wunder der Bedeutungsgenese erklären, von dem wir bislang nur wissen, dass es sich notwendigerweise *innerhalb* der parasemischen Netzwerke von Zeichensystemen vollziehen muss. Noch ist aber nicht hinreichend deutlich, worin der semiologische *Motor* besteht, der die ›großartige *Maschine* negativer Kategorien‹ bei ihrem Geschäft antreibt, Zeichen, d.h. ›Sème‹ als ›Werte‹ bzw. als ›Parasème‹ hervorzubringen und sie als bedeutsame Zeichen zu konstituieren.

Zeichensysteme: Schiffe auf hoher See

Für die Klärung dieser Frage ist es nun von einiger Bedeutung, näher zu betrachten, was genauerhin den Irrtum ausmacht, der mit der Annahme der beiden dissoziierten Grammatiken des Begrifflichen und des Lautlichen verbunden ist. Zunächst will nämlich auch de Saussure nicht an der »Binsenweisheit« rütteln, dass die »Sprache [langue] eine physische und eine psychische Seite« hat (Saussure 2003a, 129). Freilich darf sich für ihn diese Unterscheidung nicht an der inakzeptablen Demarkationslinie von Laut versus Begriff/Bedeutung orientieren: »Die traditionelle Unterscheidung – bequem und verheerend –, die in Wirklichkeit jede vernünftige Untersuchung der Sprache [langue] im Keim erstickt, besteht darin anzunehmen, dass die psychische Seite ganz einfach der Begriff oder die Bedeutung ist, während die physische Seite [der *Laut*, die *Form*, das *Wort* sei].« (Saussure 2003a, 129) Zwar ist es »richtig, in der Sprache [langue] *innere* oder *Bewußtseins*-Phänomene und äußere, unmittelbar fassbare Phänomene zu unterscheiden« (Saussure 2003a, 75), aber diese durchaus legitime Entgegensetzung darf nicht so verstanden werden, dass die ›inneren Bewußtseins-Phänomene‹ ausschließlich den Bereich des Begrifflichen und die ›äußeren Phänomene‹ den des Lautlichen repräsentieren: »Es ist falsch [...] Form und Sinn einander entgegenzusetzen. Dagegen ist es richtig, lautliche Figur einerseits und Sinn-Form [forme-sens] andererseits einander entgegenzusetzen.« (Saussure 2003a, 75) In den Notizen zur allgemeinen Sprachwissenschaft formuliert de Saussure noch nachdrücklicher: »Unter den Dingen, die dem materiellen Laut *entgegengesetzt* werden können, bestreiten wir im wesentlichen [...], daß es möglich ist, ihm die Vorstellung *entgegenzusetzen.* Was dem materiellen Laut entgegengesetzt werden darf, ist *die Gruppe Laut – Vorstellung*, aber absolut nicht *die Vorstellung*.« (Saussure 1997, 302)

Aus dieser Kritik des traditionellen semiotischen Zeichendualismus, insbesondere seiner ontologischen und begriffsrealistischen Implikationen, resultiert nun eine Rekonzeptualisierung der Idee des »doppelte[n] Wesens der Sprache« (Saussure 2003a, 73-157). Die entscheidende Pointe dieser Rekonzeptualisierung besteht in dem Gedanken, dass das lautlich-begrifflich synthetisierte Zeichen (›Sème‹/›Parasème‹) *insgesamt* als ein ›inneres‹ oder ›Bewusstseins-Phänomen‹ aufgefasst werden muss, dessen ›Seiten‹ – einschließlich der lautlichen – *beide* »psychologische Seiten des Zeichens« sind (Saussure 1997, 385). Von dieser mentalen

›Laut-Vorstellungs-Gruppe‹ getrennt und ihr entgegengesetzt wird nun der »materielle Laut«, der zugleich eine zentrale theoretische Bedeutung erhält: Er repräsentiert nämlich im Saussure'schen Modell die *äußere* Sphäre der *realen Prozessierung* des Zeichens als ›lautlicher Figur‹, die Sphäre der »Aposème«, wie es in den *Notes item* heißt (Saussure 1997, 359), eine Sphäre, mit der, wie sich zeigen wird, endgültig der Ort theoretisch identifiziert ist, an dem die Genese der Zeichenbedeutung stattfindet.

Es ist also offensichtlich, dass die Kritik der beiden ›falschen Grammatiken‹, der Grammatiken des Begriffs und des Lautes, vor allem den strategischen Sinn hat, diese *dritte* Ebene in die Architektur des Semiologischen einzuführen: Neben die vollständig auf der psychologisch-inneren Seite verorteten, begrifflich-lautliche Einheit des Zeichens tritt in der Sphäre des Äußeren die *reale Prozessierung* des Zeichens, seine diskursive Hervorbringung. Diese ist nicht mehr, wie im Modell des traditionellen semiotischen Dualismus, lediglich die – konventionell vereinbarte – (physische) *Verlautbarung* eines (psychischen) Begriffs, sondern die diskursive Verwendung, d.h. die *Äußerung* des ganzen psychischen Zeichens als lautlich-begriffliche Einheit. Das ›Aposème‹, die »lautliche Figur«, ist nun die Hülle des ganzen Zeichens und nicht nur die Hülle der Bedeutung (Saussure 1997, 359). Hier kommt noch einmal die Saussure'sche Überzeugung zum Ausdruck, dass es Begriffe bzw. Bedeutungen, die der Zeichenausdruck fertig als vorsprachliche mentale Entitäten vorfindet, nicht gibt (Saussure 2003a, 106). Die *Notes item* illustrieren diese neue Fassung des ›doppelten Wesens der Sprache‹ in einem eindrücklichen Bild – am Beispiel des Ballons. Dessen »doppelte Natur« besteht »keineswegs aus der Hülle« und »aus dem Geist, aus dem Wasserstoff [...], den man hineinbläst und der überhaupt nichts wert wäre ohne die Hülle«. Vielmehr ist der »Ballon [...] das *sème*, und die Hülle das *sôme*[120], aber das ist«, wie de Saussure formuliert, »weit entfernt von der Auffassung, die sagt, daß die Hülle das *Zeichen* [...] und der Wasserstoff die *Bedeutung* [...]« sei (Saussure 1997, 371).

Der neue Saussure'sche Dualismus sieht also so aus: Das Zeichen hat als synthetische Ganzheit aus Inhalts- und Ausdrucksmoment, als ›Sème‹/›Parasème‹, eine psychische Realität im Sprachbewusstsein der Sprecher – das, wie sich noch zeigen wird, als sozial konstituiert gedacht wird. Das Zeichen ist insofern »eine reine Bewußtseinstatsache« (Saussure 2003a, 77), und das Bewusstsein ist der Ort, an dem es in seiner Identität und Differenz (als ›Wert‹ bzw. als ›Parasème‹) *bestimmt* ist (Saussure 2003, 98, 106, 111, 134, 151). Darüber hinaus – und das ist wesentlich – hat es aber auch eine performative Existenz als *Gebrauch* in der Rede, die zu dem Ort wird, an dem sich die semiologischen Bestimmungsleistungen vollziehen (Jäger 2008). De Saussure nimmt also das materiell im Diskurs erscheinende Zeichen, die ›lautliche Figur‹ bzw. das ›Aposème‹, explizit als konstitutives Moment in seine theoretische Rekonstruktion der Semiose mit auf, die nun nicht mehr nur durch zwei, sondern durch drei Konstituenten bestimmt ist: die im Zeichen zu einer *untrennbaren* Ganzheit (Saussure 2003a, 106) synthetisierten Momente des *Lautlichen* und des *Begrifflichen*, die beide Bewusstseinsphänomene sind, sowie als drittes Moment das des *diskursiven Gebrauchs*. Der verbreitete semiotische Dualismus muss also vor allem deshalb als ein ›unverzeihlicher Irrtum‹ (Saussure 2003a, 128) angesehen werden, weil er die eigentlich triadische Struktur der Semiose verkennt. Neben dem »ersten – psychischen, inneren – Bereich, in dem das Zeichen ebenso wie die Bedeutung existieren, das eine untrennbar mit dem anderen verbunden«, gibt es einen zweiten, äußeren Bereich, in dem das ›lautliche Phänomen als solches‹ seinen Ort hat, einen Bereich also, »wo nur noch das ›Zeichen‹ existiert«, das Zeichen als »lautliche Figur« (Saussure 2003a, 79).

Saussure misst dieser äußeren Sphäre der Semiose große Bedeutung bei. Zwar ist das Zeichen hier, in seinem Modus als ›Aposème‹, ›*in sich bedeutungslos*‹ [»en soi nul«] (Saussure 1997, 365), weil Bedeutung ausschließlich eine Bewusstseinstatsache ist, aber es hat gleichwohl eine zentrale Funktion für die *Genese* der Zeichenbedeutung in der ›inneren Sphäre‹ des parasemischen Bewusstseins der Sprecher. Das ›Aposème‹ ist zwar in sich durch eine »*Sinnleere*« (EC 154, 1131) charakterisiert, aber ihm kommt zugleich als performative Gebrauchsform des Zeichens im Diskurs eine *bedeutungskonstitutive* Rolle zu. Aposème werden im produktiven und rezeptiven Gebrauch erst durch den Bezug auf die parasemischen Netzwerke im jeweiligen Sprachbewusstsein der Sprecher semantisiert, können aber im und durch den Gebrauch immer Veränderungen in diesen Netzwerken zur Folge haben. Deshalb spricht de Saussure in einer Notiz zum Begriff des Diskurses davon, dass die »Sprache [langue] [...] nur im Hinblick auf die Rede [discours] geschaffen« sei. In der Sphäre des Diskurses wird »die Sprache [langue] als Rede tätig« (Saussure 1997, 416). Sie ist der »Ort der Veränderungen«, die alle »einzig und allein in der Rede [entstehen]« (Saussure 2003a, 160). Von ihr nehmen alle semantischen (und sonstigen strukturellen) Effekte auf das in das Gedächtnis der Sprecher jeweils eingeschriebene System der Zeichen ihren Ausgang (vgl. Saussure 2003a, 126).

Im Zuge ihres Gebrauchs im Diskurs, in dem Zeichen als ›Aposème‹, auftreten, greifen Sprecher auf die parasemischen Netzwerke ihrer Sprache zurück, um in Prozessen des Äußerns und des Verstehens ›lautliche Figuren‹ – den jeweiligen diskursiven Zwecken entsprechend – zu semantisieren. Jeder dieser performativen Zugriffe ist ein ›unterschwelliger‹ Akt (Saussure 2003a, 132, 141), durch den bestehende Zeichen in ihrer parasemischen Identität, in ihrem Wert, affirmiert oder verändert werden können. Anders formuliert: Jeder Zeichengebrauch nimmt die Bedeutung und Identität, den Wert der Zeichen, das jeweils zu einer bestimmten Zeit bestehende Geflecht ihrer negativen und oppositiven Abgrenzungen zugleich in Anspruch und verschiebt und verändert es möglicherweise, wenn die diskursiven Umstände entsprechend sind. In jedem Fall sind Verwendungen von Zeichen prinzipiell virtuelle (Neu-)bestimmungen ihrer ›parasèmischen‹ Identität bzw. ihres ›Wertes‹, der mehr oder minder affirmiert oder verschoben werden kann: »Gebrauchsweise«, »Bedeutung« und »Wert« treten deshalb für de Saussure in einen engen begrifflichen Zusammenhang (Saussure 2003a, 144): »Wir setzen keinen ernsthaften Unterschied [différence] zwischen den Termini Wert, Sinn, Bedeutung, Funktion oder Gebrauchsweise einer Form, nicht einmal zwischen diesen und dem ›Begriff‹ als Inhalt einer Form; diese Termini sind synonym.« (Saussure 2003a, 87 f.)

Der Gebrauch ist es also, dem sich sowohl die beiden Momente des Zeichens als auch das Zeichen in seiner negativen, ›parasèmischen‹ Identität verdanken (vgl. Saussure 2003a, 115). Es ist die Dimension der Semiose, in der die Zeichenidentität und damit auch Differenzialität und Negativität der Zeichen, ihre ›parasèmische‹ Vernetztheit, konstituiert wird. Indem der Gebrauch Zeichenidentität erzeugt, erzeugt er – hier folgt de Saussure Spinozas Satz »omnis determinatio negatio est« – zugleich Differenz zu anderen Zeichen: Es ist, formuliert de Saussure in den Notizen zur Semiologie, »der Sprache [langue] wie jedem semiologischen System eigen, daß sie keinen Unterschied zuläßt zwischen dem, was ein Ding unterscheidet, und dem, was es ausmacht (weil die ›Dinge‹, von denen hier die Rede ist, Zeichen sind, die keine andere Aufgabe, kein anderes Wesen haben, als verschieden zu sein)« (Saussure 1997, 405). Jede Zeichenverwendung, die gleichsam zu einem Akt der ›Re-Editierung‹ wird (Saussure 1997, 303), ist insofern ein Akt, der notwendig (semantische) Effekte im System der Zeichen hat, das ausschließlich über Differenzen definiert ist (EC 245, 295; Kap. 4.1 »Absoluter und differenzieller Wert«, Kap. 4.2 »Sprache«). Da zudem die Identitätsbestimmung des Zeichens im Gebrauch durch keine Bedingungen determiniert wird, die der Semiosis transzendent sind, wie es etwa eine präsprachliche Welt von Dingen oder Begriffen wäre[121], ist jeder Zeichenaustausch im Diskurs, jeder Versuch, einem anderen Individuum etwas zu ›bedeuten‹ (Saussure 1997, 416), ein Ort potenzieller Veränderungen des Systems, das so, wie de Saussure in den *Notes item* formuliert, gleichsam ausgespannt bleibt zwischen »parasemischer Schöpfung« und »parasemischer Erhaltung« (Saussure 1997, 363; Kap. 5.2). Die Identität des Zeichens wird so zu dem iterativen Ergebnis einer unabschließbaren Semiose, eines Verfahrens semiologischer Differenzbildung, in dem sich die Zeichen-Identitäten »aus dem komplizierten Spiel und dem abschließenden Gleichgewicht« (Saussure 2003a, 99, 131) des Sprachsystems ergeben, wobei die jeweiligen Einpendelungen des Gleichgewichts höchst fragil bleiben: »In jedes existierende Zeichen geht also in jedem Augenblick ein bestimmter Wert ein [...], der immer nur aufgrund der Gesamtheit der Zeichen bestimmt ist, die zum selben Zeitpunkt vorkommen oder eben nicht vorkommen; und da sich die Anzahl und der reziproke sowie relative Aspekt dieser Zeichen von einem Moment zum anderen auf unendlich vielfältige Weise ändern, wird sich das Ergebnis dieser Aktivität im Hinblick auf jedes Zeichen und im Hinblick auf die Gesamtheit ebenfalls von einem Moment zum anderen auf unberechenbare Weise ändern.« (Saussure 2003a, 157) Die Identität des Zeichens, sein Wert, der durch seine Verwendung im Diskurs stabilisiert oder transformiert wird, hängt also in jedem Augenblick von seiner parasemischen Umgebung ab, die »sich schlicht und von Minute zu Minute aus dem ergibt, was um ihn [den Wert] herum existiert« (Saussure 2003a, 133).

Die am Ende des vorhergehenden Abschnitts gestellte Frage, worin der semiologische Motor besteht, der die ›großartige Maschine negativer Kategorien‹ bei ihrem Geschäft antreibt, Zeichen, d.h. ›Sème‹ als ›Werte‹ bzw. als ›Parasème‹ hervorzubringen und sie als bedeutsame Zeichen zu konstituieren, lässt sich nun folgendermaßen beantworten: Es ist der Zeichengebrauch im diskursiven Austausch der Sprecher einer Sprache, die versuchen, über die Verwendung von Zeichen, »einander etwas zu bedeuten« (Saussure 1997, 416). Zeichensysteme haben eine *kommunikative* Funktion, aus der sich zugleich *kognitive* Wirkungen ergeben. Sie sind »dafür geschaffen, sich zwischen mehreren oder vielen zu verständigen« (Saussure 2003a, 173), und sie können im Zuge dieses diskursiven Austauschs Veränderungen »im sprachlichen Bereich des Denkens« (Saussure 2003a, 106) hervorrufen, indem sie zur Verschiebung von ›Werten‹ beitragen. Durch den Gebrauch wird das Zeichen in »die Zirkulation hineingeworfen«, d.h. »in die soziale Masse eingetaucht, die jeden Augenblick seinen Wert neu festlegt« (Saussure 1997, 419). In den ›Notes‹ zu den germanischen Legenden heißt es: »Die Identität eines Symbols kann immer erst ab dem Moment bestimmt werden, wo es Symbol ist, d.h. wo es in die soziale Masse eingespeist wurde [versé dans la masse sociale], die in jedem Augenblick seinen Wert [valeur] festlegt.« (Saussure 2003, 367) In der Tat hat, so de Saussure, »jede Art von Wert [...] ihre Grundlage allein in der sozialen Umgebung und in der sozialen Kraft. Es ist die Gemeinschaft, die den Wert hervorbringt, er existiert nicht *vor* ihr und nicht *außerhalb* von ihr [...].« (Saussure 2003a, 174) Er existiert »tatsächlich nur durch die Anerkennung [sanction], die ihm immer wieder durch diejenigen zuteil wird, die [ihn] verwenden« (Saussure 2003a, 151). Kategorisch erklärt de Saussure: »Nur das Zeichensystem, das etwas Kollektives geworden ist, verdient den Namen eines Zeichensystems, *ist* ein Zeichensystem.« Es ist für seinen Gebrauch in der sozialen Gemeinschaft prädestiniert »wie das Schiff für das Meer«. Es kann, wie de Saussure kategorisch erklärt, »nur jener Teil der Phänomene als semiologisch an[erkannt werden], der charakteristisch als ein soziales Produkt erscheint«. Die Sozialität des Zeichensystems ist deshalb »eines seiner *inneren* Elemente und nicht seiner *äußeren*, das ist unsere Auffassung [point de vue]« (Saussure 2003a, 173 f.).

Es lässt sich also resümieren: Der sozio-historisch induzierte »Wirbel der Zeichen« (Saussure 1997, 355), den die kulturellen Diskurswelten erzeugen, hält die Parasemien in ihren fragilen synchronischen Gleichgewichtszuständen unaufhörlich in Bewegung und hält sie offen für eine ständige Neu-Äquilibrierung. Da es, wie wir oben gesehen haben, Quellen möglichen Sinnes, einen transzendenten Grund begrifflicher Ordnung jenseits der Semiose nicht gibt, wird diese selbst als der Raum performativer Diskursivität zu dem Ort, an dem die Bedeutungskonstitution in ihr unabschließbares Spiel gerät. Dies ist die Pointe der Saussure'schen *Arbitrarität*s-Auffassung. Die Programme der semiotischen Tradition hingegen, die de Saussure mit seiner semiologischen Sprachidee vollständig dekonstruiert, sind, wie er dezidiert feststellt, völlig ungeeignet, sich einen angemessenen Begriff von den Bedingungen zu machen, unter denen »die Sprache [langue] in ihr semiologisches Leben [tritt]« (Saussure 1997, 501): »Kein moderner oder alter Psychologe hat, wenn er auf die Sprache [langue] anspielt oder wenn er sie als Vehikel des Denkens betrachtet, auch nur einen Moment lang irgendeine Vorstellung ihrer Gesetze gehabt. Alle ohne Ausnahme stellen sich die Sprache [langue] als eine fixe Form vor, und alle, auch ohne Ausnahme, als eine konventionelle Form. Sie bewegen sich, ganz selbstverständlich, in dem, was ich die horizontale Tranche der Sprache [langue] nenne, aber ohne die geringste Vorstellung des soziohistorischen Phänomens, das den Wirbel der Zeichen in der vertikalen Säule nach sich zieht und das es dann verbietet, daraus eine fixe Sprache [langage] oder eine konventionelle Sprache [langage] zu machen, da es das Resultat der unaufhörlichen sozialen Wirkung ist [...].« (Saussure 1997, 355 f.)

V. Die Saussure'sche Sprachidee und der *Cours de linguistique générale*

Wilhelm Streitbergs Prognose, als Verfasser des *Mémoire* werde de Saussure im Gedächtnis der Nachwelt leben (Streitberg 1915, 101), hat sich bekanntlich nicht erfüllt. De Saussures posthumer Ruhm beruht weder auf den brillanten komparatistischen Arbeiten seiner Leipziger und Pariser Zeit noch auf den fragmentarisch-aphoristischen Texten des ersten Genfer Jahrzehnts, die insbesondere dank der grundlegenden editorischen Arbeiten von Robert Godel und Rudolf Engler seit etwa fünfzig Jahren zugänglich geworden sind. Sein Ruhm beruht überhaupt nicht auf Arbeiten, deren Autor er ist. Er verdankt sich einem Buch, den *Grundfragen der allgemeinen Sprachwissenschaft*, das ihn unberechtigterweise als Autor ausweist und dessen wirkliche »Verfasser« (Engler 1987) die Genfer Sprachwissenschaftler Albert Sechehaye und Charles Bally sind, die sich selbst freilich nur als dessen Herausgeber verstanden. Der 1916 in erster Auflage in Genf erschienene *Cours de linguistique générale* ist also kein Buch de Saussures, auch wenn ihm einige Vorlesungsmitschriften zugrunde liegen, die Zuhörer seiner Vorlesungen (zu denen Sechehaye und Bally *nicht* gehörten) zwischen 1907 und 1911 angefertigt hatten. Er ist ein Buch, dessen Realisierung de Saussure aus zumindest zwei Gründen abgelehnt hätte: einmal weil er der Ansicht war, dass seine Vorlesungen zur allgemeinen Sprachwissenschaft aufgrund ihrer didaktischen Natur notwendig hinter dem Komplexitätsgrad seiner aphoristischen Überlegungen aus den 1890er Jahren zurückbleiben mussten, und zum zweiten, weil er überzeugt davon war, dass seine Reflexionen zu den Problemen einer allgemeinen Sprach- und Zeichentheorie ihre ›definitive Form‹ noch nicht gefunden hatten. Seinem Schüler Albert Riedlinger beschied er 1909 mit Blick auf eine geplante ›philosophische Vorlesung über Sprachwissenschaft‹: »Was ein Buch über dieses Thema betrifft, so ist nicht daran zu denken: Es muß [...] das endgultige Denken [la pensée définitive] seines Autors wiedergeben.« (Saussure 1997, 524) Leider haben Sechehaye und Bally versucht, dem Denken de Saussures gegen dessen Willen eine definitive Form zu geben – in einem Buch, dem de Saussure, wenn es ihm vergönnt gewesen wäre, es zu beurteilen, in dieser Form auch deshalb nicht hätte zustimmen können, weil er in vielen zentralen theoretischen Positionen andere Auffassungen vertrat. Bevor wir nun im Folgenden die Einsprüche näher betrachten, die de Saussure ohne Zweifel gegen den *Cours* und die ›Lehre‹ erhoben haben würde, die seinen Namen trägt, scheint es geboten, einen Blick auf die Entstehungsumstände dieses Buchs zu werfen, das am Anfang einer überaus eindrucksvollen Wirkungsgeschichte steht, einer Wirkungsgeschichte freilich, in deren Verlauf sich der Strukturalismus in einer durchaus selektiven Lektüre (Jäger 1977, 301 f.; 1984, 25 f.) seiner »Gründungsurkunde« (Leroy 1967, 61; Lyons 1971, 39; Helbig 1973, 42) jenen de Saussure konstruiert hat, auf den er sich als seine Gründungsfigur berief.

5.1 Der *Cours* und seine Herausgeber-Autoren

Daran, dass der *Cours* das definitive Denken de Saussures nicht angemessen wiedergibt, kann, wie ich glaube, kein Zweifel mehr bestehen. In jüngeren Arbeiten bezeichnet selbst Rudolf Engler die *Cours*-Editoren, als »*author*-editors« (Engler 2004, 47), nachdem er zunächst hinsichtlich meiner Zweifel, »ob Bally und Sechehaye das richtige Verständnis für Saussure hatten«, festgestellt hatte, die Diskussion zu dieser Frage werde lang und schwierig sein (Engler 1987, 152). Sicherlich kann man Sechehaye und Bally, die nicht nur an den Vorlesungen nicht selber teilgenommen hatten, sondern die auch die Realisation eines alternativen Editionsprojektes von Vorlesungszuhörern verhinderten (vgl. Kap. 2.3), zugestehen, dass sie durchaus die redliche Absicht hatten, die de Saussure'schen Vorlesungen zur allgemeinen Sprachwissenschaft angemessen, d.h., wie sie selber formulieren, »vollkommen objektiv« (BSL VII f.) darzubieten. Allerdings haben sie editorische Entscheidungen getroffen, mit denen die Grenze zwischen der Herausgeber- und der Autorrolle so nachhaltig überschritten wurde, dass von einer ›objektiven‹ oder ›treuen‹ (Meillet 1916, 33; Wunderli 1981, 12; hierzu Jäger 1975, 25) Wiedergabe der Saussure'schen Intentionen im *Cours* nicht mehr gesprochen werden kann.

Die schwerwiegendste dieser Entscheidungen war sicher die, die Vorlesungen nicht in ihrer eigenen Chronologie darzubieten, sondern stattdessen die (im Übrigen nicht vollständig herangezogenen) Schülermitschriften (Engler 2004, 51) als Materialien für eine *eigene Systematik* zu nutzen. Noch Englers kritische Ausgabe des *Cours* folgt in der Anordnung der Quellen dieser Systematik. Sechehaye glaubte offenbar, die »wenigen Dokumente [...], die den Herausgebern zur Verfügung standen«, seien nur durch einen von außen an das Material heranzutragenden, »systematischen Plan« strukturierbar (Sechehaye 1927, 219, 234). In der Einleitung des *Cours* schreiben die ›Herausgeber‹: »Es galt, Punkt für Punkt jedem einzelnen Gedanken auf den Grund zu gehen und zu versuchen, ihn vom Gesichtspunkt des ganzen Systems aus in seiner endgültigen Form zu sehen und von den Abwandlungen und Schwankungen zu befreien, die sich beim mündlichen Vortrag ergeben.« (BSL VII f.) Dieser »Gesichtspunkt des

Systems«, der »einen organischen Zusammenhang« erzeugen und »zum Eindruck eines in sich geschlossene[n] Ganzen beitragen« sollte (BSL X), strukturierte freilich den *Cours* nicht nur, sondern er gab ihm in zentralen Teilen eine theoretische Gestalt, in der sich die eigene Logik des Saussure'schen Denkens kaum noch finden lässt. Für diesen auf das Vorlesungsmaterial projizierten Systemrahmen war weitgehend Sechehaye verantwortlich (Godel 1957, 97; Engler 1987, 156; 2004, 52), der sich auch später als Theoretiker der ›Genfer Schule‹ verstand (Scherer 1980, 57). In einem programmatischen Artikel von 1927 zur Genfer Schule rühmt sich Sechehaye (wobei er sich mit de Saussure vergleicht) ob seiner »Vorliebe für Organisation und System«. Diese Vorliebe, so stellte er fest, füge er der *mit de Saussure geteilten* Neigung »zu großen Abstraktionen und zu jenen Ausblicken des Geistes [...], die Tatsachen zu übersteigen und zu beherrschen«, *hinzu* (Sechehaye 1927, 234). Wie seine Selbsteinschätzung unschwer zeigt, glaubte Sechehaye offenbar nicht nur, einen ihm in den Vorlesungen de Saussures bemerklichen Mangel an systematischer Ordnung beheben zu sollen, sondern er war auch überzeugt, hierfür in besonderer Weise ausgewiesen zu sein. Tatsächlich hat Sechehaye im *Cours* einen ›verbesserten‹ de Saussure entworfen, von dem er offenbar dachte, er könne durch die Hinzufügung seiner eigenen ›systematischen Fähigkeiten‹ dessen ›unsystematische‹ intellektuelle Physiognomie optimieren und sie von »Abwandlungen und Schwankungen« befreien. Sechehaye hielt sich offenbar für die Hefe, die den noch unfertigen Gedankenteig de Saussures aufgehen und zur Reife kommen lassen würde.

Freilich waren Sechehayes Selbstgewissheit und seine Erwartung, er könne de Saussure besser verstehen als dieser sich selbst, vor allem deshalb fehlgeleitet, weil sein systematischer Plan dem Denken de Saussures in grundlegender Weise nicht gerecht wurde. Dass er gemeinsam mit Bally von dieser Systemidee ausgehend »jedem einzelnen Gedanken [de Saussures] auf den Grund« gehen wollte, hieß deshalb faktisch, dass viele dieser Gedanken in einen de Saussure eher fremden Systemrahmen eingeschrieben wurden, einen Systemrahmen, in dem sie sich in etwas verwandelten, was allzu oft der Autorschaft de Saussures in irgendeiner rechtfertigbaren Weise nicht mehr zugeschrieben werden kann. Weil Sechehayes eigenes Denken, wie es sich etwa in seinem 1908 publizierten Buch *Programme et méthode de la linguistique générale* (Sechehaye 1908) artikulierte, durch die stillschweigende Übernahme der Grundannahmen eines neuen wissenschaftlichen Selbstverständnisses bestimmt war, das sich am Beginn des 20. Jahrhunderts als Reaktion auf den Positivismus der Sprachwissenschaft des auslaufenden 19. Jahrhunderts herauszubilden begann, infiltrierte dieses neue Denken – ohne dass sich die Herausgeber dessen bewusst gewesen sein müssen – den Text des *Cours* und später auch seine Rezeption. Die Abkehr von der induktiven Forschungslogik des linguistischen Positivismus im ausgehenden 19. Jahrhundert und die Hinwendung zu einer eher hypothetisch deduktiven Logik der Forschung (Jäger 1976, 216 ff.; 1977, 29 ff., 43 ff.) bestimmte vor allem Sechehayes wissenschaftstheoretischen Horizont und schrieb sich zugleich in die Textfassung der Vorlesungen ein. Die ›Herausgeber‹ reformulierten deshalb die von de Saussure in seinen Vorlesungen vorgetragenen Ideen im Geiste eines *konventionalistischen Strukturalismus*, der mit de Saussures Entwurf einer allgemeinen Sprach- und Zeichentheorie weithin inkompatibel ist. So sehr auch de Saussure den junggrammatischen Positivismus und das ihm zugrunde liegende induktionistische Forschungsprogramm kritisiert (Kap. 3.2 und 4.1), so wenig lässt sich seine Positivismuskritik auf das Wissenschaftsprogramm abbilden, das den sich herausbildenden Strukturalismus und auch das Denken Sechehayes kennzeichnete (Kap. 5.2).

Die Absicht der ›Herausgeber‹, dem in den Vorlesungen vorgetragenen – und von ihnen als ›schwankend‹ und ›unfertig‹ empfundenen – Denken de Saussures eine diesem fremde ›systematische‹ und ›endgültige‹ Form zu geben, gewann durch eine zweite Entscheidung zusätzliche Brisanz, durch ihre Entscheidung nämlich, bei der ›Anordnung‹ des Mitschriftenmaterials weitgehend auf die *Notes* als Quelle des Saussure'schen Denkens zu verzichten. Obgleich das Vorwort des *Cours* die Absicht bekundet, *alle* zur Verfügung stehenden Saussure'schen Textmaterialien »einschließlich der eigenen Notizen [Saussures]« (BSL VII) heranzuziehen, sind Sechehaye und Bally dieser Selbstverpflichtung nicht wirklich nachgekommen. Offenbar haben sie die Bedeutung der nicht unmittelbar auf die Vorlesungen bezogenen *Notes* nicht erkannt oder nicht erkennen wollen. Als Robert Godel 1954 einen ersten Teil handschriftlicher Notizen de Saussures in den Auszügen publizierte, die Albert Sechehaye während der Editionsarbeit am *Cours* von ihnen gemacht hatte (Godel 1954, 49-71), stellte er sich in einer Vorbemerkung die Frage, ob Bally und Sechehaye eine solche Edition gebilligt hätten – und er gab sich auch gleich selbst die Antwort: »Wir zweifeln daran.« (Godel 1954, 49) Die Zweifel Godels sind berechtigt, denn in der Tat hielten die ›Herausgeber‹ der Saussure'schen Vorlesungen sehr wenig von den, wie sie sie nannten, ›ziemlich alten Entwürfen‹ von de Saussures eigener Hand (BSL VIII), von denen sie, wie Godel formulierte, annahmen, dass »Saussure eher vergessen habe, sie zu vernichten, als daß er sie für wert befunden hätte, aufbewahrt zu werden« (Godel 1954, 49). Dass Sechehaye und Bally diese Notizen, die sie (wie handschriftliche Anmerkungen auf den Blättern ausweisen) mit Sicherheit gelesen haben (Engler, Vorwort EC(N); Godel 1960, 6), bei der Edition des *Cours* weithin ignorierten, deutet m. E. auf gewichtigere Ursachen hi- als die von Engler und Godel vermuteten: Engler etwa nimmt an, die Herausgeber hätten die Theoriefragmente de Saussures zu schnell geprüft und so in ihnen keine direkten Vorarbeiten zu den Vorlesungen über allgemeine Sprachwissenschaft erkannt (Engler, Vorwort EC(N)), und Godel meint, die Herausgeber hätten die *Notes inédites* deshalb nicht beachtet, weil sie vielleicht davon entmutigt worden seien, dass es sich hier um Fragmente handelte, die sich jeder chronologischen Klassifizierung entzögen (Godel 1960, 5). Diese beiden Mutmaßungen bedeutender Repräsentanten der Genfer Schule lassen, wie mir scheint, den Umstand unberücksichtigt, dass sich im Ausklammern der Saussure-Notizen eine gleichsam therapeutische Einstellung Sechehayes und Ballys zu dem insgesamt fragmentarisch gebliebenen sprach- und zeichentheoretischen Denken de Saussures zeigt: Beide waren überzeugt davon, dass es einer »Wiederherstellung«, einer »Nachschaffung« (BSL IX) bedürftig sei, und sie betrachteten deshalb die ihnen zur Verfügung stehenden Vorlesungsmitschriften und *Notes* lediglich als operatives Material, dem sie paradoxerweise umso weniger Beachtung geschenkt zu haben scheinen, je mehr sich in ihm die Autorschaft de Saussures selbst zur Geltung brachte. Sie griffen deshalb »vom Gesamtplan bis zum Satzbau« (Engler 1959, 121) inhaltlich und strukturell in das Textkorpus ein, indem sie inhaltlich verschiedene Textstellen ineinander verschachtelten, parallele Quellen verschmolzen, Begriffe änderten und durch Einschübe, Streichungen und Hinzufügungen den originären Zusammenhang von Textpassagen veränderten (Godel 1959, 97 ff.).

Man braucht, wenn man dies konstatiert, nicht zu unterstellen, dass die Herausgeber ihr (re-)konstruktives Interesse in böser Absicht verfolgt oder dass sie gar eine Betrugsintention gehabt hätten.[122] Ihre Integrität steht außer Zweifel. Gleichwohl waren sie sich offenbar der Differenz ihrer eigenen wissenschaftstheoretischen Überzeugungen zu denen de Saussures nicht wirklich bewusst. Insofern hatte ihre editorische Strategie objektiv die Folge, dass sie von Herausgebern zu Autoren mit eigenwilliger Denkintention wurden, zu Autoren, deren eigene intellektuelle Handschrift durch den Text des *Cours* palimpsestartig – freilich deutlich sichtbar – durchscheint. Wie auch immer man also die Absichten Sechehayes und Ballys einschätzt, ob man ihre Fehldeutungen des Saussure'schen Denkens auf mangelnde oder – wie Rudolf Engler jüngst – auf »exzessive Treue« zurückführt (Engler 2004, 51), wird man doch – unabhängig von den wohl kaum erschließbaren persönlichen Intentionen der beiden Saussure-Nachfolger – nicht umhinkommen, zu beklagen, dass sie glaubten, bei der Rekonstruktion des *Cours* völlig auf diese ›ziemlich alten Entwürfe‹ verzichten zu können. Von diesen heißt es, sie seien zwar »gewiß nicht ohne Wert, aber doch nicht ohne weiteres verwendbar und mit dem Gegenstand seiner (Saussures, L.J.) Vorlesungen in Beziehung zu setzen« (BSL VIII). An Bemerkungen wie diesen wird überdeutlich, dass de Saussure, wie wir insbesondere auch im vierten Kapitel gesehen haben, in seinem handschriftlich fragmentarischen Gedankentagebuch eine Idee der Sprache und der Sprachwissenschaft konzipierte, die sich mit dem theoretischen Horizont, der die ›Editionsarbeit‹ Sechehayes und Ballys bestimmte, nicht wirklich in Übereinstimmung bringen lässt – ja, die nicht einmal wirklich das Interesse der ›Herausgeber‹ fand. Eindrücklich illustriert dies eine Anmerkung Sechehayes zu einer Notiz de Saussures, die ohne Zweifel einen zentralen Ort des Saussure'schen Denkens markiert. De Saussure hatte in diesem Textfragment vor der Annahme gewarnt, es existiere in der Linguistik ein theoriefrei gegebener sprachlicher Erkenntnisgegenstand (Kap. 4.1 »Tatsachen und Gesichtspunkte«; 5.2 »Erster Einspruch«): »[...] alles, was wir festzulegen versuchen, ist, daß es falsch ist, in der Linguistik eine einzige Tatsache als in sich selbst definiert anzunehmen. Es gibt also wirklich ein notwendiges Fehlen jedes Ausgangspunktes [...]. Wir erlauben uns, bis zu drei- oder viermal, unter verschiedenen Formen, dem Leser dieselbe Vorstellung vorzulegen, weil es wirklich keinen Ausgangspunkt gibt, der besser als ein anderer angezeigt wäre, die Beweisführung zu begründen.« (Saussure 1997, 297 f.) Zu dieser Notiz bemerkt Sechehaye am Rand auf seinem Exzerpt: »Unbrauchbar« – und weiter: »Hier ein Gesichtspunkt, den unsere Edition gleichsam vollständig wegwischt [efface]« (Matsuzawa 2003, 320). In der Tat wischte Sechehaye hier eine der zentralen theoretischen Überzeugungen de Saussures beiseite und dokumentiert so augenfällig »die Distanz, die Saussure von seinen Schülern trennt« (Matsuzawa 2003, 320). Es ist diese Distanz, die den *Cours* und sein theoretisches Programm in einen unübersehbaren Gegensatz zu dem setzt, was im Verlauf dieses Buches als de Saussures eigenes Denken sichtbar gemacht wurde. Dieser Distanz verdanken wir die fulminante Erfolgsgeschichte des *Cours*, zugleich aber auch die spektakuläre Unbekanntheit de Saussures und seines eigenen Denkens.

5.2 *Notes* gegen *Cours*: Saussures ›Einsprüche‹

Man darf es als eine der ironischen Pointen der Wirkungsgeschichte des *Cours* ansehen, dass gerade jene theoretischen Ideen und begrifflichen Dichotomien, die für das Paradigma des Strukturalismus bestimmend geworden sind, die Kritik de Saussures in einem grundsätzlichen Sinne herausgefordert hätten. »Die fruchtbaren und genialen Anregungen« (Lepschy 1969, 31), durch die de Saussure, wie Martinet formulierte, einen ›tiefen und steten Einfluß‹ auf den Strukturalismus ausgeübt habe (Martinet 1973, 189, 190), hätte sich der Autor der *Notes* und der Genfer Vorlesungen sicher nicht widerstandslos als die seinen zuschreiben lassen. Und das, was nach dem Erscheinen des *Cours* seine ›Lehre‹ genannt wurde, würde in wesentlichen Hinsichten die Billigung de Saussures nicht gefunden haben. Er hätte ohne Zweifel Einspruch gegen sie erhoben. Die oben, im dritten und vierten Kapitel, in ihrer Entstehung und in ihren Umrissen skizzierte Sprachidee de Saussures ist unvereinbar mit einem theoretischen Konzept, in dem das Erkenntnisobjekt Sprache in »einer reduzierenden Askese« (Granger 1973, 219) als »Sprache an und für sich selbst« konzeptualisiert wird, als, wie Piaget kritisch formuliert hatte, »Struktur ohne Genese« (Piaget 1973, 284) oder, so Louis Hjelmslev, als »eine reine Form unabhängig von ihrer sozialen Realisation und ihrer materiellen Manifestation« (Hjelmslev [1942] 1974, 49 f.). De Saussure hätte ohne Zweifel einem solchen ›strukturalistischen Immanentismus‹ (Granger 1973, 214; Scherer 1980, 52) als Modell linguistischer Gegenstandskonstitution nicht zugestimmt (Stetter 1992; 1996). Man muss deshalb nachdrücklich feststellen: Dieser Theorieentwurf etablierte sich zwar in der Rezeptionsgeschichte des *Cours* als de Saussures ›Lehre‹. Er wurde aber tatsächlich maßgeblich durch die ›Genfer Schule‹ in ihrer frühen »doktrinären Phase« (Amacker 1976, 72), durch die ›Prager Schule‹ und die von beiden Schulen bestimmte Frühgeschichte der strukturalistischen Phonologie[123] sowie durch die einflussreiche *Cours*-Lektüre Hjelmslevs und der ›Kopenhagener Schule‹ bestimmt (Scherer 1980, 51 ff.). Er steht freilich bezüglich seiner zentralen Positionen und hinsichtlich seiner theoretischen Grundintention in einem vollkommenen Gegensatz zu jenem Denken de Saussures, das sich bereits in seiner Leipziger und Pariser Zeit, insbesondere aber in dem ersten Genfer Jahrzehnt, entfaltet hatte. Zwar verdankte sich – darauf sollte ausdrücklich hingewiesen werden – die dominante wirkungsgeschichtliche Form, in der der sprachwissenschaftliche Strukturalismus den *Cours* rezipierte, nicht allein der Textgestalt, die die ›Herausgeber‹ den

Saussure'schen Vorlesungen gegeben hatten, sondern auch einer selektiven *Cours*-Lektüre in den strukturalistischen Schulen, die sich auf de Saussure beriefen (Scherer 1980, 45 ff.). Das in der Wirkungsgeschichte des *Cours* so genannte ›revolutionäre‹ Denken de Saussures lässt sich deshalb nicht in allen Passagen des *Cours* tatsächlich aufspüren. Es finden sich hier durchaus auch mehr oder minder ausgeprägte Spuren der von de Saussure in den *Notes* entwickelten Theorie, die im Text des *Cours* nicht gänzlich getilgt sind, lange aber keinerlei Aufmerksamkeit gefunden haben (Jäger 1984, 25). Gleichwohl gibt es doch zu allen wesentlichen Theoriepositionen des Strukturalismus von den ›Herausgebern‹ zu verantwortende textliche ›Anker‹ im *Cours*. Der, wie man ihn nennen könnte, strukturalistische *Kerntheoriebestand* kann sich durchaus zu Recht auf zentrale Aussagen des *Cours* berufen. Insofern muss die strukturalistische Rezeption des *Cours* in erheblichem Maße der Textgestaltungsverantwortung der ›Editoren‹ zugeschrieben werden. Dies um so mehr, als Sechehaye und Bally verschiedentlich als theoretische Nachlassverwalter und »Gralshüter« (Scherer 1980, 55), besser noch: als verdeckte Selbstexegeten in die Rezeption ihrer ›Edition‹ eingriffen haben (Jäger 1976, 216 ff.). Sie sanktionierten so (aus der beanspruchten intimen Genfer Nähe zum Saussure'schen Denken) eine ›strukturalistisch-immanentistische‹ Wahrnehmung des *Cours*, die sich dann als »die Saussure'sche Lehre« fest in der Fachgeschichte der Sprachwissenschaft etablieren sollte.[124]

Es stellt aus den skizzierten Gründen ohne Zweifel ein Gedankenexperiment von beträchtlichem Reiz dar, sich den zeichentheoretischen und sprachphilosophischen de Saussure der *Notes* gleichsam als Rezensenten des *Cours* vorzustellen und auf diese Weise den Autor eines aphoristischen, aber unpublizierten Gedankentagebuches mit einem gleichnamigen Autor edierter, freilich von ihm nicht geschriebener Texte in ein Gespräch zu bringen. Ein solches Gespräch wäre dann weniger der Dialog eines widersprüchlichen Autors mit sich selbst (Wüest 1990, 325, 336) als vielmehr der theoretisch grundsätzliche Einspruch eines Namensgebers gegen das sprachwissenschaftliche Paradigma, das sich illegitimerweise auf ihn als auf seinen Begründer beruft und dessen unnachsichtiger Kritiker er als Rezensent ohne Zweifel geworden wäre.

Erster Einspruch: Gesichtspunkt und Gegenstand

Der erste und vielleicht der grundlegendste Einspruch, den de Saussure gegen die Denkintention des *Cours* erhoben hätte, beträfe den wirkungsmächtigen Lösungsvorschlag des *Cours* auf einem Problemfeld, das für die Abwendung der strukturalistischen Linguistik von der historisch vergleichenden Sprachwissenschaft des auslaufenden 19. Jahrhunderts von zentraler Bedeutung war: das Problemfeld der linguistischen *Gegenstandskonstitution*. Verhandelt wurden hier im Horizont eines allgemeinen erkenntnistheoretischen Paradigmenwechsels vom Induktionismus zum Konventionalismus (Schnädelbach 1971; 1972) vor allem zwei Fragen: Einmal die Frage, ob der Gegenstand linguistischer Erkenntnis in *theoriefreier* Beobachtung *gegeben* sei, wie dies etwa die Junggrammatiker postuliert hatten, oder ob sich ein Erkenntnisobjekt »Sprache« erst im Lichte bestimmter theoretischer *Vorannahmen* als Gegenstand konstituieren lasse; und zum zweiten die Frage, ob diese Gesichtspunkte (wenn man annimmt, dass es theoretische Gesichtspunkte sind), durch die der Erkenntnisgegenstand Sprache konstituiert wird, durch die ›Natur‹ des Erkenntnisobjekts bestimmt sein müssten oder *frei wählbar* seien. Der sprachwissenschaftliche Strukturalismus beantwortete diese beiden Fragen im Wesentlichen wie folgt:

(1) Zunächst bestand für ihn kein Zweifel daran, dass Objekte der einzelwissenschaftlichen Erkenntnis, also auch die Sprache, in unmittelbarer Beobachtung als Objekte *nicht* gegeben sind, dass also theoretische *Vorannahmen* notwendig sind, um einen einzelwissenschaftlichen Erkenntnisgegenstand *als* Gegenstand zu konstituieren. Das strukturalistische Denken partizipierte hier an dem kritischen Einwand, den der erkenntnistheoretische Konventionalismus gegenüber dem älteren Positivismus und dessen Idee der Begründbarkeit von Erkenntnis durch unmittelbare Erfahrung vorgebracht hatte: Diese Idee, konstatierte Popper, »ist unkritisch, sie bemerkt nicht, daß sie Festsetzungen macht, wo sie Erkenntnisse vermutet« (Popper 1973, 25). Bröndal etwa, einer der Repräsentanten der Kopenhagener Schule, hielt der induktiven Methode des Fortschreitens vom Besonderen zum Allgemeinen kritisch entgegen, dass Induktion im Grunde nichts weiter sei »als verschleierte Deduktion« und dass es deshalb unabdingbar sei, »als spezifisches Objekt einer gegebenen Wissenschaft hinter den reinen Beziehungen, die man zwischen den Beobachtungen konstatiert, eine Wirklichkeit zu unterstellen« (Bröndal 1939, 4). Und Sechehaye formulierte, die Analyse der Sprache sei »keine Sache der Beobachtung, sondern des Verstandes, der vermittels der Analyse die Komplexität des Gegenstandes beherrscht und so der Konfusion entgeht, die die unausweichliche Konsequenz der Beobachtung wäre« (Sechehaye 1927, 221).

(2) Dieser Kritik des positivistischen Glaubens an die Begründbarkeit von Erkenntnis durch unmittelbar gegebene Erfahrungsdaten fügt nun das strukturalistische Denken in seiner Antwort auf die zweite Frage eine weitere Hypothese hinzu, die ebenfalls dem Denkraum der konventionalistischen Erkenntnistheorie entstammt: Solange die Daten – so das konventionalistische Credo – »als gegeben angesehen werden, erscheinen sie als der verfügen-

den Willkür entzogene reine Objektivität; werden sie aber als Gesetztsein erkannt, dann ist nicht einzusehen, warum das theoretische Bewußtsein sie nicht auch selbst zu setzen vermöchte« (Schnädelbach 1972, 576). Eben dies ist der Schluss, den auch der sprachwissenschaftliche Strukturalismus zieht: für ihn ist evidentermaßen klar, dass sprachliche Daten, da sie in unmittelbarer Beobachtung nicht *gegeben* sind, im Rahmen frei *gewählter* Hypothesen konstituiert werden müssen. Gegenstandskonstitutive Vorannahmen sind *frei* setzbar, ja sie *müssen* frei gesetzt werden, weil sie »aus der Natur der Sache« nicht hergeleitet werden können: »die Übernahme einer strukturalistischen Methode [ist] nicht durch das zu erforschende Objekt geboten [...], sondern [sie wird] vom Forscher willkürlich gewählt [...].« (Hjelmslev 1973, 256, 257) Wir vermögen, wie Benveniste später formuliert, die »objektive Realität« des Erkenntnisgegenstandes nur zu erfassen »vermittels eines bestimmten theoretischen Gesichtspunktes, den es vorgängig zu bestimmen gilt« (Benveniste [1963] 1966, 38).

Für beide Antworten, in denen sich die epistemologische Grundüberzeugung des strukturalistischen Paradigmas artikuliert, wird in der Regel ein Satz des *Cours* als theoretische Referenz herangezogen. Er lautet: »Man kann nicht einmal sagen, daß der Gegenstand früher vorhanden sei als der Gesichtspunkt, aus dem man ihn betrachtet; vielmehr ist es der Gesichtspunkt, der das Objekt erschafft.« (BSL 9; BS 223; EC 515) Die in dieser programmatischen Formulierung enthaltene Verhältnisbestimmung von Gesichtspunkt und Gegenstand wird in der neueren Sprachwissenschaft seit dem Erscheinen des *Cours* weithin als Legitimation für die (in freier Wahl vollzogene) Etablierung des »strukturalen Gesichtspunkts« (Hjelmslev 1973, 251) und des hiermit verbundenen ›strukturalistischen Immanentismus‹ aufgefasst. Weil sprachliche Daten, so lautet das Argument, nicht in theoriefreier Beobachtung gegeben sind, müssen sie aus einer Strukturperspektive in den Blick genommen werden, durch die allein sie sich als Sprachdaten theoretisch konsistent konstituieren lassen.

De Saussures grundsätzlicher Einwand würde nun vor allem durch die strukturalistische Antwort auf die zweite Frage herausgefordert: durch die These also von der *freien Wählbarkeit* des gegenstandskonstitutiven Gesichtspunktes. Gegen die Antwort auf die erste Frage, also gegen die Kritik der ›atomistisch-isolierenden Methode‹ und das Postulat der prinzipiellen *Theoriegeleitetheit der Erfahrung* hätte er dagegen keinerlei Einwendung erhoben. Niemand hat ja, wie wir oben gesehen haben (Kap. 4.1), nachdrücklicher als er den junggrammatischen Versuch, die linguistische Erkenntnis auf der Basis unmittelbarer Perzeption sprachlicher Daten zu begründen, als eine ›tiefsitzende Illusion‹ durchschaut und gezeigt, dass bereits bei der vorgeblich unmittelbaren, passiv-perzeptiven Beobachtung von isolierten Sprachdaten aktiv-vermittelnde Leistungen des Verstandes, nämlich sogenannte »Identitätsurteile« (Saussure 2003b, 298; Kap. 4.1 »Identität – Differenz – Synchronismus«; 5.3 »Heikle Punkte«), in Anspruch genommen werden müssen. Auch für de Saussure lässt sich also – und hier kann er durchaus als Bürge des strukturalistischen Arguments dienen – die Identität von sprachlichen Entitäten nur im Lichte von kategorialem Wissen und nicht unmittelbar ›beobachten‹. De Saussure antizipierte hier bereits am Ende des 19. Jahrhunderts eine epistemologische Kritik des Positivismus, die sich im allgemeinen erkenntnistheoretischen Klima erst im Zuge des anhebenden 20. Jahrhunderts zu artikulieren begann und in Poppers *Logik der Forschung* (Popper [1934] 1973) zu sich selbst kam.

Allerdings, und hierin liegt die grundlegende Differenz zwischen dem de Saussure der *Notes* und dem de Saussure des *Cours*, sind für den Ersteren die linguistischen Identitätsurteile nicht als vom Forscher willkürlich wählbare Urteile *über* die Daten denkbar. Die Identitätsurteile des Forschers weisen den Daten nicht erst nachträglich eine Identität zu, die sie unabhängig hiervon nicht hätten. Vielmehr handelt es sich bei diesen Identitätshypothesen um gleichsam *sekundäre* Urteile, um, wie Alfred Schütz formuliert hatte, »wissenschaftliche Konstruktionen zweiten Grades« (Schütz 1962, 5 f.), die der *primären*, vortheoretischen Identität sprachlicher Daten angemessen sein müssen. Es ist eben dieser Ausdruck »sekundär«, den die ›Herausgeber‹ im Text des *Cours* gegenüber dem herangezogenen Quellentext gelöscht und so eine konventionalistische Lesart nahegelegt haben. In den *Notes* heißt es nämlich: »In der Linguistik haben wir es jedoch mit vorgängigen Gesichtspunkten zu tun – mögen diese richtig oder falsch sein –, einzig und allein mit Gesichtspunkten, mit deren Hilfe man die Dinge *sekundär* ERSCHAFFT. Diese Schöpfungen stimmen mit den sprachlichen Realitäten überein, wenn der theoretische Ausgangspunkt richtig ist. Und sie tun dies nicht im gegenteiligen Falle.« (EC 26; N 9.2, 131) Die theoretischen, linguistischen Identitätsurteile müssen also die vortheoretischen, sprachlichen Identitätsurteile kompetenter Sprecher rekonstruieren. Das Richtmaß für die Identitätsurteile des Linguisten ist, wie de Saussure nach dem Notat Albert Riedlingers in der zweiten Vorlesung formuliert, »die Perspektive der sprechenden Subjekte« (EC 200, 1503, 1504). Das sprachliche Wissen, das dem Gebrauch der Sprecher zugrunde liegt, ist die entscheidende Instanz für die Identitätsbestimmung sprachlicher Entitäten (Kap. 4.1). Identität lässt sich also in der Tat – hier stimmt de Saussure mit seiner strukturalistischen Rezeption überein – nicht unmittelbar an der sinnlichen Oberfläche der Sprachdaten beobachten. Sie ist aber auch nicht durch den Sprachtheoretiker willkürlich bestimmbar. Vielmehr muss sie in einer »theoretischen Anstrengung« (EC 235, 1710) aus den sprachlichen Identitätsurteilen kompetenter Sprecher rekonstruiert werden. Im Gebrauch der Sprecher einer Sprache findet die theoretische Willkür des Linguisten ihre Grenze, weil nämlich »das Band, das man zwischen den Dingen herstellt, in diesem Bereich schon früher existiert *als die Dinge selbst* und [...] dazu dient, sie zu bestimmen« (Saussure 1997, 300).

Zweiter Einspruch: Form und Substanz

De Saussures erster Einspruch gegen eine konventionalistische Deutung des Verhältnisses von Gesichtspunkt und Gegenstand hat nun unmittelbar einen zweiten Einspruch zur Konsequenz, der sich auf die immanentistische Folgerung bezieht, die das strukturalistische Denken aus dem Postulat der freien Wählbarkeit gegenstandskonstitutiver theoretischer Hypothesen abgeleitet hatte, die Folgerung nämlich, die Sprache sei, so Sechehaye, von der Sprachwissenschaft allein »in ihrer abstrakten Form« (Sechehaye 1908a, 171), d.h. als dematerialisierte »Form ohne Substanz« (Sechehaye 1927, 22; 1930, 341) in den Blick zu nehmen – oder, wie Hjelmslev formuliert hatte, »als reine Form, unabhängig von ihrer sozialen Realisation und ihrer materiellen Manifestation« (Hjelmslev [1942] 1974, 49 f.); und natürlich auch unabhängig von ihrer Historizität. Auch dieses immanentistische Programm des Strukturalismus kann sich auf zwei grundlegende Formulierungen des *Cours* stützen: »Die Sprache an und für sich selbst betrachtet ist der einzige wirkliche Gegenstand der Sprachwissenschaft« (BSL 279; BS 317) sowie auf die diese Maxime gleichsam ausfaltende kategorische Feststellung: »Die Sprache ist eine Form und nicht ein Substanz.« (BSL 146; BS 169)

De Saussures Einwand gegen dieses Programm, das sich aus den Quellen des *Cours* nicht rechtfertigen lässt, liegt nun auf der Hand: Denn wenn ein gegenstandskonstitutiver theoretischer Gesichtspunkt gerade nicht frei, im Sinne einer »Ausgangshypothese« gewählt werden darf, die von dem zu erforschenden Objekt unabhängig ist, sondern im Gegenteil »vom Objekt selbst, mit innerer und klarer Notwendigkeit« gerechtfertigt sein muss (EC(N) 26; N 11, 3298, 3), so kann von der historischen und der sozialen Dimension der Sprache nicht idealisierend abstrahiert werden. Tatsächlich stammt ja nun auch, wie wir bereits gesehen haben, der für den strukturalistischen Immanentismus zentrale Schlusssatz des *Cours* nicht von de Saussure, sondern von Bally und Sechehaye, die sich mit diesem Texteingriff zu Recht den Tadel De Mauros zugezogen haben, er sei »das Siegel einer editorischen Manipulation der Saussureschen Quellen«, die zum Teil »für die exklusivistische Attitüde des Strukturalismus« verantwortlich sei (vgl. De Mauro 1972, 476, Anm. 305). Auch hier werden die ›Herausgeber‹ des *Cours* der Saussure'schen Denkintention nicht im Ansatz gerecht: De Saussure hatte keineswegs die Absicht, die Sprache (»langue«) im Sinne einer von ihrer Historizität und Diskursivität gesäuberten *Sprache an und für sich selbst* zum Objekt der Sprachtheorie zu machen. Vielmehr fokussiert seine Gegenstandsbestimmung die Sprache im Sinne jener universellen, sozio-historischen semiologischen Prinzipien, durch die alle Einzelsprachen »wesentlich bestimmt sind« und die, so de Saussure, »die Idee der Sprache« ausmachen (EC 515; N 1.1, 3281; Kap. 3.2 »Induktion und Divination«). Insofern sind die in den Kapiteln 4.1 und 4.2 diskutierten Eigenschaften der Sprache universale Struktureigenschaften, die der Sprache im Sinne einer allgemeinen Sprachidee zugerechnet werden müssen (Jäger 1977, 308 ff.; 1978, 23 ff.). De Saussure bezieht also, im thematischen Kontext der Gegenstands- und Aufgabenbestimmung der Linguistik, den Terminus Sprache (»langue«) *nicht*, wie die ›Editoren‹ des *Cours* nahelegen (BSL 11; EC 30, 154; hierzu Godel 1957, 98 f.), auf Sprache *qua synchronisches System*, sondern er rekonstruiert unter dem Begriff der Sprache die, wie Émile

Constantin in der dritten Vorlesung notiert, »Bedingungen jeder Sprache schlechthin« (EC 167, 1259), wie sie »für jede bestimmte Sprache wahr sind« (EC 158, 1171). *Sprache* interessiert hier allein als Verfahren der *Zeichenkonstitution* einschließlich der historischen und systematischen Verfahrensbedingungen. Unter dieser begrifflichen Perspektive ist die Sprache wesentlich nichts anderes »als die Vereinigung des Lautes, des Lautbildes und der Idee« (EC 43, 261). Und es ist diese Vereinigung, diese – wie man sie nennen könnte – semiologische *Synthesis*, von der es ebenfalls in der dritten Vorlesung heißt, sie genüge, »um die ganze Sprache (›langue‹) hervorzubringen« (EC 54, 131).[125] Hier wird auch erneut deutlich, warum für de Saussure, wie wir gesehen haben, die Reflexion auf die Möglichkeitsbedingungen der Identität sprachlicher Zeichen nicht nur die vordringlichste, sondern sogar die Aufgabe schlechthin der Sprachwissenschaft darstellt.

De Saussures Einspruch würde sich aber nicht nur auf die im *Cours* nahegelegte immanentistische Deutung des »langue«-Begriffs richten, sondern auch auf das im Zusammenhang hiermit aufgestellte Postulat, die Sprache sei eine *Form* und nicht eine *Substanz*. Auch diesen Gegensatz, der sich bei de Saussure nicht findet, verdanken wir allein Sechehaye und Bally (Godel 1957, 262, 277; Engler 1968, 25, 48). De Saussure bezieht sich in seiner Kritik des junggrammatischen Substanzbegriffs auf ein völlig anderes Problem, auf das nämlich der ›ontischen Reduktion‹ (Apel 1973, 79 ff.) der Sprache auf die beiden ›Substanzen‹ des ›Lautlichen‹ und des ›Begrifflichen‹: Es sei, formuliert de Saussure, wie wir bereits oben gesehen haben (Kap. 4.2 »Laut und Begriff«), »höchst illusorisch«, anzunehmen, »dass man in der Sprachwissenschaft eine erste Ordnung: LAUTE, und eine zweite Ordnung: BEDEUTUNGEN erkennen könne, aus dem einfachen Grund, dass die sprachliche Tatsache [...], um existieren zu können, EINE ENTSPRECHUNG, aber in keinem Augenblick eine SUBSTANZ, UND AUCH NICHT ZWEI SUBSTANZEN verlangt [...]« (Saussure 1997, 347; 2003a, 161). Dass die Sprache, d.h. ihre Zeichen, Ergebnis synthetischer Verfahren und nicht Aneinanderfügungen ontisch je selbständiger Substanzen sind, heißt überhaupt nicht, dass auf das materielle Moment des Zeichenprozesses verzichtet werden könnte. Aus de Saussures kritisch gegen die Junggrammatiker gerichteter These, dass die phonische Substanz keine ›Form in sich‹ hat, lässt sich keineswegs die gänzlich verfehlte strukturalistische Konsequenz ableiten, dass die Sprache eine von der *Substantialität* konkreter Sprechakte unabhängige *Form* sei. Nichts liegt, wie wir etwa in Kapitel 4.2 gesehen haben, dem Denken de Saussures ferner. Die Materialität der Sprache, d.h. ihre sozio-historische Substantialität ist vielmehr für die Konstitution der Sprache von grundlegender Bedeutung.

Dritter Einspruch: Synchronie und Diachronie

Die beiden ersten Einsprüche de Saussures lassen den dritten Einspruch, den er gegen seine ›Lehre‹ erhoben haben würde, zwingend erscheinen: Denn wenn die Sprache nicht ›immanentistisch‹ als eine aus ihrem sozio-historischen Bedingungszusammenhang und von ihrer materialen Erscheinung gelöste ›substanzlose Form‹ aufgefasst werden darf, dann ist auch die begriffliche Ausdifferenzierung dieses strukturalistischen Theorieentwurfs in den so genannten Dichotomien (vgl. Scherer 1980, 73-120) »Synchronie« und »Diachronie«, »Langue« und »Parole« etc. nicht akzeptabel. De Saussures Einspruch bezöge sich dabei sowohl auf den *wissenschaftstheoretischen Status* als auch auf die *theoretische Gewichtung*, die ihnen im *Cours* und in seiner Rezeption jeweils zugeschrieben wurden. Er könnte dabei weder damit einverstanden sein, dass es sich bei diesen Unterscheidungen lediglich um *methodische Perspektiven*, um verschiedene »Betrachtungsweisen« (BSL 101, 106 f.) bzw. »Gesichtspunkte« (BSL 23) handelt, mit denen man, so etwa Ernst F. K. Koerner, »denselben Gegenstand, nämlich die *langue*« (Koerner 1973, 284, 292; Coseriu 1974, 21; Amacker 1975, 50), aus divergierenden Perspektiven in den Blick nimmt. Noch könnte er die konzeptuelle Entscheidung billigen, »Synchronie« und »Langue« dichotomisch «Diachronie« und »Parole« entgegenzusetzen und sie diesen (weil nur sie auf das Erkenntnisobjekt »Sprache« im engeren Sinne bezogen seien) überzuordnen (BSL 24, 107, 198).

Dass die Rede, der Diskurs, ebenso wie die Diachronie, die der *Cours* tendenziell auf die einer »blinden Macht« (BSL 106) unterliegende »Lautveränderung« (170 f., Anm.) reduziert, in die Theorieperipherie verschoben werden, ist mit zentralen Intentionen des Saussure'schen Denkens unvereinbar. Für de Saussure sind vielmehr »Synchronie« und »Diachronie«, ebenso wie »Langue« und »Parole«, *Dimensionen der Sprache selber*, die in einem dialektischen »Wechselspiel« (EC 197; N 10, 1485) miteinander vermittelt sind. Die Überschneidungsorte von Gegenwärtigkeit und Geschichte, von Sprachsystem und Rede sind die ›heiklen Punkte‹ (»points délicats«) der Sprachtheorie (vgl. unten Kap. 5.3 »Heikle Punkte«), durch deren Analyse das semiologische Verfahren der Sprache als ein Verfahren aufgeklärt werden kann, in dem Synchronizität und historische Bewegung, Systematizität und Diskursivität im Zeichenprozess miteinander verschaltet sind.

Wir haben es bei diesem »Wechselspiel« also nicht mit jeweils ›gewählten‹ methodischen Perspektiven zu tun, sondern mit einer »irritierenden Doppelheit« des Erkenntnisgegenstands Sprache selbst (EC 197; N 10 1484). »Die sprachlichen Phänomen«, so hebt de Saussure hervor, gehören »nicht einer einzigen Art, oder unzählig vielen Arten zu, je nach der Klassifikation, die jemand gerade zu wählen beliebt«: »Wir sagen, es sind genau zwei Arten, nicht eine und nicht drei, die nicht von einem Prinzip abhängen, das man bevorzugt, sondern vom Objekt selbst mit innerer und klarer Notwendigkeit.« (EC(N) 26; N 11, 3298, 3)

Synchronizität und Historizität sind also für de Saussure in erster Linie Struktureigenschaften der Sprache, aus denen sich erst in zweiter Linie methodologische Konsequenzen ergeben. Die Notwendigkeit ihrer Unterscheidung, die für alle Wissenschaften gilt, deren Gegenstände Wertesysteme sind (vgl. EC 178; N 23.6, 1323; EC 177; N 23.6, 1321), ergibt sich aus dem Umstand, dass sprachliche Zeichen als Werte am »Schnittpunkt« von Synchronie und Diachronie operieren: »Überall sind der bewusste Zustand (l'état conscient) und der historische (l'état historique) Zustand die beiden Zustände, die einander entgegengesetzt sind. Es sind die beiden Wege des Zeichens.« (EC(N) 40; N 15, 3322.2) Das Zeichen hat »eine zugleich konventionelle (synchronische) und transmissible (diachronische) Natur« (EC(N) 28; N 11, 3298, 17f.). Es kann also kein Zweifel daran bestehen, dass die Unterscheidung in Synchronie und Diachronie bereits auf der Ebene der Phänomene vorgegeben ist (vgl. Engler 1980, 12 f.). Das sprachliche Zeichen ist als sprachlicher Wert einmal im *état conscient* der Sprecher, also in der *Langue* verankert. Zum anderen tritt es aber immer notwendig in den *état historique* dadurch ein, dass es im Zuge seines Gebrauchs in der *Parole* ständig reinterpretiert und u. U. transformiert wird: »In jedes existierende Zeichen geht also in jedem Augenblick ein bestimmter Wert ein [...], der immer nur aufgrund der Gesamtheit der Zeichen bestimmt ist, die zum selben Zeitpunkt vorkommen oder eben nicht vorkommen; und da sich die Anzahl und der reziproke sowie relative Aspekt dieser Zeichen von einem Moment zum anderen auf unendlich vielfältige Weise ändert, wird sich das Ergebnis dieser Aktivität im Hinblick auf jedes Zeichen und im Hinblick auf die Gesamtheit ebenfalls von einem Moment zum anderen auf unberechenbare Weise ändern.« (Saussure 2003a, 157; Kap. 4.2 »Zeichensysteme«)

Es ist eine Struktureigenschaft der Sprache selbst, dass das synchronische Wertsystem der *Langue*, durch welches das Sprecherbewusstsein jeweils konstituiert wird, durch den re-interpretierenden (re-editierenden) Gebrauch in der *Parole* möglicherweise Transformationen ausgesetzt ist. Insbesondere das Verfahren der Analogie, das von de Saussure auch als »morphologischer Wandel« (EC(N) 18; N 7, 3293.5) bzw. als »parasemische Schöpfung« (EC(N) 37; N 15, 3315.1) in den Blick genommen wird, leistet diese »neue Anwendung von Elementen, die durch den vorhergehenden Sprachzustand bereitgestellt wurden« (EC(N) 9; N 1.2, 3284, 10). Der Ort der Geschichte – könnte man sagen – ist die Gegenwart, die gleichsam die Bühne darstellt, auf der Geschichte inszeniert wird. Aus diesem Grund und nicht aufgrund einer willkürlichen Entscheidung erhält sie einen logischen Vorrang vor der *Diachronie* (vgl. EC(N) 9; N 1.2, 3284, 10). Der Synchronizität der Sprache kommt also vor allem deshalb systematische Priorität vor ihrer Historizität zu, weil sie als der Ort der semiologischen Beutungskonstitution angesehen werden muss. Bedeutung ist prinzipiell auf Synchronizität angewiesen: »Es ist die horizontale Ebene, die Vorrang hat, weil man auf der horizontalen Ebene spricht« (EC 198, III C 371, 1496), oder wie es an anderer Stelle, ebenfalls in der dritten Vorlesung, heißt: «Man kann sich der Sprache nur in einem Sprachzustand bedienen.« (EC 182, III C 337, 1356; Kap. 4.1) Zugleich macht de Saussure aber, wie wir gesehen haben, deutlich, dass in das diskursiv-synchronische Verfahren der Zeichenprozessierung strukturell Geschichte insofern eingeschrieben ist, als wir es hier zugleich mit dem Ort zu tun haben, an dem potenziell die historische Transformation von Sinn stattfindet, weil jeder Zeichengebrauch virtualiter einen Akt der ›Re-Editierung‹ des Zeichens darstellt.[126]

Vierter Einspruch: Langue und Parole

De Saussures Konzeptualisierung von Synchronizität und Geschichtlichkeit hat schon deutlich werden lassen, dass der Rede, dem Diskurs in seiner Sprachidee eine zentrale Bedeutung zukommt. Die Formulierung des *Cours*, dass man, »indem man die Sprache vom *Sprechen*« scheide, zugleich »1. das Soziale vom *Individuellen*; 2. das Wesentliche vom *Akzessorischen* und mehr oder minder *Zufälligen*« (BSL 16) scheide, hätte de Saussures grundsätzliche Kritik herausgefordert. Tatsächlich beruht der Text des *Cours* hier auch auf einer begrifflichen Entstellung dessen, was de Saussure in der dritten Genfer Vorlesung tatsächlich geäußert hatte. De Saussure hatte hier nämlich nach dem Notat Constantins nicht, wie es im *Cours* heißt, zwischen *Langue* und *Parole*, sondern zwischen *Langue* und *Faculté du Langage*, d.h. der Sprachfähigkeit als der individuellen Fähigkeit zur physiologischen Artikulation von Lauten und der *Langue* als einem sozial etablierten System unterschieden: »Wenn man die Sprache (langue) von der *Sprachfähigkeit* (faculté du langage) trennt, trennt man zugleich: 1. das was sozial ist, von dem was individuell ist, 2. das was wesentlich ist, von dem was mehr oder weniger akzidentell ist.« (EC 41, 331) De Saussure bezieht also die Prädikate ›unwesentlich‹ und ›individuell‹ lediglich auf die physiologische Fähigkeit, Laute hervorzubringen, nicht aber auf die *Parole* als diskursives Moment der Sprache. Möglicherweise wurde Sechehaye hier von seiner eigenen Konzeptualisierung des Verhältnisses von Sprache und Rede zu einem (wenn auch schwerwiegenden) Missverständnis de Saussures verleitet. In seinem Buch *Programm und Methoden der theoretischen Linguistik* von 1908 kritisiert er die sprachtheoretische Position Wilhelm Wundts, der, so Sechehaye, nur jene *Aktivität* untersucht habe, mit der der Mensch seine Sprache schaffe und umwandle, und der dabei das linguistisch allein relevante »System sprachlicher Gewohnheiten und Dispositionen« übersehen habe. Dieses System, fährt Sechehaye pointiert fort, sei »der wenn nicht einzige, so doch wesentliche Gegenstand der theoretischen Linguistik«: »[...] nicht mehr der mit seiner Sprache *sprechende* und handelnde Mensch, sondern die Sprache selbst als sprachlicher Organismus, oder wenn man dies lieber will, der sprechende Mensch, sofern er den Gesetzen der Sprache unterworfen ist« (Sechehaye 1908, 23; hierzu kritisch Saussure EC(N) 43). In der Tat ist in dieser Äußerung Sechehayes bereits jene Interpretation des Langue-Parole-Verhältnisses in nuce enthalten, die dann im Namen de Saussures die Wirkungsgeschichte des *Cours* bestimmten sollte (vgl. etwa die Darstellung in Scherer 1980, 77-88).

Freilich steht eine solche Konzeptualisierung des Langue-Parole-Verhältnisses – ähnlich wie bereits die Fehldeutung des »Wechselspiels« von Diachronie und Synchronie – zu der von de Saussure intendierten dialektischen Auffassung von Sprache und Sprechen in einem vollständigen Gegensatz. Für de Saussure ist nämlich das *diskursive* Moment der Sprache, die *Parole*, nicht nur der Ort *individueller Exekution* eines je geltenden, parasemischen Zeichensystems, sondern zugleich und vermittelt hiermit auch der Ort der (interaktiven) *Hervorbringung* dieses Systems (hierzu Jäger 1976, 232 ff.): »Heute sieht man, daß eine durchgängige, notwendige Reziprozität besteht und daß die Sprache [langue] im Akt des Sprechens [acte de langage] gleichzeitig ihre Anwendung sowie ihre einzige und stete Quelle findet [...], daß die Sprache [langage] gleichzeitig Anwendung und ständige Hervorbringung der Sprache [langue] ist [...].« (Saussure 2003a, 164; vgl. oben Kap. 4.2 »Zeichensysteme«)

Tatsächlich unterscheidet de Saussure in den *Notes* und den Vorlesungen nicht einen sozialen (wesentlichen) Langue-Begriff von einem individuellen (unwesentlichen und akzidentellen) Parole-Begriff, sondern er definiert beide Begriffe in einem Kreuzklassifikations-Schema anhand der Kriterien Paare ›aktuell – virtuell‹ und ›individuell – sozial‹. Auf der Ebene der *Virtualität* (in absentia, passiv) unterscheidet er (1) einen *individuellen Langue-Begriff* im Sinne einer subjektiv internalisierten Langue, der mit den Begriffen ›trésor›, ›dépôt‹, ›magasin‹, ›mémoire‹ bestimmt wird, von (2) einem *sozialen Langue-Begriff* im Sinne einer intersubjektiv geltenden, gesellschaftlichen (semiologischen) Institution, die er mit Begriffen wie ›cristallisation sociale‹, ›produit social‹, ›sanction social‹ charakterisiert.

Auf der Ebene der *Aktualität* (in presentia, aktiv) unterscheidet de Saussure (1) einen *individuellen Parole-Begriff* im Sinne einer subjektiven Realisierung der mit der internalisierten und intersubjektiv geltenden Langue gegebenen Möglichkeiten von (2) einem *sozialen Begriff* der *Parole* im Sinne einer diskursiven (dialogischen) Hervorbringung sprachlichen Sinnes, den er in den Begriffen »Analogie« bzw. der »morphologischen« bzw. »parasemischen Schöpfung« näher expliziert (Kap. 5.2).

Natürlich dürfen die vier Felder dieses Schemas nicht als ontologische Regionen der Sprache missverstanden werden. In ihnen ist vielmehr jener Vermittlungszusammenhang analytisch auseinandergelegt, in dem de Saussure die Dialektik von Genesis und Geltung sprachlichen Sinnes expliziert hat. Daran, dass er dem genetisch diskursiven Moment der Sprache eine zentrale Bedeutung beimaß, hat er, wie wir gesehen haben, keinen Zweifel gelassen (Jäger 1976, 235, Anm. 227). In einer Äußerung aus seiner ersten Genfer Vorlesung heißt es: »Man kann hier (im Individuum, L.J.) beinahe greifbar die beiden Sphären Langue und Parole unterscheiden: Alles was zu Zwecken des Diskurses durch eine besondere Operation über die Lippen kommt, ist Parole. Alles was im Bewußtsein des Individuums aufbewahrt wird, das Depot der gehörten und praktizierten sprachlichen Formeln und ihres Sinnes, ist Langue. [...] Von diesen beiden Sphären ist die *Sphäre der Parole die sozialste* und die andere die am vollständigsten individuelle; die Langue ist das individuelle Reservoir [...]. Wenn alles, was neu hervorgebracht wird, im Vollzug des Diskurses geschaffen wird, so heißt dies zugleich, daß alle Innovationen der Sprache von ihrer sozialen Seite [= parole] ausgehen. [...] Deshalb ist aber auch alles, was man in der inneren Sphäre des Individuums [= langue] betrachtet, immer sozial, weil nichts hierher gelangen kann, was nicht zuvor durch den Gebrauch aller in der äußeren Sphäre der Parole gleichsam gebilligt wurde.«[127]

Ohne Zweifel hätte also de Saussure aus prinzipiellen Gründen mit der durch den *Cours* und seine strukturalistische Rezeption etablierten und mit seinem Namen verbundenen ›Lehre‹ nicht einverstanden sein können – weder mit den epistemologischen und methodologischen Rahmenkonzepten noch mit dem System der begrifflichen Dichotomien. Seine Sprachidee intendiert keine konventionalistisch gerechtfertigte immanentistische Reduktion von Sprache auf eine ›Sprache an und für sich selbst betrachtet‹ und eine hiermit verbundene Tilgung ihrer historisch diskursiven Dimension. Er entfaltet sie vielmehr als sprachtheoretisches und zeichenphilosophisches Programm, das auch im Horizont gegenwärtiger Theoriediskurse in den Sprach- und Medienwissenschaften seine Relevanz nicht verloren hat.

5.3 Verschiedene Wege zur Wahrheit

Unsere bisherigen Versuche, uns dem Denken de Saussures anzunähern, haben insbesondere eines sehr klar werden lassen: Die ›Herausgeber‹ des *Cours* haben – so ehrenwert ihre Intention auch gewesen sein mag – die sprachphilosophische und zeichentheoretische Intention de Saussures in einer zweifachen Weise verfehlt: (1) Einmal haben sie wesentlich – bereits durch den *Cours* selbst, aber auch durch ihre Einflussnahmen auf dessen Wirkungsgeschichte – dazu beigetragen, den Namen de Saussures mit einem immanentistischen Sprachdenken (Jäger 1994) zu verbinden, mit einem, wie Sybille Krämer formuliert, ›logosorientierten‹ bzw. ›intellektualistischen‹ Sprachbild, das Sprache im Horizont einer »Zwei-Welten-Ontologie« konzeptualisiert (Krämer 2001, 95 ff.), der gemäß von der wesentlichen ›Sprache an und für sich selbst‹ eine akzidentelle und kontingente Rede unterschieden werden muss. Es liegt jedoch, wie wir gesehen haben, der Denkintention de Saussures nichts ferner als die »Hypostasierung einer Sprache hinter dem Sprechen« (Krämer 2001, 11), als die Verschiebung von Historizität und Diskurs in die Peripherie der Theorie. (2) Mindestens ebenso wesentlich ist eine zweite ›Verfehlung‹ der ›Herausgeber‹: Ihr Versuch einer »Aneignungs- und Wiederherstellungsarbeit« des Saussure'schen Denkens im *Cours* folgte einem systematischen Plan, der de Saussure schon deshalb nicht gerecht werden konnte, weil er etwas zu ›heilen‹ versuchte, was keine Krankheit war, sondern eine intellektuelle Strategie darstellte: den tastenden, insistent Probleme umkreisenden, kurz: aphoristischen Duktus des Saussure'schen Denkens und Schreibens. Dieser Duktus ist kein Fall für eine editorisch-auktoriale Therapie. In ihm zeigt sich vielmehr die intellektuelle Physiognomie de Saussures, die den ›Herausgebern‹ verborgen geblieben ist. Diesem Denk- und Schreibduktus, in dem de Saussure seine Sprachidee entfaltet, soll ein abschließender Blick gelten.

Saussures aphoristische Denkungsart

Dass de Saussure bei sich selbst insbesondere in den späteren Genfer Jahren eine »Graphophobie« konstatierte, ist bekannt. Gleichwohl hat er diese Schreibhemmung immer nur im Zusammenhang mit seinen Korrespondenzpflichten und seinen Publikationsverpflichtungen, nicht aber in Bezug auf seine schriftstellerische Produktion überhaupt erwähnt, die nicht versiegte, sondern sich nur aus dem öffentlichen Raum zurückzog in den privaten Produktionsraum seines Gedankentagebuchs. In dem Schreibgestus des Genfer Sprachtheoretikers kommt deshalb, wenn er auch bis zu einem gewissen Grad durchaus von einer »krankhafte[n] Furcht vor der Feder« (Saussure 1997, 201) mit verursacht worden sein mag, durchaus mehr zum Ausdruck als ein mangelhafter Redigierungsgrad bzw. eine Indefinitheit seiner Texte. Er lässt sich nämlich verstehen als ein aphoristisches Denk- und Schreibverfahren (Jäger 1975, 285; 2003), das der Art der Probleme, die er in seinen Texten reflektiert, auf eine eindrückliche Weise angemessen ist. Offensichtlich wird sein Schreiben von ähnlichen Motiven und Selbstreflexionen vorangetrieben wie später dasjenige Wittgensteins. Wittgenstein hat im Vorwort zu den *Philosophischen Untersuchungen* davon gesprochen, er habe sich durch die Natur seiner Untersuchungen gezwungen gesehen, »ein weites Gedankengebiet, kreuz und quer, nach allen Richtungen hin zu durchreisen«, um auf diese Weise gleichsam »eine Menge von Landschaftsskizzen« zu entwerfen, »die auf diesen langen und verwickelten Fahrten entstanden sind«. Es sei ihm, berichtet er, nicht gelungen, sein Denken im Text so zu organisieren, dass »die Gedanken von einem Gegenstand zum anderen in einer natürlichen und lückenlosen Folge fortschreiten«. Sein Buch sei insofern »eigentlich nur ein Album«: »Die gleichen Punkte, oder beinahe die gleichen, wurden stets von neuem von verschiedenen Richtungen her berührt und immer neue Bilder entworfen.« (Wittgenstein 1976; De Mauro 1968, 408) Wittgenstein beschreibt hier genau jenes Verfahren einer aphoristischen Reflexion, mit dem sich auch de Saussure der schwierigen Natur seines Gegenstandes, der Sprache in ihren »Grenzphänomenen« und »heiklen Punkten [points délicats]« annäherte (vgl. den folgenden Abschnitt). Der fragmentarische Charakter des Saussure'schen Denkens muss insofern auch als Ausdruck einer epistemologischen Haltung gesehen werden, die allein in einer *aphoristischen* Form denkenden Schreibens angemessenen Ausdruck findet. Es ist das Bewusstsein der fast nicht zu bewältigenden Aufgabe einer radikalen Reform der Linguistik, der »Unermeßlichkeit der Arbeit, deren es bedürfte, um dem Linguisten zu zeigen, was er tut«, das Bewusstsein der Notwendigkeit einer transdisziplinär fundierten und philosophisch motivierten Grundlagenreflexion (Kap. 3.1) darüber, »welche Art von Gegenstand die Sprache im allgemeinen« (Saussure 1997, 517 f.) sei, das für den fragmentarisch-aphoristischen Charakter seiner Entwürfe verantwortlich ist und das den skrupulösen de Saussure daran hinderte, seinem Denken tatsächlich die Form eines durchkomponierten sprachtheoretischen Buches zu geben. Auch ein Buch über allgemeine Sprachwissenschaft hätte in den Augen de Saussures der erkenntnistheoretisch motivierten methodischen Bedingung genügen müssen, »daß es sozusagen unmöglich war, einer sehr strikten Ordnung zu folgen« (Saussure 1997, 297). Sein denk- und schreibstrategisches Konzept (das Wittgenstein beinahe wörtlich antizipiert) lautet deshalb:

»Wir sind zu jeder Sache, die wir als Wahrheit betrachtet haben, auf so vielen verschiedenen Wegen gelangt, daß wir eingestehen, nicht zu wissen, welches jene ist, die es vorzuziehen gilt. Man müßte, um die Gesamtheit unserer Vorschläge angemessen zu präsentieren, einen festen und definierten Ausgangspunkt einnehmen. Aber alles, was wir festzulegen versuchen, ist, daß es falsch ist, in der Linguistik eine einzige Tatsache als in sich selbst definiert anzunehmen. Es gibt also wirklich ein notwendiges Fehlen jedes Ausgangspunktes, und wenn irgend ein Leser unserem Gedanken aufmerksam folgen will, vom Anfang bis zum Ende dieses Buches, wird er erkennen, daß wir davon überzeugt sind, daß es sozusagen unmöglich ist, einer sehr strengen Ordnung zu folgen. Wir erlauben uns, bis zu drei- oder viermal, unter verschiedenen Formen, dem Leser dieselbe Vorstellung vorzulegen, weil es wirklich keinen Ausgangspunkt gibt, der besser als ein anderer angezeigt wäre, die Beweisführung zu begründen.« (Saussure 1997, 297)[128]

Das theoretische Voranschreiten gleicht auf dem Feld der sprachtheoretischen Reflexion dem Einrammen von Pfählen »in den Morast«, derart, dass es möglich wird, »seinen Weg zurück und nach vorne wiederzufinden« (Saussure 2003a, 160). Es ist für de Saussure eine »falsche Vorstellung«, anzunehmen, »daß die Dinge der Sprache sich auf einem einzigen und fortlaufenden Weg darstellen lassen«, ebenso falsch wie die, die unterstellt, »die Sprache selbst sei ein einheitlicher Gegenstand [une chose une]« (Saussure 1997, 336). Dass man denselben Gedanken unter vier oder fünf verschiedenen Formen entfalten müsse, dass man zu den zentralen Wahrheiten der Sprachtheorie »durch verschiedene einander entgegengesetzte Wege« (Saussure 1997, 524) gelangen sollte, gehört für de Saussure – wie später auch für Wittgenstein – zu den konstitutiven Kennzeichen einer der Komplexität des sprachphilosophischen Problems allein angemessenen aphoristischen Denkungsart: »Sprechen wir nicht von *Axiomen*, noch von Prinzipien oder von Thesen. Es handelt sich einfach und im strengen etymologischen Sinne um Aphorismen, um Abgrenzungen. [...] Grenzen, zwischen welchen die Wahrheit stets sich wiederfindet, wovon man auch ausgehe [...].« (Saussure 1997, 380) Die Saussure'schen Abgrenzungen sind, wie Rudolf Engler mit Recht betont, »keine Reduktionen, sie konstituieren vielmehr Pole, zwischen denen sich die Phänomene bewegen« (Engler 1980, 15). Der insgesamt fragmentarische Charakter der Saussure'schen *Notes* ist also, zumal in den größeren zusammenhängenden Textpassagen, ein bewusst gewähltes Verfahren aphoristischer Reflexion, mit dem de Saussure die von ihm so genannten »heiklen Punkte« (Jäger 2003, 47, Anm. 124) der Sprachtheorie in den Blick nimmt. Dieser Reflexion einen ›unaphoristischen‹, gleichsam systematisch-definitiven Charakter zu geben, wie dies insbesondere Sechehaye im *Cours* versuchte, heißt, ein anderes Denken zu inszenieren, eines, das mit dem Autornamen de Saussure nicht legitimerweise verbunden werden kann.

›Heikle Punkte‹: Die Saussure'sche Sprachidee

De Saussure begreift – und damit wollen wir unsere Einführung in das Denken de Saussures abschließen – sein vor allem in den *Notes* entfaltetes aphoristisches Denken als ein Denken, das sich in Grenzziehungen versucht, ein Denken, das es in der Linguistik charakteristischerweise mit Grenzphänomenen zu tun hat. Die Reflexion über Grenzen hat eine wesentliche Voraussetzung: Wo sie sich entfaltet, sind die kognitiven Territorien noch nicht oder nicht mehr markiert, ist die intellektuelle Landschaft gezeichnet von untergehenden und neu aufbegehrenden Herrschaftsansprüchen und damit von einem erheblichen Bedarf an Reflexion. Ohne Zweifel sind in Zeiten wie diesen Textsorten, deren kognitives Format Erkenntnisgewissheit suggeriert, weniger angebracht als aphoristische, fragmentarische Texte wie die *Notes*, die eher einer Erkundung des Ungewissen als einer Darstellung von Gewissheiten dienen. De Saussures sprachtheoretische und sprachphilosophische Grenzreflexion setzt in der Tat zu einem Zeitpunkt ein, zu dem die Grenzmarkierungen in der Wissenschaftslandschaft des auslaufenden 19. Jahrhunderts ungewiss und umstritten sind – die Grenzen zwischen den sich etablierenden Einzelwissenschaften ebenso wie auch jene zwischen Natur- und Geisteswissenschaften insgesamt. Die Sprachwissenschaft, die dabei ist, sich in ihren einzelphilologischen und komparatistischen Varianten als Disziplin zu konturieren, befindet sich mitten auf diesem Feld übergriffiger Erkenntnisansprüche und konkurrierender wissenschaftlicher Weltbilder (vgl. Kap. 3.1). Auch die Sprache selbst wird für de Saussure, der den theoretischen und methodischen Selbstgewissheiten seiner linguistischen Zeitgenossen (mit Recht) nicht traut, zu einer Terra incognita, die neu vermessen und kartografiert werden muss. Er diagnostiziert, wie wir gesehen haben, scharfsichtig die Krise des vorherrschenden positivistischen Programms, die für dessen Repräsentanten, etwa in der Leipziger Schule, noch gar nicht sichtbar geworden war. In einer solchen Lage konnte es deshalb für de Saussure nicht nur darum gehen, die bewährten Methoden der komparatistischen Forschung weiter zu verfeinern und fortzuentwickeln (Kap. 3.2), sondern vielmehr grundlegender darum, zu fragen, ob der Begriff von Sprache, der diesem Forschungsprogramm zugrunde lag, den an ihn zu richtenden theoretischen Angemessenheitsanforderungen genügte. Die Saussure'sche Frage war deshalb nicht prioritär die, wie Sprache methodisch zu erforschen sei, sondern jene, mit welcher Art von Gegenstand wir es bei ihr zu tun haben. Seine Denkintention, die zunächst ohne Zweifel am Ende seines Leipziger Studiums und in seiner Pariser Zeit noch eher *komparatistisch-methodenkritisch* war, richtete sich insbesondere am Beginn seiner Genfer Zeit (Kap. 2.2 und 2.3) immer mehr auf die Entfaltung eines *sprach- und zei-*

chentheoretischen Programms (Kap. 4), dessen Konturierung in seinen Augen eine unabdingbare Voraussetzung für jeden Versuch einer *methodologischen* Reform der Sprachwissenschaft darstellte. Die zentralen theoretischen Begriffe der *Notes* und der Vorlesungen wie »Synchronie«, »Diachronie«, »Langage«, »Langue« und »Parole« etc. bezeichnen deshalb auch keine (dezisionistisch gewählten) methodischen Gesichtspunkte, unter denen der Erkenntnisgegenstand in den Blick genommen wird; vielmehr entfaltet de Saussure in ihnen Dimensionen des Erkenntnisobjektes Sprache selbst sowie den komplexen Vermittlungszusammenhang dieser Dimensionen. Ihre Überschneidungen und Interdependenzen sind ›heikel‹. Sie markieren die fragilen Grenzen eines theoretischen Terrains, das neu kartografiert werden und mit einer neuen begrifflich-terminologischen Ordnung versehen werden muss.

De Saussures Denken kreist also bei der Entfaltung seiner Idee der Sprache um einige – von ihm identifizierte – zentrale neuralgische Punkte des Sprachproblems, die er an jenen oszillierenden Schnittstellen aufgefunden zu haben glaubte, an denen sich die Strukturdimensionen der Sprache berühren und überschneiden: etwa an den Schnittstellen von *absoluter* und *relativer Kategorie* (Kap. 4.1 »Absoluter und differenzieller Wert«), von *Bedeutung* und *Wert* (Kap. 4.1 »Sprache«), von *Gleichgewichtszustand* und *Transformation* (Kap. 4.1 »Identität – Differenz – Synchronismus«; Kap. 5.2), von *Sprachbewußtsein* und *Diskurs*, von *möglicher* und *wirklicher* Rede (Saussure 2003a, 126; Kap. 4.2 »Zeichensysteme«; Kap 5.2) etc. An diesen Schnittstellen sind für de Saussure (und aus diesem Grund bezeichnet er sie auch als ›heikle Punkte‹) die eigentlichen Probleme der Sprachtheorie angesiedelt. Probleme dieser Art lassen sich, wie sich oben gezeigt hat, nicht dadurch erledigen, dass sie in starre Dichotomien (Synchronie – Diachronie; Langue – Parole etc.) aufgeteilt werden, die lediglich als unterschiedliche *methodische* Perspektiven des Blicks auf die Sprache fungieren. Alle diese ›heiklen Punkte‹, an denen de Saussure die fundamentalen Struktureigenschaften der Sprache entfaltet, markieren vielmehr verschiedene *theoretische* Bestimmungsmomente, durch die Dimensionen des Erkenntnisgegenstandes Sprache selbst (und nicht nur methodische Blicke auf ihn) sichtbar gemacht werden (EC(N) 49; N 24c, 3344, 2). In ihnen zeigen sich die verschiedenen Momente eines *einzigen zentralen Problems*, das deshalb auch als Ausgangspunkt seines Nachdenkens über die Sprache angesehen werden muss, nämlich das Problem der *Identitätsbedingungen* sprachlicher Tatsachen (Kap. 3.1, 3.2, 4.1). Dieses Problem, dessen Ignorierung durch die zeitgenössische Sprachwissenschaft er beklagt, stellt zugleich den Ausgangspunkt und das zentrale Thema seiner eigenen Überlegungen dar. In der dritten Vorlesung formuliert er (nach dem Notat Constantins) vor dem Hintergrund einer Fülle einschlägiger Reflexionen in den verschiedenen *Notes* (Kap. 4.1) programmatisch: »Wenn man der Sprache [langue] unvermittelt von Angesicht zu Angesicht gegenübersteht, gibt es weder Einheiten noch Entitäten. Es bedarf einer Anstrengung, um dasjenige zu ergreifen, was die verschiedenen Entitäten formt, die in der Sprache enthalten sind, und um auszuschließen, daß man etwas als sprachliche Einheiten betrachtet, was Einheiten einer ganz anderen Ordnung sind. [...] Um die realen Einheiten zu sehen, sind wir der Sprache gegenüber schlecht positioniert, da das Phänomen der Sprache innerlich und fundamental komplex ist.« (EC 235, 1710) In der kritischen Auseinandersetzung mit Whitney und den Junggrammatikern (Kap. 3.1, 3.2, 4.1) war ihm klar geworden, dass die Frage nach den *Identitätsbedingungen* sprachlicher (und das heißt semiologischer Tatsachen) den »heikelsten Punkt [point le plus délicat]« in der Sprachwissenschaft markiert: »Es ist genau der heikelste Punkt der Linguistik, sich darüber Rechenschaft zu geben, was die Existenz irgend eines Terms ausmacht, denn keiner ist uns gegeben als eine klare Art von Entität.« (Saussure 1997, 340; 2003a, 86) Die erste Aufgabe der Sprachwissenschaft besteht deshalb, wie er in der zweiten Genfer Vorlesung (nach dem Notat Riedlingers) formuliert, in der »Aufgabe zu bestimmen, welches die[se] in jedem Falle gültigen Einheiten wirklich sind«: »Die Bestimmung der Einheiten, die sie bearbeitet, wird nicht nur die dringlichste Aufgabe der Linguistik sein, sondern mit ihrer Wahrnehmung wird sie ihre Aufgabe vollständig erfüllt haben.« (EC 250, 1814) Die Aufklärung der Identitätsfrage markiert also den theoretischen Ort, von dem aus die Neu-Kartografierung der linguistischen Grenzdomänen erst möglich erscheint. Sie steht im Zentrum der sprachtheoretischen Reflexion, wie sie sich in den *Notes* entfaltet und auch in den Vorlesungen thematisch wird (vgl. Godel 1957, 136 ff.), weil de Saussure mit Recht davon ausgeht, dass das Identitätsproblem weit weniger trivial ist, als es dies dem Positivismus der Sprachwissenschaft des auslaufenden 19. Jahrhunderts offensichtlich dünkte (Saussure 2003b, 83). Die Sprachwissenschaft der junggrammatischen Ära hatte sich, wie wir oben gesehen haben (Kap. 3.1, 4.1), mit der Annahme gegebener sprachlicher Entitäten gleichsam im Labyrinth der Sprache verirrt: »Die Sprache ist voller täuschender Realitäten, weil zahlreiche Linguisten Phantome geschaffen haben, an die sie gefesselt sind.« Sie hat die schwierige Frage: »aber wo ist das Hirngespinst und wo ist die Realität?« (EC 247, 1798) deshalb nicht angemessen beantworten können, weil sie gar nicht als problematisch erkannte, was für de Saussure das zentrale Ausgangsproblem der Sprachwissenschaft darstellte: Absolut »nichts könnte bestimmen, wo der der Erkenntnis unmittelbar dargebotene Gegenstand in der Sprache ist (was die Fatalität dieser Wissenschaft ausmacht)« (Saussure 1997, 334). »Außerhalb irgendeiner Identitäts-

Beziehung existiert eine sprachliche Tatsache nicht.« (Saussure 1997, 300; Kap. 4.1) Man wird deshalb, so lesen wir in den Gartenhaus-Notizen, »letztlich immer auf die Frage zurückkommen müssen, was kraft des Wesens der Sprache eine sprachliche Identität konstituiert« (Saussure 2003a, 75) oder, wie es an anderer Stelle der *Notes* heißt: »Mit welcher Art von Entitäten [...] man es in der Linguistik zu tun [hat]?« (Saussure 1997, 377) Dass es sich bei der Frage nach dem »Kriterium der Identität« (Saussure 2003, 427) für de Saussure wirklich um eine der grundlegenden, philosophischen Problemfragen handelt, kann eine Bemerkung illustrieren, die er in den Notizen über die Nibelungen gemacht hat. Hier lesen wir: »Es ist wahr, daß man, wenn man den Dingen auf den Grund geht, feststellt, daß in diesem Bereich wie in dem verwandten Bereich der Sprachwissenschaft, alle die Ungereimtheiten des Denkens von einer ungenügenden Reflexion über das herkommen, was die *Identität* oder die Merkmale der Identität sind, wenn es um ein nicht existierendes Wesen geht wie das *Wort* oder die *mythische Person* oder einen Buchstaben des Alphabets, die alle nichts anderes als verschiedene Formen des ZEICHENS sind, und zwar im philosophischen Sinn.« (Saussure 1997, 427f.; 2003c, 387)

Für die semiologischen Wissenschaften ist also charakteristisch, dass ihre Gegenstände, nämlich Zeichen, dem Wissenschaftler nicht als identische gegeben sind. Sie unterliegen Identitätsbedingungen, die an ihrer materiellen Außenseite nicht ablesbar sind: »Wenn man das nimmt, was an der Sprache [langage] zugleich das Materiellste, das Einfachste und das von der Zeit Unabhängigste ist, zum Beispiel ›die Gruppe *aka*‹ oder ›*den Vokal a*‹, der vordem jeder Bedeutung, jeder Vorstellung eines Gebrauchs entledigt wurde, stellt das nichts anderes dar als eine Reihe von physiologisch-akustischen *Aktionen*, die wir als übereinstimmend beurteilen. In dem Moment, in dem wir sie als übereinstimmend beurteilen, machen wir aus *aka* und *a* eine Substanz. Nun ist es aber unmöglich, sich darüber Rechenschaft zu geben, was diese Substanz wert ist, ohne sich über den Gesichtspunkt Rechenschaft zu geben, in dessen Namen wir sie erschaffen.« (Saussure 2003b, 296 f.; Kap. 4.1 »Tatsachen und Gesichtspunkte«; 5.2 »Gesichtspunkt und Gegenstand«)

Unabhängig davon also, ob wir »lautliche Figuren«, die der Vorstellung ihres Gebrauchs entledigt sind wie *»aka«* bzw. der Vokal *»a«* oder sonstige ›Gegenstände, die als Zeichen dienen‹ (Saussure 2003b, 303), als mit sich identisch erklären, in jedem Falle verdankt sich die Identität nicht einer *beobachtbaren* materiellen Eigenschaft (»Substanz«) der semiologischen Gegenstände, sondern sie stellt erst das Ergebnis einer synthetischen Leistung des Geistes, eines *»Identitätsurteils«* dar (Saussure 1997, 298). Erst eine solche kategorial geleitete Beobachtung erlaubt es, sprachliche Einheiten als distinkte und mit sich identische Entitäten wahrzunehmen und zu untersuchen.

De Saussure führt der positivistisch eingeschworenen Sprachwissenschaft des auslaufenden 19. Jahrhunderts nicht nur vor, dass sie da, wo sie Erkenntnisgegenstände unmittelbar zu beobachten glaubt, kategoriales Wissen in Anspruch nimmt, dessen sie sich nicht bewusst ist und das insofern auch der Reflexion entzogen bleibt. Er zeigt zugleich mit allem Nachdruck, dass dieses stille linguistische Wissen nicht nur theoretisch expliziert, sondern auch epistemologisch gerechtfertigt werden muss. Die den Linguisten häufig als solche nicht bewussten Identitätsurteile müssen einer kritischen Würdigung zugänglich sein. Auf sie kann im Wissenschaftsprozess weder verzichtet werden, noch sind sie beliebig festsetzbar. Sie unterliegen vielmehr aufklärungsbedürftigen Bedingungen, und zwar jenen, die bereits den Zeichengebrauch der Sprachteilnehmer bestimmen. De Saussure stimmt hier mit wissenschaftslogischen Überlegungen überein, wie sie von Humboldt bis Dilthey im Zuge der Grundlegung der Geisteswissenschaften angestellt worden sind (Kap. 3.2 »Induktion und Divination«). Es sind zwar Identitätsurteile, die darüber entscheiden, ob es sich bei einer sprachlichen Tatsache um eine Realität oder um ein Phantom handelt, aber Linguisten sind nicht – wie etwa der Strukturalismus nach de Saussure glaubte – frei, diese theoretischen Urteile nach Gutdünken zu fällen; Urteile dieser Art sind vielmehr nur dann begründet, wenn sie sich nach dem Sprachgefühl (Saussure 1997, 291) der sprechenden Subjekte richten (Saussure 1997, 291), wenn sie also das grundlegende Realitätskriterium erfüllen, dass nur das real ist in der Sprache, was durch das sprachliche Wissen der Sprachteilnehmer gerechtfertigt werden kann: »*Kriterium*: Was real ist, das ist das, dessen sich die sprechenden Subjekte zu irgend einem Grad bewußt sind.« (Saussure 1997, 290; vgl. auch Kap. 4.1 »Es gibt kein Substratum der Sprache«) Nur wenn der Sprachwissenschaftler diesem »großen Prinzip« (Saussure 1977, 294) folgt, haben wir nämlich legitimierte Entitäten vor uns. Die Kriterien für die Identität sprachlicher Tatsachen sind also linguistische Identitätsurteile, die ihre Legitimationsbasis allein in den Identitätsurteilen der sprechenden Subjekte haben: »Die Methode ist einfach, zu beobachten als real anzusehen, was durch das Bewußtsein der Sprache anerkannt, ratifiziert wird und als unreal, was sie nicht anerkennt: sie besteht in der inneren Beobachtung, die durch die Beobachtung aller korrigiert wird.« (EC 309; II R 108, 2163)

Es ist dieses Identitätsproblem, aus dem sich nun für de Saussure zwingend ergibt, dass eine wesentliche Aufgabe der Sprachtheorie in der Rekonstruktion jener Identitätsurteile, jener »unterschwelligen Operationen der Identifikation« (Saussure 2003a, 132) und ihrer Randbedingungen besteht, mit denen die Sprachteilhaber – produktiv und rezeptiv – sprachliche Einheiten konstituieren, in der Rekonstruktion also jener Identitätsurteile, die für das Sprachvermögen der Sprecher konstitutiv sind. Rekonstruiert werden muss jenes semiologische Wissen, das es Sprachteilnehmern ermöglicht, im Kontinuum in sich bedeutungsloser ›aposèmischer‹ Lautproduktionen sprachliche Tatsachen in ihrer spezifischen Realität als Zeichen zu identifizieren und in ihrem Sinn zu verstehen bzw. im Medium der Lautartikulation als sinnvolle Zeichen zu äußern. Diese – wenn man so will – kognitiven Akte (Identitätsurteile) operieren freilich nicht nur im *Binnenraum* des sprachlichen Bewusstseins der Sprecher, sondern sie müssen als Zeichenartikulationen immer wieder den sozialen Raum der *Zeichenzirkulation* durchqueren. Die Identität der Zeichen wird zwar im Bewusstsein der Sprecher – im jeweiligen Sprachsystem – bewahrt, sie muss sich aber fortwährend in Akten der sozialen Re-Editierung, also im Diskurs, bewähren. Rekonstruiert werden darf deshalb die Zeichensynthesis nicht nur als bewußtseins*interner* Prozess, als »eine Operation einfacher psychologischer Ordnung« (Sausssure 2003b, 167), sondern sie muss als eine semiologische Operation in den Blick genommen werden, die ihre spezifische Verfahrenslogik erst im Vermittlungszusammenhang ihrer systematischen, historischen und sozialen Bedingungen entfalten kann. Wenn die Sprache »mögliche Rede« ist, die »wirkliche Rede« werden will (Saussure 2003a, 126), wenn sie »als Rede tätig« wird, weil sie nur »im Hinblick auf die Rede geschaffen« wurde (Saussure 2003a, 160), dann müssen neben den mentalen die diskursiven Bedingungen freigelegt werden, unter denen sich die sprachlichen (semiologischen) Operationen der Sprachteilnehmer vollziehen (Kap. 4.2 »Zeichensysteme«).

Natürlich ist der Versuch einer theoretischen Rekonstruktion dieser Identitätsurteile und des historisch-sozialen Bedingungszusammenhanges, in dem sie sich vollziehen (Saussure hält diese Rekonstruktionsarbeit für die eigentliche Aufgabe der Linguistik) ein außerordentlich schwieriges Unterfangen, denn die Kriterien, die kompetente Sprachteilnehmer in die Lage versetzen, sprachliche (semiologische) Identitätsurteile zu fällen, also Zeichenakte zu vollziehen, liegen nicht auf der Hand. Die sinnverleihenden und sinndeutenden Identitätsurteile der kompetenten Sprachteilnehmer, die die Sprachtheorie zu rekonstruieren hat, sind durchaus, wie Constantin in der dritten Vorlesung notiert, in ihrer Natur rätselhaft, »innerlich und grundlegend komplex« (EC 235; III C 285, 1710). Aber nur ihre Klärung erlaubt eine legitimierbare Neuvermessung des linguistischen Terrains. Die Frage nach den Möglichkeitsbedingungen und den konstitutiven Eigenschaften jener Identitätsurteile, die dem Prozess der Sprachzeichenverständigung in produktiver und rezeptiver Perspektive zugrunde liegen, ist das Ausgangsproblem, dessen sich die sprachtheoretische Reflexion zunächst annehmen muss, und die Voraussetzung für jede weitere methodologische oder wissenschaftstheoretische Überlegung in der Linguistik. Die im aphoristischen Denkraum der *Notes* vorangetriebene Aufklärung der kognitiven und diskursiven Bedingungen semiologischer Identitätsurteile ist deshalb das zentrale Projekt des Saussure'schen Denkens. Und wenn auch de Saussure dieses Projekt nicht zu einem wirklichen Abschluss gebracht hat, werden dessen Umrisse insbesondere in den Arbeiten vor der Jahrhundertwende doch in eindrucksvoller Form deutlich – in einer Form, die zugleich sichtbar werden lässt, dass der *Cours de linguistique générale* nicht geeignet ist, das in den vorangegangenen Kapiteln in seinen Grundlinien skizzierte sprach- und zeichentheoretische Projekt de Saussures angemessen zur Darstellung zu bringen.

Anmerkungen

1 Die folgenden Kapitel versuchen, hierauf eine befriedigendere Antwort zu geben.

2 Zu der mit dem *Cours de linguistique générale* verknüpften reichhaltigen Revolutions-Metaphorik vgl. Jäger 1975, 12.

3 Dass erst der Quellenfund der Gartenhaus-Notizen, der das publizierte Korpus der älteren Saussure-Manuskripte lediglich ergänzte, ein größeres internationales linguistisches Publikum faszinierte und zu einer Re-Lektüre de Saussures, ja zu einer »neuen Saussure-Rezeption« (Bouquet 2003, 14) anregte, ist allerdings angesichts der jahrzehntelangen Zugänglichkeit der Vorlesungsmitschriften und der Saussure'schen Handschriften erstaunlich. So faszinierend und intellektuell luzide die fragmentarischen Autographen auch sind, die das Genfer Gartenhaus über die bereits vorliegenden Notizen hinaus überraschend freigegeben hat, sie eröffnen keine wesentlich neue Perspektive auf ein ›wahres Denken‹ des ›realen Saussure‹, wie verschiedentlich postuliert wird (etwa Puech 2004, 127).

4 Man müsste ihnen sicher mindestens noch die der »germanischen Legenden« (Saussure 1986) sowie der »Anagramme« (Starobinski 1967, 1980; Saussure 1997, 417ff., 436ff.) hinzufügen.

5 Ob die gerade von Claudia Mejia Quijano vorgelegte Biografie hier Abhilfe schafft, konnte leider nicht mehr geprüft werden, da sie nach Manuskriptabschluss erschien.

6 Die folgende Nachzeichnung der intellektuellen Biografie stützt sich im Wesentlichen auf eigene Recherchen im Rahmen des von mir mit einer Gruppe von Mitarbeiter/innen seit vielen Jahren betriebenen Projektes zu einer umfassenden Saussure-Biografie. Meine Skizze greift auf Recherche-Bestände dieses Projektes zurück, etwa auf das Tagebuch Henri de Saussures, das dieser zwischen 1847 und 1878 geführt hat und in dem der Vater Ferdinands dem Heranwachsen seines ältes-

ten Sohnes außerordentlich große Aufmerksamkeit widmet. Ich bekunde an dieser Stelle noch einmal dem leider inzwischen verstorbenen Claude de Saussure meine große Dankbarkeit. Bei meinem Besuch im Mai 1996 auf Schloß Vufflens erteilte er mir nicht nur die Erlaubnis zur Nutzung des Tagebuches, sondern er stellte darüber hinaus auch weiteres briefliches und ikonografisches Quellenmaterial zur Verfügung, das hier ebenfalls zugrunde gelegt wird. Die vorliegenden biografischen Skizzen, insbesondere De Mauros (De Mauro 1972, 319-389), Scheerers (Scheerer 1980, 1-7) und Fehrs (Fehr 1997, 533-550), wurden konsultiert und mit neueren Quellenbeständen abgeglichen.

7 Andere Zweige der Familie ließen sich in Lausanne nieder bzw. wanderten später in die USA aus. Zur englischen Genealogie der Familie vgl. Joseph 2007b.

8 Vgl. den Brief Alexander von Humboldts an Henri de Saussure vom 14. November 1854 in: Henri de Saussure 1993. Alexander von Humboldt etwa nutzte auf seiner Südamerika-Expedition die Instrumente Horace-Bénédictes.

9 Für diese Abhandlung wurde sie 1839 von der Académie française ausgezeichnet.

10 Nach dem Sturz Robespierres am 27. Juli 1794 kehrt Germaine de Staël noch einmal für einige Jahre nach Paris zurück und eröffnete einen literarisch-politischen Salon in der Rue du Bac, den unter anderem auch Wilhelm von Humboldt in seiner Pariser Zeit (Humboldt lebte mit einigen Reiseunterbrechungen von 1797 bis 1801 in Paris) regelmäßig besuchte. Hier entwickelte sich eine anhaltende Freundschaft zwischen Humboldt und Germaine de Staël. Vgl. Sweet 1978, 219 ff.

11 Zur Groupe Coppet gehörten neben den Brüdern Schlegel u.a. Benjamin Constant, Karl Viktor von Bonstetten und Jean Charles Léonard Sismondi.

12 Vgl. Pictet, 1859-1863; vgl. hierzu auch de Saussures Rezension der nach dem Tod Pictets erschienenen dreibändigen zweiten Auflage (Saussure 1878); vgl. auch seine Bemerkungen in der zweiten Genfer Vorlesung (EC 499, 3206).

13 Vgl. CFS 32 (1978), 73-101; hierzu Godel 1960, 13 (= Souvenirs); de Saussures Selbsterinnerung in den ›Souvenirs‹, er habe den Essay

1872 geschrieben, scheint nicht korrekt zu sein. Tatsächlich wurde er Ende 1874 verfasst. Vgl. Joseph 2007a, 155 ff.

14 In dem Brief vom 17. August 1872 bekennt der Schüler, er sei »schon immer darauf versessen [gewesen], Systeme zu bilden, noch bevor ich die Dinge im Detail untersucht habe«, und befürchtet, er würde sich selbst widerlegen, »wenn ich nur zwei Wort Sanskrit wüsste«. Er bittet Pictet: »Wenn Sie die Güte hätten, verehrter Herr, die Hirngespinste zu überfliegen [...] und zu sehen, was daran richtig sein könnte, würden Sie mir ein großes Vergnügen bereiten.«

15 Die Kommentare Pictets waren, wie Ferdinand formuliert, »wirksam, um mich definitiv hinsichtlich jedweden universellen Systems der Sprache [langage] zu beruhigen« (vgl. Souvenirs 17).

16 Ferdinands Vater Henri verehrte die Necker'sche Linie der Familie, insbesondere den Sohn von Jacques Necker und Albertine-Adrienne, Louis Necker, der für ihn die Brücke zurück in jene Epoche zwischen 1810 und 1840 war, die er als einen intellektuellen Höhepunkt der Familientradition ansah. Ferdinands 1861 im Todesjahr von Louis geborene jüngere Schwester Albertine-Adèle erhielt ihren Namen Albertine im Angedenken an Albertine-Adrienne Necker de Saussure.

17 In seinem Brief vom 17. Januar 1863, in dem er sich für einen Brief Darwins vom 8. Januar bedankt, nennt er als Feld des gemeinsamen Interesses »la filiation des genres, des espèces et des mœurs dans les guêpes«. Vgl. http://www.lib.cam.ac.uk, Darwins Correspondence Project, University of Cambridge.

18 Dieses und die folgenden Zitate aus dem Tagebuch Henri de Saussures sind meine Übersetzungen.

19 Vgl. den ausführlichen Brief Alexander von Humboldts an Henri de Saussure vom 14. November 1854; vgl. H. de Saussure 1993. In einem Brief an Napoleon III., dem er seine Mexiko-Karte schickte, hebt Henri de Saussure ausdrücklich hervor, dass er sich bei seinen Beobachtungen und Untersuchungen zum Teil durch den persönlichen Rat Alexander von Humboldts habe leiten lassen. Vgl. H. de Saussure 1993, 498.

20 Vgl. den Brief Alexanders an Henri de Saussure, H. de Saussure 1993, 10-13, hier: 10, 12. Henris Bewunderung für Alexander von Humboldt hielt sich allerdings schon während der Reise entschieden in Grenzen: So schreibt er am 21. Juli 1855 in sein Reisetagebuch: »Von

Mexiko habe ich mehr als zehnfach genug. Herr Humboldt hat mich mit seinen schönen Beschreibungen, die nichts sind, als die Sätze eines Halluzinierten und eines Träumers, vollkommen getäuscht. Man sollte die ins Gefängnis werfen, die auf diese Weise die ehrbaren Bürger Europas täuschen.« Saussure 1993, 289)

21 Aus der am 30. September 1856 in Genf geschlossenen Ehe zwischen Luise-Elisabeth de Pourtalès und Henri-Frederic-Louis de Saussure gingen folgende Kinder hervor: Ferdinand de Saussure (1857-1913), Horace de Saussure (1859-1926), Albertine-Adèle de Saussure (1861-1940), Elisabeth-Theodora-Dora de Saussure (1863-1944), Leopold de Saussure (1866-1925), René de Saussure (1868-1943), Jeanne de Saussure (1869-1900), Louis Octave de Saussure (1871-1943) sowie Maximilien de Saussure (1873-1875).

22 Das von dem Berner Patrizier Philipp Emanuel von Fellenberg 1808 als »Erziehungsanstalt für Söhne höherer Stände« gegründete Institut, auf das die begüterten Eltern aus ganz Europa ihre Söhne schickten, galt weit über die Grenzen hinaus als Vorbild. Goethe orientiert den Entwurf der »Pädagogischen Provinz« in *Wilhelm Meisters Wanderjahren* an Hofwyl.

23 Der Vater war besorgt über den für Ferdinand charakteristischen abrupten Wechsel zwischen Schweigsamkeit und Verschlossenheit auf der einen und »verrücktem Lachen« (»fou rire«) und nervöser Erregung auf der anderen Seite. Es ist charakteristisch für Ferdinand, dass er die Sorge des Vaters aufnahm und in einem Gedicht verarbeitete.

24 Er las bereits in seiner Gymnasialzeit (Souvenirs 19) Georg Curtius' *Grundzüge der Griechischen Etymologie*, die er für sein Studium in Leipzig erwarb. Dieses von Leerseiten durchbrochene Studienexemplar enthält auf ca. 100 Seiten Notizen von Ferdinand, von denen einige Auszüge in Jäger 1975, 193 f., publiziert sind.

25 Von Bopp las er die Sanskritgrammatik sowie die vergleichende Grammatik, die er dann auch für sein Studium erwarb (Souvenirs 19).

26 Theobald von Bethmann-Hollweg (1856-1921) studierte zwischen 1875 und 1879 in Straßburg, Leipzig und Berlin Jura. In Leipzig trafen sich Ferdinand und Theobald ebenso wie auf dem Bethmann-Hollweg'schen Gut Hohenfinow. Theobald ist, obgleich Ferdinand

ihn so nennt, kein ›echter‹ Cousin. Beide haben den gleichen Urgroßvater, Comte Louis de Pourtalès.

27 So las er etwa im Mai 1877 auf Hohenfinow Henry Grevilles [Pseudonym für Alice Durand] 1876 erschienenen Roman *Dosia*, der in Frankreich aufgrund seiner eindrücklichen und unterhaltsamen Darstellung der russischen Gesellschaft großes Aufsehen erregt hatte. *Dosia* wurde 1878 von der Pariser Akademie mit dem Preis Montyon ausgezeichnet und erlebte 32 Auflagen.

28 Vgl. Georges Mounin, Saussure ou le structuraliste sans le savoir, Paris = Seghers 1968, 14.

29 Brugmann vermutete in einem Brief an Streitberg (1.12. 1914), dass Ferdinand de Saussure »wegen Curtius« nach Leipzig gekommen sei (vgl. DOC 30).

30 Zur sogenannten ›junggrammtischen Schule‹ zählten etwa Hermann Osthoff, Karl Brugmann, Berthold Delbrück, Hermann Paul, Wilhelm Braune, Eduard Sievers sowie August Leskien und Friedrich Zarncke; vgl. zu den ›Junggrammatikern‹ Putschke 1969; Jäger 1975, 179-291, sowie Einhauser 1989.

31 So erklärt sich z.B. eine Familie Stoutz bereit, Ferdinand von Zeit zu Zeit in ihre Theater-Loge einzuladen, und Dr. Flügel und Frau sicherten zu, Ferdinand im Krankheitsfalle aufzunehmen und zu pflegen (vgl. Henris Brief an seine Frau Louise vom 23. Oktober 1876; diesen und weitere nicht publizierte Briefe Henris an seine Frau, die sich im Besitz Claude de Saussures befinden, hat er mir freundlicherweise zu Verfügung gestellt).

32 Von Leipzig aus reiste Henri nach der erfolgreichen Installation Ferdinands im Oktober nach Berlin, besuchte seinen Schwager Max von Pourtalès, dinierte mit Herbert von Bismarck, dem Sohn Otto von Bismarcks, besucht die Oper (*La Bohème*) und arbeitet in Berliner Museen an der Fertigstellung seines Grillen-Buches. Anfang November kehrte er noch einmal nach Leipzig zurück, um nach dem Rechten zu sehen und reiste daran anschließend zu verschiedenen Jagdeinladungen. Ende November kehrte er dann nach Genf zurück.

33 Brugmann jedenfalls hat de Saussure in einem von antifranzösischem Ressentiment getragenen Ton als Franzosen wahrgenommen. In einem Brief an Streitberg beklagt er, de Saussure habe die Rolle der Junggrammatiker für seine intellektuelle Entwicklung nicht angemessen

gewürdigt: »Meine Auffassung ist die: das etwas derbe und raubeinige Wesen von Osthoff hat den zartbesaiteten Jüngling abgestossen, und als Franzose (so dürfen wir wohl sagen) war ihm eben die Form die Hauptsache.« (Vgl. Villani 1990, 29)

34 Im Kaffeehaus »Zum arabischen Coffe Baum« trafen sich in den Jahren 1876 und 1877 regelmäßig Karl Brugmann, Hermann Osthoff, August Leskien, Heinrich Hübschmann und Wilhelm Braune. Karl Verner kam regelmäßig von Halle dazu, Berthold Delbrück und Eduard Sievers waren häufige Gäste aus Jena. (Vgl. Wilbur 1977, XXVI f.)

35 Das »Verzeichnis der als gehört bescheinigten Vorlesungen« [= Verzeichnis] weist keine Lehrveranstaltung de Saussures bei Leskien aus (DOC 8 f.).

36 Laut Verzeichnis hörte de Saussure bei Hübschmann im Wintersemester 1876/77 »Interpretation des Rig-Veda« und im Sommersemester 1877 »Ausgewählte Hymnen des Rig-Veda – Altgriechische Keilinschriften« (DOC 8 f.).

37 Bei Windisch hörte de Saussure laut Verzeichnis »Sanskrit – Literatur – Interpretationen des Rig-Vega« im Wintersemester 1877/78 sowie »Interpretationen des Rig-Vega – Sanskrit-Übungen, Altirische Grammatik« im Sommersemester 1878 (DOC 9).

38 Für Osthoff weist das Verzeichnis einen Besuch de Saussures in den Veranstaltungen »Sanskritgrammatik – Geschichte der neueren Grammatik und Sprachwissenschaft« im Wintersemester 1877/77 aus (DOC 8).

39 »Deutsche Grammatik« im Sommersemester 1878 (DOC 9).

40 Das Verzeichnis gibt für Curtius im Wintersemester 1876/77 »Griechische Grammatik« und für das Sommersemester 1877 »Lateinische Grammatik – Grammatische Gesellschaft« an (DOC, 8).

41 Als Titel der Vorlesung, die de Saussure – wie er aus seinem Belegbogen ersehe – besucht habe, gibt Brugmann eine vierstündige Vorlesung über »Griechische Grammatik« im Wintersemester 1977/78 an (DOC 30). Das Verzeichnis weist für das Wintersemester 1877/78 keinen Besuch de Saussures in einer Vorlesung Brugmanns nach, der im Übrigen in diesem Verzeichnis überhaupt nicht auftaucht. De Saussure hat sich keine Brugmann-Veranstaltung als gehört bescheinigen lassen (DOC 8 f.)

42 Brugmann schickte am 28. November sowie am 1. und 2. Dezember 1914 aus Sorge um die angemessene Würdigung der »Leipziger Professoren«, deren »Schüler« de Saussure gewesen sei, in kürzester Zeit drei Briefe an Streitberg (DOC 29-31).

43 Wilhelm August Streitberg (1864-1925) war zum Zeitpunkt der Korrespondenz mit Brugmann Professor für Indogermanistik an der Universität München. Er hatte in Leipzig bei Brugmann, Leskien, Windisch und Johannes Schmidt studiert und 1891 zusammen mit Karl Brugmann die *Indogermanischen Forschungen* begründet. Nach dem Tod Brugmanns 1919 wurde er dessen Nachfolger in Leipzig.

44 In einem Brief an Édouard Favre schreibt er am 22. August: »Ich sehe durch mein Fenster zwei Sommerschwalben, die sich geradewegs zum ›Creux de Genthod‹ davonmachen! Bitter, bitter, bitter!« (Lettres 464)

45 Henri beklagt in seinem Tagebuch nicht nur die negativen Auswirkungen auf die eigene Sommerfrische (»Wir hingen so 7 Wochen in der Luft, weil wir ihn von Woche zu Woche erwarteten und konnten nichts unternehmen.« – »Schon wieder ein verlorenes Jahr für die Jagd und jedes Jahr wird man älter.«), sondern insbesondere auch den besorgniserregenden Gesundheitszustand Ferdinands: »Die sitzende Lebensweise, das Verdrängen jeder Müdigkeit und alles dessen, was ihn vom Weg abbringt, ist bei ihm eine bedenkliche und beunruhigende Schwäche.« Immer noch irritiert den Vater, dass »die Frühreife des Geistes« mit einer »Muskelschwäche und physischen Mattheit« einhergehe, so sehr ihn auch das »für sein Alter ungeheure Werk« beeindruckte.

46 Hermann Paul resümiert 1901 den »gänzlichen Umschwung in den Anschauungen über den indogermanischen Vokalismus« so: »Europäisch *a*, *e*, *o* weist man jetzt der indogermanischen Grundsprache zu; sie sind nicht durch Spaltung aus *a* entstanden, sondern umgekehrt das indische *a* durch einen Zusammenfall der drei Laute.« Vgl. Paul 1901, 127.

47 Vgl. hierzu und zur historischen Bedeutung des *Mémoire* etwa Jäger 1975, 184ff.; Gmür 1980; Scheerer 1980, 14-22.

48 Ohne Zweifel formuliert de Saussure hier den Gedanken der Generativität. An anderer Stelle der Curtius-Notiz (vgl. die folgende Anmerkung) spricht er davon, »dass die Sprache [langue], indem sie den

Flexions-Mechanismus immer wach hält, indem sie die Flexionsfähigkeit immer lebendig erhält, jedes Mal diese Formen, wenn sie sie brauchte, hervorbrachte [...], ohne dass diese Formen objektiv für sich selbst bestanden hätten«.

49 Die zitierte handschriftliche Notiz, die wohl aus den Jahren 1876/77 stammt, findet sich in de Saussures Studienexemplar der vierten Auflage der *Grundzüge der griechischen Etymologie* (Curtius 1873) auf der Seite 396 f.; vgl. zu diesem Textfund insgesamt Jäger 1975, 191 ff.

50 De Saussure bedankte sich mit Brief vom 29. Juni 1879 bei Brugmann für die Rezension: »Ich sehe dass Sie mich sehr freundlich behandeln, und bitte Sie, meinen besten Dank dafür entgegenzunehmen.« (DOC 13)

51 Paul schreibt diesen »Umschwung« zu Unrecht vor allem Brugmann zu: »Es folgte eine lange Reihe von Arbeiten, durch welche die ausgesprochenen Ideen weitergeführt und umgestaltet wurden, von Brugmann selbst, Collwitz, Fick, de Saussure, Joh. Schmidt, Mählow, Osthoff, Hübschmann und anderen [...].«

52 Eveline Einhauser etwa behandelt in ihrer Monografie über die Junggrammatiker das Verhältnis de Saussures zu den Junggrammatikern ausschließlich als das Verhältnis des *Cours* zu den Junggrammatikern. Dem Verhältnis de Saussures als Autor des *Mémoire* und einer Fülle einschlägiger Arbeiten zur junggrammatischen Sprachwissenschaft widmet sie keine Zeile. Hier zeigt sich, zu welch problematischen Konsequenzen die auch von Einhauser vertretene These führt, »daß für eine Untersuchung der Wirkungsgeschichte [de Saussures, L.J.] allein der fiktive Saussure maßgeblich« sei (Einhauser 1989, 152).

53 Vgl. den Anmeldeschein Nr. 661, Matrikel-Nummer 1151/69. Dass er nur im Wintersemester in Berlin war, geht aus weiteren Quellen hervor: Mit Datum vom 2. April 1879 wird ihm bestätigt, die »von der Königlichen Universitäts-Bibliothek entliehenen Werke« sowie die »aus der Königlichen Bibliothek entliehenen Bücher sämmtlich richtig an dieselbe zurückgeliefert« zu haben (vgl. Universitätsarchiv Humboldt Universität Berlin, Philosophische Fakultät – Dekanat – 1810-1945, Nr. 160: »Die Aufsicht über den Besuch der Vorlesungen von den Studierenden und darüber auszustellende Zeugnisse« = UA/Phil. Fak). Leider ist in den vollständig erhaltenen Ausleihbüchern der Königlichen Universitätsbibliothek, die ich 1991 in der Universitäts-

bibliothek der Humboldt Universität aufgefunden habe, ausgerechnet das Wintersemester 1878/79 nicht dokumentiert, so dass sich eventuelle Buchausleihen de Saussures nicht rekonstruieren lassen. De Saussure hat Berlin nach eigenem Bekunden Anfang April aufgrund einer »Indisposition« verlassen (Joseph 1988, 214 [Brief an Whitney vom 8.4. 1879]). Verschiedene Briefe an seinen Vater und an Brugmann aus Genthod im April, Mai und Juni belegen, dass er nicht nach Berlin zurückgekehrt ist. Er war also weder bereits im Juli 1878 in Berlin, noch blieb er über den April 1879 hinaus (De Mauro 1972, 327; Joseph 1988, 209).

54 Whitney war vom 9. Oktober 1878 bis zum 4. April 1979, also beinahe gleichzeitig mit de Saussure, in Berlin. Es ist nicht ausgeschlossen, dass es hier zu intensiveren Kontakten zwischen Whitney und de Saussure gekommen ist. Vgl. hierzu Joseph 1988.

55 In einem Brief vom 7. April 1879 an Whitney, der sich in Whitneys Nachlaßpapieren in Yale fand, bittet ihn de Saussure, ihm einen versprochenen Sonderdruck sowie seine »mein Mémoire über die Vokale betreffenden Notizen« zukommen zu lassen, die er aufgrund seiner plötzlichen Abreise aus Berlin nicht mehr persönlich habe entgegennehmen können. Der Brief ist publiziert in Joseph 1988, 214.

56 Carl Wernicke, der später als Professor für Psychiatrie und Nervenkrankheiten in Breslau lehrte und 1904 einem Ruf nach Halle folgte, war von 1876 bis 1878 Oberassistent bei Carl Westphal, dem Direktor der Klinik für Psychiatrie und Nervenkrankheiten der Charité. Seine 1874 publizierte Schrift *Der aphasische Symptomenkomplex* hatte international große Aufmerksamkeit erregt. De Saussure greift in seinen sprach- und zeichentheoretischen Überlegungen sowohl terminologisch als auch konzeptionell auf diesen Wernicke-Text zurück. Vgl. hierzu Kap. 3.1 sowie Jäger 2001.

57 Heymann Steinthal habilitierte sich 1849 in Berlin (*Die Sprachwissenschaft Wilhelm von Humboldts und die Hegelsche Philosophie*). Seit dieser Zeit las er mit Unterbrechungen durch Studienaufenthalte in Paris und London (1852-1856) bis zu seinem Tod im Jahr 1899 an der Berliner Universität über Grammatik, Klassifikation der Sprachen, Sprachgeschichte und Sprachphilosophie. Die Bitte um Erteilung einer außerordentlichen Professur (8.12.1856) wurde ihm bis 1862 abgeschlagen. Ein Ordinariat hat er trotz seines großen internationalen Renommees

in Berlin nie erhalten. Hierin ein antijüdisches Ressentiment zu sehen ist sicher nicht ganz abwegig. In der Sitzung der Philosophischen Fakultät, die anlässlich seines Todes seinem Gedenken gewidmet war, verwandelte die Fakultät seine Stelle mit neuer Denomination zur Wiederbesetzung in ein Ordinariat.

58 Waltraud Bumann (Bumann 1965, 43) behauptet, de Saussure habe während seines Berlinsemesters »mit Sicherheit« Vorlesungen Steinthals gehört. Leider gibt sie nicht an, worauf sich die Sicherheit dieser Feststellung stützt.

59 De Saussure machte sich tatsächlich im Spätsommer 1880 zu einer Reise nach Litauen auf. Dies hatte etwa Godel im Anschluss an Muret, De Mauro und Mounin angenommen (vgl. Godel 1973; Redard 1976a). Die Bestätigung der Vermutung ergibt sich aus Dokumenten, die 1996 im Genfer Gartenhaus der Familie gefunden wurden: Hier befindet sich ein preußischer »Passir- und Grenzlegitimations-Schein« de Saussures, ausgefertigt durch den »Königl. Preuß. Landrath«, »Memel, den 7ten August 1880«, »Giltig auf 14 Tage« für einen Grenzübertritt nach »Krottingen in Russland«. Das russische Krottingen lag nur eine Bahnstation vom preussischen Memel entfernt. Aufgrund eines Transkriptionsfehlers gibt Joseph als Reiseziel »Strassingen« an (vgl. Joseph 2007a, 162ff.). Bei einem weiteren, von Joseph als »offizielles Gesuch für einen preussischen Pass« bezeichneten, am 5. August ausgestellten Dokument handelt es sich nicht, wie Joseph meint, um ein Passgesuch, sondern um ein polizeiliches Führungszeugnis, das der »Amtsvorsteher«, also der Bürgermeister von Paskalwen (nicht – wie Joseph transkribiert, der »Ambassador«), Ziegler de Saussure ausstellte: »Der Dr. philos.: Herr de Saussure aus Genf, Schweiz, hat sich betreffs Studiums der litauischen Sprache längere Zeit hier aufgehalten, ist genau bekannt und mir bestens aufgefallen. Paskalwen bei Tilsit d. 5ten August 1880 – Der Amtsvorsteher Ziegler.« De Saussure war also am 5. August schon einige Zeit in Litauen. Da er sich am 18. Juli nachweislich noch in Leipzig befand, muss er unmittelbar nach diesem Datum abgereist sein. Joseph findet es erstaunlich, dass de Saussure auf dem »Passir- und Grenzlegitimationsschein« als »a Prussian subject« bezeichnet werde. Dies ist jedoch wenig erstaunlich, wenn man das Dokument in Augenschein nimmt: Es handelt sich nämlich um einen amtlichen Vordruck, der lautet: »Vorzeiger dieses, der Preussi-

sche Unterthan [...] aus [...] Kreises Memel, begiebt sich nach [...] in Russland.« Die gepunkteten Linien wurden per Handschrift ausgefüllt mit »Dr. philos. Saussure, Genf«, »Krottingen«. Hinter der handschriftlichen Einfügung »Genf« wurde »Kreises Memel« gestrichen.

60 In den für das Sommersemester 1880 und die Zeit vor seinem Umzug nach Paris bislang zur Verfügung stehenden Quellen findet sich kein Hinweis auf die Litauen-Reise. Den engen Leipziger Freund Baunack informierte er nicht über eine geplante Litauenreise. Baunack beklagte sich darüber in einem Brief, den er nach de Saussures Abreise in dessen Zimmer hinterließ: »Dass ich über Ihren so schnellen Weggang nach Litauen sehr erstaunt war, können Sie sich wohl denken [...].« (Redard 1976a, 143; Lettres 465)

61 Die Gesellschaft war am 14. Oktober 1879 in Tilsit gegründet worden. 1905 hatte sie mehr als 200 Mitglieder, darunter neben de Saussure etwa de Courtenay, Bezzenberger, Brugmann, Fortunatov und Leskien (Tumaviciute 1979). Seit 1880 verfügte sie über eine eigene, jährlich erscheinende Zeitschrift, *Mitteilungen der litauischen literarischen Gesellschaft*, die zwischen 1880 und 1912 in 31 Heften erschien (Tumaviciute 1979, 48). Für die Recherche einschlägiger litauischer Forschungsliteratur, ihre auszugsweise Übersetzung sowie Recherchen in litauischen Archiven und Institutionen vor Ort bin ich Laima Pupininkaite zu großem Dank verpflichtet.

62 Vgl. *Mitteilungen der litauischen literarischen Gesellschaft*, Heft 1 (1880), 176.

63 Auf der Rückseite seines Passierscheins notierte de Saussure einige dialektale Daten mit der Bemerkung »aber alles das stammt von einem Menschen aus dem entlegensten Teil des Haffs (›mais tt cela est d'un type venant du fond du Haff‹)«. Mit »Haff« ist nicht – wie Joseph meint – »Hafen« gemeint (Joseph 2007a, 163). De Saussure bezieht sich vielmehr auf das »Kurische Haff«, auf das durch die »Kurische Nehrung« von der Ostsee abgetrennte Binnengewässer, an dessen nördlichstem Ende Memel liegt.

64 Havet formuliert hier: »Das Buch de Saussures ist eines der bemerkenswertesten sprachwissenschaftlichen Werke, das seit langem erschienen ist, nicht nur aufgrund seiner Resultate, sondern auch aufgrund dessen, was es für die Zukunft verspricht. Eine Erneuerung eines Teils der Wissenschaft wird daraus hervorgehen. Aber am be-

deutsamsten an dieser hochwertigen Schrift ist, was sie von ihrem Autor erwarten lässt: Ferdinand de Saussure ist einundzwanzig Jahre alt.«

65 In einem Brief vom 26. Februar 1879 bedankt sich Henri bei Havet für die Mühe, die er sich in seiner Rezension mit dem »jungen Debütanten« gemacht habe (Redard 1976b, 318).

66 Henri de Saussure war offenbar bis zu seinem Tod 1905 die beherrschende Figur der Familie. Wie mir Claude de Saussure berichtete, waren die beiden Söhne Ferdinands stärker auf den Großvater Henri als auf den Vater Ferdinand fokussiert. Vgl. auch Kap. 2.3 »Diaspora: die Rückkehr nach Genf«.

67 Duchosal spricht von einer vertieften Kenntnis von zwanzig Sprachen; die Kenntnis von Latein, Deutsch, Französisch, Englisch und Italienisch habe er in seinen Lehrveranstaltungen als bekannt vorausgesetzt. Vgl. Duchosal 1950, 1.

68 F. Schlegel 1877, 291.

69 De Saussure verwendet den Terminus »phonétique« in Opposition zu »phonologique« ausschließlich für »den Lautwandel in der Zeit und wir schließen die physiologische Phonologie aus der Phonetik aus«. Vgl. Engler 1968, 40. Bemerkenswert ist auch die frühe Verwendung der begrifflichen Trias »Sinn, Wert, Gebrauch«. Vgl. hierzu Kap. 4.1 und 4.2.

70 De Saussure hat in seinen 654 Seiten umfassenden »Notes sur l'accentuation lituanienne« einen Strukturentwurf des Buches skizziert, das leider nicht publiziert wurde (vgl. Saussure 2003b, hier: 323. Vgl. unten Kap. 4.1 »Physik und Grammatik«).

71 Einige Ergebnisse publizierte de Saussure ab 1894 in drei Arbeiten (Saussure 1894a; Saussure 1894b; Saussure 1896). Vgl. hierzu Kap. 4.1 »Physik und Grammatik«.

72 Claude de Saussure teilte mir in einem Gespräch 1996 mit, dass Ferdinand am liebsten in Paris geblieben wäre, die Familie ihn jedoch bewogen habe, nach Genf zurückzukehren.

73 Den entsprechenden Auszug aus dem Testament Théodores stellte mir Claude de Saussure zur Verfügung.

74 Raymond de Saussure wurde, angeregt durch den Genfer Kollegen seines Vaters, Théodore Flournoy, der wie dieser 1891 in Genf auf eine neu eingerichtete Professur (»chaire extraordinaire de psychologie phy-

siologique, soit expérimental«) berufen worden war, 1919 zum Mitbegründer der schweizerischen psychoanalytischen Gesellschaft und vermählte sich mit Flournoys Tochter. 1920/21 unterzog er sich während der Arbeit an seinem Buch *La méthode psychoanalytique* (Lausanne 1922) einer Lehranalyse bei Freud (vgl. de Saussure 1997, 542).

75 André-Victor de Saussure starb zum großen Kummer der Eltern drei Monate nach seiner Geburt (10.8.1895-5.11.1895).

76 1896 wurde auf Beschluss der Fakultät die außerordentliche Professur de Saussures in einen ordentlichen Lehrstuhl verwandelt, zugleich aber in ihrer Denomination einschränkend verändert. Der für de Saussures Ansatz programmatische Professur-Titel »Geschichte und Vergleich der indo-europäischen Sprachen«, den de Saussure in seiner Antrittsvorlesung von 1891 ausführlich begründet hatte (Saussure 1997, 240-277) wurde ersetzt durch »Sanskrit und Geschichte der indo-europäischen Sprachen«. De Saussure stimmte dieser Umdenomination zu, ohne allerdings in einem Brief an den Dekan seine Distanziertheit zu dieser Entscheidung der Fakultät zu verhehlen.

77 Zwar spricht Bréal in einer Tischrede aus Anlass des Orientalistenkongresses 1894 davon, de Saussure habe eine »Genfer Schule der Linguistik« begründet (Bally 1908), doch bezieht er sich hier ohne Zweifel auf den Glanz, der noch von de Saussures Pariser Tätigkeit nach Genf ausstrahlte. Vgl. hierzu auch Bréals Nekrolog (Bréal 1913), in dem er de Saussures schulbildende Wirkung auf Frankreich beschränkt. Eine Genfer Linguistenschule entstand erst in der Wirkungsgeschichte des *Cours* (Sechehaye 1927). Diese Genfer Schule hat nur sehr indirekt und gebrochen etwas mit einer Begründungsleistung de Saussures zu tun. Vgl. hierzu unten Kap. 5.1 und 5.2.

78 Vgl. Brief de Saussures an Bally, vom 3. Juli 1894 [BPU Genf – Ms. fr. 5134/68].

79 Vgl. Brief de Saussures an Johannes Schmidt vom 26. Juli 1894 [Nachlass Johannes Schmidt].

80 So beteiligt er sich an der gemeinsam mit Edouard Claparède durchgeführten Studie des Genfer Psychologen Théodore Flournoy über die »Farben der Vokale« (Saussure 1997, 178 ff.) sowie als Sanskrit-Experte an der Untersuchung des Mediums Catherine Muller alias Hélène Smith, von der angenommen wurde, dass sie unter spiritistischen Bedingungen in Trance in der Lage sei, Sanskrit zu sprechen.

De Saussure nahm nicht nur an Séancen teil, sondern kommentierte auch ausführlich die »sanskritoide« Sprache von Hélène Smith, von der er nachwies, dass sie nicht als Sanskrit angesehen werden könne (Saussure 1997, 183 ff.). De Saussure stand in einem regen mündlichen und schriftlichen Austausch mit Flournoy (vgl. Saussure 1997, 542).

81 Allein die Anagrammstudien – das umfangreichste Textkonvolut, an dem de Saussure zwischen 1906 und 1909 arbeitet – umfassen 3600 Blätter (Saussure 1997, 436; vgl. hierzu de Saussure 1997, 213 ff.; ebenso Scheerer 1980, 167 ff.). Sie zeigen zugleich allerdings exemplarisch, welche Fragilität der Selbsteinschätzung mit der Einsamkeit der Textproduktion verbunden war. Am 12. November 1906 schreibt er an Meillet: »Haben Sie die Güte, mir diesen Freundschaftsdienst zu erweisen und Notizen über das Anagramm in den homerischen Dichtungen zu lesen, die ich neben anderen Studien im Verlauf meiner Untersuchungen zum saturnischen Vers niedergeschrieben habe; und betreffs dieser ich Sie vertraulich konsultiere, denn es ist demjenigen, der diese Idee hat, nahezu unmöglich zu wissen, ob er Opfer einer Illusion ist oder ob seiner Idee etwas Wahres oder Halbwahres zugrunde liegt.« Er müsse ihn, fährt de Saussure fort, aufgrund der vielleicht »illusorischen Hypothese« um »gänzliche Diskretion« bitten (Saussure 1997, 520).

82 Sein Lehrstuhl erhielt nun wieder die Denomination »Allgemeine Linguistik sowie Geschichte und Vergleich der indo-europäischen Sprachen«.

83 In einem Gespräch mit seinem Schüler Léopold Gautier stellt er am 6. Mai 1911 fest: »All das ist nicht genug ausgearbeitet. (Ich frage ihn, ob er sich vor dem Tod Wertheimers nicht mit diesen Themen befasst habe.) – Im Gegenteil, ich glaube nicht, daß ich seit damals etwas hinzugefügt habe. Es sind Themen, die mich vor allem vor 1900 beschäftigt haben.« (Saussure 1997, 524)

84 Regard spielt hier auf den Umstand an, dass Bally und Sechehaye die Vorlesungen zur allgemeinen Sprachwissenschaft nicht selbst gehört hatten.

85 De Saussure hatte sich im Herbst 1912 aufgrund einer ernsthaften Kehlkopferkrankung nach Vufflens zurückgezogen. Über diese Erkrankung hatte er den Dekan der Philosophischen Fakultät, Francis De Crué, in einem Brief vom 9. September 1912 informiert und um

eine einjährige Beurlaubung gebeten. David, der Genfer Korrespondent der *Gazette de Lausanne*, weist in seinem Nekrolog von 1913 auf den »durch die Krankheit veränderten Klang seiner Stimme« hin (J.-Élie David, Ferdinand de Saussure, in: *Gazette de Lausanne*, Lausanne, 25. Februar 1913, S. 2). Fehrs (mit Fragezeichen versehene) Vermutung, de Saussure sei an Kehlkopfkrebs gestorben (de Saussure 1997, 549 f.), hat große Plausibilität. Claude de Saussure hat mir in einem persönlichen Gespräch eine andere Todesursache genannt, keine im Übrigen, die die Gerüchte über eine angebliche Alkoholkrankheit de Saussures stützen würde.

86 De Saussures Wendung »Prinzipien der Linguistik« zielt offenbar kritisch auf Whitneys *Vorlesungen über die Prinzipien der vergleichenden Sprachforschung* (Whitney 1874) sowie auf Hermann Pauls *Prinzipien der Sprachgeschichte*, die er für ungeeignet hielt, die Grundlagenprobleme der Linguistik zu lösen (Zur Bedeutung des Begriffes »Principienwissenschaft« für die Junggrammatiker vgl. auch Brugmann 1885, 33 ff.). De Saussure hatte, nachdem Hermann Paul ihm die zweite Auflage der *Prinzipien der Sprachgeschichte* zugesandt hatte, die Absicht, diese zu rezensieren. In einem am 4. November (wahrscheinlich 1889) während seiner Paris-Beurlaubung geschriebenen Brief an Paul heißt es: »Sehr geehrter Herr Professor, die Lektüre des Werkes, welches Sie so gütig waren, mir zu übersenden, verspare ich mir als ein Vergnügen auf die nächsten Tage.« Er fügt hinzu, »dass, sobald ich in Paris nächsten Winter sein werde, ich es mir angelegen sein lassen werde, eine Notiz ihrer Principien zu veröffentlichen. Es wird mir eine sehr angenehme Aufgabe sein.« Vgl. Brief de Saussures an Hermann Paul, BPU Genf, Ms. fr. 5004/130.

87 Von großem allgemeinen sprach- und zeichentheoretischen Interesse sind auch die zwischen 1903 und 1910 verfassten, 814 Blätter umfassenden ›Germanischen Legenden‹ (Turpin 2003a und Turpin 2003b; ebenso Saussure 1997, 417-436).

88 Vgl. hierzu Kap 4.1 »Physik und Grammatik« und Jäger/Buss/Ghiotti in: Saussure 2003c.

89 Das heißt nicht, dass de Saussures Denken nicht etwa in einem weiteren Sinne (Engler 1975, 832) ›strukturalistisch‹ genannt werden könnte.

90 Diese Kritik an der »lächerlichen Lehre« etwa Max Müllers, »welche die Sprache als ein Naturreich darstellte, das für sich existiert«, teilte de Saussure (Saussure 1997, 373).

91 Scherers Bemerkung ist hier programmatisch: »Vergebens, dass uns geistreiche Subtilität einbilden will, es gebe eine eigene, geschichtlicher Betrachtung allein zustehende Methode, die ›nicht erklärt, nicht entwickelt, sondern versteht‹.«

92 Leitend für die Junggrammatiker waren auch hier Whitneys Überlegungen zum Verhältnis ›moralischer‹ und ›physikalischer‹ Wissenschaften (vgl. Whitney 1875; hierzu Jäger 1975, 231 ff.).

93 Dies waren unter anderem der Physiologe Eduard Hitzig sowie der Psychiater und Hirnforscher Carl Westphal, an dessen Berliner Klinik Carl Wernicke ab 1876 als Assistent arbeitete.

94 Steinthal hatte bereits 1871 in seinem *Grundriss der Sprachwissenschaft* ein ganzes Kapitel dem Aphasie-Problem gewidmet. Vgl. Steinthal ^{2}1888; es ist denkbar, dass nach dieser Debatte in Berlin ein Diskussionszusammenhang zwischen Steinthal und Wernicke bestand, auf den de Saussure in seinem Berliner Semester traf. In der Tat setzte sich Wernicke bereits in seinem ›aphasischen Symptomenkomplex‹ von 1874 kritisch mit Steinthal auseinander (Wernicke 1874, 20).

95 Ohne Zweifel war für diese Offenheit die intellektuelle Tradition seiner über Generationen naturwissenschaftlich geprägten Familie mit verantwortlich.

96 Die psycho-physiologische Sprachtheorie (Wernicke 1874; 1893; Lichtheim 1885; Wundt 1902, Bd. I, 307-320) korrelierte die Typen-Trias von Erinnerungsbildern mit entsprechenden Gehirnzentren und nutzte das Modell zur Klassifikation von Aphasien. Diese wurden als Störungen entweder der Zentren selbst oder der Verbindungen zwischen den Zentren interpretiert. Vgl. zu de Saussures Bezugnahmen auf die Erinnerungsbild-Zentren-Theorie Jäger 2001.

97 Adrien Naville (Naville 1901) hat in seiner *Nouvelle classification des sciences* auf de Saussures wissenschaftslogischen Vorschlag Bezug genommen.

98 Allerdings ist dies – wie de Saussure kritisch feststellt – nicht der Stand der Einsicht zeitgenössischer Psychologie (Saussure 1997, 334). In der dritten Vorlesung betonte de Saussure, dass bei der Situierung der Linguistik im Ensemble der Wissenschaften die Bestimmung des

schwierigen Verhältnisses zur Psychologie Vorrang habe (vgl. EC 21, 110, III C 7); bestimmbar sei dieses Verhältnis nur aus semiologischer Perspektive: »Aus der Perspektive der Semiologie [travers la sémiologie] sieht man das Band der Linguistik und der Psychologie.« (EC 21, 112; vgl. auch EC(N) 47).

99 Meine Konjektur.

100 In jüngerer Zeit hat sich auch Rudolf Engler meiner seit 1975 vertretenen These angeschlossen, dass das Saussure'sche Denken in eine solche Tradition gestellt werden muss: Die Notizen zu »Divination – Induction« insbesondere erhärten nach seiner Ansicht die Annahme eines »Einflusses der Tradition Schleiermacher-Dilthey, den besonders Ludwig Jäger postuliert hat« (Engler 2001, 77; ebenso Engler 2004; 47f.).

101 Die These eines Einflusses von Humboldt auf de Saussure vertritt etwa Christmann 1966. Whitney 1868, 5 sowie Whitney 1875, 21 f., referiert ausführlich Humboldts Weltansicht-These. Saussure kannte die Schriften Whitneys sehr gut.

102 Vgl. auch de Saussures in der zweiten Genfer Vorlesung gegebenen Hinweis, Bopp habe in Paris Humboldt und Schlegel kennengelernt, EC 3, 19.

103 Aus dieser Bemerkung de Saussures geht zweifelsfrei hervor, dass de Saussure Arbeiten Humboldts kannte. Eine Abschrift dieser Textstelle hat mir dankenswerterweise Rudolf Engler zur Verfügung gestellt.

104 So schreiben etwa Beauzée und Douchet in ihrem Enzyklopädieartikel »Grammaire« der Sprachverschiedenheit keine Bedeutung zu: Sie gehen vielmehr davon aus, dass es »fundamentale, allen Sprachen gemeinsame Prinzipien« gibt, »deren unzerstörbare Wahrheit allen willkürlichen und zufälligen Konventionen« zugrunde liegt, aus denen die »verschiedenen Idiome hervorgegangen sind, die die Menschengattung unterteilen«. Vgl. Beauzée/Douchet 1966, VIII, S. 841b; vgl. hierzu Monreal-Wickert 1977, 33ff.

105 Wilhelm von Humboldt, »Grundzüge des allgemeinen Sprachtypus«, in: *Internationale Zeitschrift für allgemeine Sprachwissenschaft*, herausgegeben von F. Techmer, Bd. 1, Heft 1, Leipzig 1884, 385-411.

106 De Saussure stimmt mit Humboldt in der Einschätzung überein, dass es sich um einen »grundlegenden Irrtum« handele, Begriff und Zeichen als zwei getrennte Dinge anzusehen: »Sprachlicher Bereich des

lautlichen Zeichens (Semiologie), in dem es ebenso vergeblich ist, den Begriff außerhalb des Zeichens wie das Zeichen außerhalb des Begriffs betrachten zu wollen« (Saussure 2003, 106). Bereits Humboldt hatte es einen »Grundirrtum« genannt, »der alle Sprachwissenschaft und alle richtige Würdigung der Sprache zerstört«, davon auszugehen, dass in sprachlichen Zeichen »das Bezeichnete ein von seinem Zeichen unabhängiges Dasein hat« (Humboldt 5, 428 f.). Der Begriff, formuliert Humboldt, »vermag sich aber ebensowenig von dem Worte abzulösen, als der Mensch seine Gesichtszüge ablegen kann« (Humboldt 7, 100), und de Saussure betont, dass im Zeichen (»sème«) »jede anfängliche Trennung zwischen der stimmlichen und ideologischen Seite« unzulässig sei, weil in ihm »Zeichen und Bedeutung in einer Art Persönlichkeit vereint« seien (Saussure 1997, 358 f.). Vgl. Kap. 4.2 »Das Spiel der Zeichen«.

107 Noch Kants *Anthropologie in pragmatischer Absicht* handelt die Sprache als Subspecies der »facultas signatrix« ab, wo sie sich als modus operandi der diskursiven (im Gegensatz zur symbolischen) Erkenntnis zum Zwecke der »Gedankenbezeichnung« des willkürlichen Zeichens (im Gegensatz zu natürlichen und zu Wunderzeichen) bedient. Dem (willkürlichen) Zeichen kommt dabei die Funktion zu, »den Begriff nur als Wächter (custos)« zu begleiten, »um ihn gelegentlich zu reproducieren« (vgl. Kant 1983, Band 10, 497, 500).

108 Humboldt verwendet den Begriff der Induktion ebenfalls explizit. Im *Essay* heißt es: »Der Vergleich der besonderen Eigenschaften einer Sprache mit denjenigen, die ihnen in einer anderen Sprache entsprechen, führt auf dem Wege der Induktion zu einer abstrakten Idee der Sprache [...].« (Humboldt 3, 319)

109 Das französische Syntagma in eckigen Klammern ist in Saussure 1997 ausgelassen.

110 Die »phonétique«, die eine linguistische Disziplin ist, hat es – anders als die Phonologie – »mit dem Wandel der Laute in der Zeit« zu tun (EC 91, 636 f.).

111 Hierin stimmt de Saussure mit Dilthey überein. Vgl. Kap. 3.2 »Induktion – Divination« sowie Kap. 5.2 »Gesichtspunkt und Gegenstand«.

112 Die Ergänzung in der eckigen Klammer ist meine Konjektur, L.J.

113 Die Termini »semiologisch« bzw. »Semiologie« begegnen uns also nicht erst – wie Engler feststellt – in den Whitney-Notizen von 1894

(Rudolf Engler 1980, 4 [Sémiologies Saussuriennes, in: CFS 34 (1980), 3-16]; ebenso etwa Fehr 1997, 123), sondern bereits in den frühen achtziger Jahren (vgl. Saussure 1995, 91, 120, 224f.).

114 Vgl. Jakobson 1966, 22; Coseriu 1967; vgl. hierzu den vorzüglichen Aufsatz von Engler 1973, 44ff.

115 De Saussure teilt hier Humboldts Idee von der synthetischen Natur des Wortes: »[...] in diesem sind Laut und Begriff, ohne nur eine Trennung zuzulassen, und jeder für sich unvollständig, Eins und machen Ein Wesen aus [...].« (Humboldt 5, 429, 436)

116 De Saussure unterscheidet in den *Notes item* terminologisch zwischen dem »aposème« als der »lautlichen Figur«, die im Diskurs als »Hülle des Zeichens« erscheint, dem »sème«, dem Zeichen, sofern es eine synthetische Ganzheit aus der »stimmliche[n] Seite und der ideologische[n] Seite« darstellt, sowie schließlich dem »parasème«, d. h. dem »sème« unter der Perspektive seiner negativen Bestimmtheit, seiner Vernetztheit innerhalb desselben »psychologischen Zeichensystems« (Saussure 1997, 358-361).

117 Meine Konjektur, L.J.

118 Vgl. hierzu de Saussures Erörterung des Wertbegriffs in der dritten Genfer Vorlesung, insbesondere die ausführliche Diskussion des Verhältnisses von »Bedeutung [signification]« und »Wert [valeur]« (EC 251, 1816, sowie die Constantin-Mitschrift EC 257ff.).

119 De Saussure räumt einem Szenario, »in dem die Sprache [langage] aufhören würde, um dem reinen Denken Platz zu machen«, nur konjunktivische Möglichkeit ein (Saussure 1997, 354; Saussure 2003a, 107, 139). In jedem Falle bindet er einen »nicht sprachlichen Bereich des reinen Denkens«, der der Ort absoluter, also nicht relationaler begrifflicher Kategorien wäre, an ein Ende der Sprache überhaupt. Nur unter dieser Voraussetzung wäre eine Welt »absoluter begrifflicher Kategorie[n]« denkbar (Saussure 2003a, 106f.).

120 De Saussure verwendet in den *Notes item* »sôme« und »anti-« bzw. »contre-sôme«, um die beiden »Sphären« des Lautlichen und des Bedeutsamen, insoweit sie unabhängig vom Zeichenganzen gedacht werden, terminologisch zu adressieren (vgl. etwa de Saussure 1997, 371f.).

121 Vgl. oben die vorangehenden Abschnitte.

122 Es geht insofern auch nicht um die Kritik einer ›Betrugsabsicht‹ der Herausgeber, die Engler mit Recht zurückweist (Engler 2004, 56), von

der er aber mitunter anzunehmen scheint, sie werde von den Kritikern der Herausgeber diesen unterstellt.

123 1928 veranstalteten die Genfer und die Prager ›Schule‹ einen Kongress in Den Haag [›Actes du Premier Congrès International des Linguistes‹ (1928), Leiden 1930], in dem beide Gruppen gemeinsam ein »allgemeines Programm einer strukturalen und funktionellen Linguistik« ausarbeiteten (Mathesius 1932, 291). Auf diesem Kongress, der als eine Geburtsstunde der strukturalen Linguistik gelten kann, beziehen sich insbesondere Jakobson, Karcevsky und Trubetzkoy auf den *Cours*, während Bally und Sechehaye ihren dogmatisch-exegetischen Anspruch in der Etablierung des *Cours* als strukturalistischer Gründungsurkunde entfalten (vgl. ›Actes 1930‹, 36-53). Im Anschluss an Den Haag tagte im Dezember 1930 in Prag die hier neu gegründete »Internationale Phonologische Vereinigung«, die sich mit ihrem Programm einer »funktionalen und strukturalen Linguistik« explizit auf de Saussure und Baudouin de Courtenay berief (Mathesius 1932, 292). Der Kongress diente unter anderem der Vorbereitung des zweiten internationalen Linguistenkongresses in Genf im August 1931, dessen Generalsekretär Albert Sechehaye war.

124 Besonders angetan hatte es den ›Herausgebern‹ der Schlusssatz des *Cours*, »Die Sprache an und für sich selbst betrachtet ist der einzige wirkliche Gegenstand der Sprachwissenschaft« (BSL 279), der bekanntlich nicht von de Saussure stammt, sondern von Sechehaye und Bally an das Ende des *Cours*-Textes gesetzt worden war (vgl. hierzu Jäger 1976, 217 ff., 218, Anm. 71). Er wird von beiden immer wieder als Zentralbeleg für de Saussures strukturalistischen Immanentismus in eigenen Arbeiten zitiert (zu Belegen vgl. Jäger 1976, 218). So unterstützte etwa Bally in einem Brief an Hjelmslev mit Verweis auf den Schlusssatz des *Cours* ausdrücklich dessen immanentistische Saussure-Lektüre (Scherer 1980, 51).

125 Vgl. zu der terminologischen Differenzierung des Langue-Begriffs in »langue 1« (= universelle semiologische Sprachidee) und »langue 2« (= synchrone Einzelsprache) Godel 1957, 157, 181, 266; Engler 1962, 44 f., sowie Jäger 1977.

126 Vgl. oben Kap. 4.2 »Zeichensysteme«.

127 Durch die Pointe dieser Textstelle, dass die Sphäre der *Parole die sozialste* ist, wurden bereits die Schüler in ihrem Verständnis herausgefordert:

So äußert Riedlinger in seiner Mitschrift offensichtlich irritiert: »Ich sehe, daß alle Teilnehmer der Vorlesung das wie ich verstanden haben, sogar Caille, der stenografierte.« (EC 384, I R 2.23, 2560)

128 Dass Sechehaye ausgerechnet diese Notiz für »unbrauchbar« hielt (vgl. Kap. 5.1), zeigt, wie wenig er das aphoristische Denken de Saussures billigen und verstehen konnte und für wie ›wiederherstellungs-‹ und ›nachschaffensbedürftig‹ er es hielt.

Siglen

BPU	Bibliothèque Publique Universitaire, Ville de Genève.
BS	F. de Saussure, Cours de linguistique générale. Publié par Charles Bally et Albert Sechehaye, avec la collaboration de Albert Riedlinger, Paris 1916.
BSL	F. de Saussure, Grundfragen der Allgemeinen Sprachwissenschaft, hrsg. von Charles Bally und Albert Riedlinger, übersetzt von Hermann Lommel, [1. Auflage Berlin 1931] 3. Auflage, Berlin 2001.
CFS	Cahiers Ferdinand de Saussure, Librairie Droz.
CLG	Cours de linguistique générale (vgl. BS).
DOC	P. Villani, Documenti Saussuriani conservati a Lipsia e a Berlino, in: Cahiers Ferdinand de Saussure 44 (1990), 3-33.
EC	F. de Saussure, Cours de linguistique générale. Édition critique par Rudolf Engler, Tome 1, Wiesbaden [1968] ²1989.
EC(N)	F. de Saussure, Cours de linguistique générale. Édition critique par Rudolf Engler, Tome 2: Appendice. Notes de F. de Saussure sur la linguistique générale, Wiesbaden [1974] ²1990.
Lettres	F. de Saussure, Lettres de Leipzig (1876-1880), présentation et édition par Mareike Buss/Lorella Ghiotti/Ludwig Jäger, in: Saussure 2003c, 442-472.
MÉM	F. de Saussure (1879) 1970, Mémoire sur le Système primitif des voyelles dans les langues indoeuropéennes, in: Bally, Gautier (1922) 1970, 1-268.
REC	Recueil des publications scientifiques de Ferdinand de Saussure. Publié par Charles Bally et Léopold Gautier, [Heidelberg 1922] Genève 1970.
SM	Robert Godel, Les sources manuscrites du Cours de linguistique générale de Ferdinand de Saussure, Genève [1957] ²1969.
UA	Universitätsarchiv.

Literatur

R. Amacker, Linguistique Saussurienne, Genève/Paris 1975.

R. Amacker, L'influence de Ferdinand de Saussure et la linguistique générale d'inspiration saussurienne en suisse, in: CFS 30 (1976), 71-96.

R. Amacker/Rudolf Engler (Hg.), Présence de Saussure. Actes du Colloque international de Genève (21.-23. mars 1988), Genève/Paris 1990.

R. Amacker, Correspondances Bally – Saussure, in: CFS 48 (1994), 91-134.

K.-O. Apel, Transformation der Philosophie, Bd. I, Sprachanalytik, Semiotik, Hermeneutik, Frankfurt/M. 1973.

M. Arrivé/Claudine Normand (Hg.), Saussure aujourd'hui. Actes du Colloque de Cerisy-la-Salle, Nanterre 1995.

C. Bally, Maître et disciples, in: Journal de Genève, 18.7.1908, 32-33.

C. Bally, Ferdinand de Saussure, in: La Semaine littéraire, 1.3.1913, 104-105.

N. Beauzèe/J.P.A. Douchet, Grammaire, in: Encyclopédie ou dictionnaire raisonné des sciences, des arts et des métiers. Nouvelle impression en facsimilé de la première édition de 1751-1780, Stuttgart-Bad Cannstadt 1966ff., Bd. VIII.

É. Benveniste, Ferdinand de Saussure à l'École des Hautes Études, in: Jan Baudouin de Courtenay (Hg.), A Baudouin de Courtenay Anthology: The Beginnings of Structural Linguistics, Bloomington/London 1964, 21-34.

É. Benveniste, Lettre de Ferdinand de Saussure à Antoine Meillet du 28. 10.1902, in: CFS 21 (1964), 93-130.

É. Benveniste, Nature du signe linguistique. Problèmes de linguistique générale, Paris 1966.

É. Benveniste, Die Natur des sprachlichen Zeichens, in: Hans Naumann (Hg.), Der moderne Strukturbegriff, Darmstadt 1973, 81-88.

É. Benveniste, Probleme der allgemeinen Sprachwissenschaft, Frankfurt/M. 1977.

L. Bloomfield, Rezension der zweiten Auflage des Cours de linguistique générale, in: Modern Language Journal 8 (1924), 317-319.

F. Bopp, Sanskritgrammatik. Ausführliches Lehrgebäude der Sanskrit-Sprache, Berlin 1863.
F. Bopp, Vergleichende Grammatik des Sanskrit, Send, Armenischen, Griechischen, Lateinischen, Litauischen, Altslawischen, Gothischen und Deutschen, 3 Bde., Berlin 1868-1871.
S. Bouquet, Introduction à la lecture de Saussure, Paris 1997.
S. Bouquet, Saussure après un siècle, in: Ferdinand de Saussure, Cahier dirigé par Simon Bouquet, Paris 2003, 11-15.
B. Bouvier, Historique des facultés de 1872 à 1896, in: Université de Genève (Hg.), Histoire de l'Université de Genève. L'Académie et l'Université au XIXe siècle. Annexes, Genève 1934, 69-168.
R.B. Brandom, Begründen und Begreifen, Frankfurt/M. 2001.
M. Bréal, Nécrologie de Ferdinand de Saussure, in: Le Temps, 26.2.1913, 4.
P. Broca, Sur le siège de la faculté du langage articulé avec deux observations d'aphémie, in: Bulletin et mémoires de la société anatomique de Paris 36 (1861), 330-357.
V. Bröndal, Linguistique structurale, in: Acta Linguistica 1 (1939), 2-10.
K. Brugmann, Rezension des Mémoire, in: Literarisches Centralblatt für Deutschland 24, 14.6.1879, 773-774.
K. Brugmann, Rezension von Hermann Paul, Principien der Sprachgeschichte, in: Literarisches Centralblatt für Deutschland 18, 1881, 637-638.
K. Brugmann, Zur Frage nach den Verwandtschaftsverhältnissen der indogermanischen Sprache, in: Internationale Zeitschrift für allgemeine Sprachwissenschaft, hrsg. von F. Techmer, Leipzig 1884, I. Band, 226-256.
K. Brugmann, Erwiderung auf Georg Curtius' Schrift »Zur Kritik der neuesten Sprachforschung«, Straßburg 1885.
K. Brugmann, Zum Gedächtnis W. D. Whitneys, Journal of the American Oriental Society of America 19 (1897), 74-81.
W. Bumann, Die Sprachtheorie Heymann Steinthals. Dargestellt im Zusammenhang mit seiner Theorie der Geisteswissenschaft, Mainz 1965.
M. Buss/Ludwig Jäger, Le saussurisme en Allemagne au XX. siècle, in: Cahiers Ferdinand de Saussure 56 (2003), 133-154.

M. Buss/Lorella Ghiotti/Ludwig Jäger, »Lettres de Leipzig, 1875-1880«, in: Simon Bouquet (Hg.), Cahier de l'Herne Ferdinand de Saussure, Paris 2003, 442-472.
M. Buss/Lorella Ghiotti/Ludwig Jäger: »Bibliographie choisie, raisonnée et annotée«, in: Simon Bouquet (éd.), Cahier de l'Herne Ferdinand de Saussure, Paris 2003, 505-525 (= 2003b).
L.-J. Calvet, Pour et contre Saussure. Vers une linguistique sociale, Paris 1975.
P. Carruthers/J. Boucher (Hg.), Language and Thought. Interdisciplinary Themes, Cambridge/Mass. 1998.
E. Cassirer, Philosophie der symbolischen Formen, Erster Teil, Die Sprache, Darmstadt 1964.
D. Di Cesare, Pour une herméneutique du langage. Épistémologie et méthodologie de la recherche linguistique d'après Humboldt, in: CFS 44 (1990[1991]), 123-140.
N. Chomsky, On Nature, Use and Acquisition of Language, in: W. G. Lycan (Hg.), Mind and Cognition, Oxford, Cambridge/Mass. 1990, 627-646.
H.-H. Christmann, Beiträge zur Geschichte der These vom Weltbild der Sprache, Mainz 1966.
E. Coseriu, L'arbitraire du signe. Zur Spätgeschichte eines aristotelischen Begriffes, in: Archiv für das Studium der neueren Sprachen und Literaturen [ASNS] 204 (1967), 81-112.
E. Coseriu, Synchronie, Diachronie und Geschichte, München (1958) 1974.
J. Culler, Saussure, Glasgow 1976.
J. Culler, Introduction, in: Ferdinand de Saussure, Course in General Linguistics. Introduction by J. Culler. Edited by Charles Bally and Albert Sechehaye, in collaboration with Albert Riedlinger. Translated from the French by Wade Baskin, Glasgow 1977, xi-xxv.
G. Curtius, Grundzüge der Griechischen Etymologie, Leipzig [4]1873.
G. Curtius, Zur Kritik der neuesten Sprachforschung, Leipzig 1885.
J.-É. David, Nekrolog auf Saussure: Ferdinand de Saussure, in: Gazette de Lausanne, Lausanne 25.2.1913.
M. Décimo, Saussure à Paris, in: Cahiers Ferdinand de Saussure 48 (1994), 75-90.
B. Delbrück, Einleitung in das Sprachstudium. Ein Beitrag zur Geschichte und Methodik der vergleichenden Sprachforschung, Leipzig 1880.

B. Delbrück, Die neueste Sprachforschung. Betrachtungen über Georg Curtius' Schrift zur Kritik der neuesten Sprachforschung, Leipzig 1885.

W. Dilthey, Die geistige Welt. Einleitung in die Philosophie des Lebens, Erste Hälfte: Abhandlungen zur Grundlegung der Geisteswissenschaften, Gesammelte Schriften, V. Band, Leipzig und Berlin [1875] 1924.

H. Duchosal, Notes et souvenirs sur un linguiste de génie: Ferdinand de Saussure, in: Tribune de Genève, 27.12.1950.

E. Einhauser, Die Junggrammatiker. Ein Problem der Wissenschaftsgeschichtsschreibung, Trier 1989.

R. Engler, C.L.G. und S.M.: eine kritische Ausgabe des »Cours de linguistique générale«, Kratylos 4 (1959), 119-132.

R. Engler, Théorie et critique d'un principe saussurien: l'arbitraire du signe, in: Cahiers Ferdinand de Saussure 19 (1962), 5-66.

R. Engler, Lexique de la terminologie saussurienne, Utrecht/Antwerpen 1968.

R. Engler, Rôle et place d'une sémantique dans une linguistique saussurienne, in: Cahiers Ferdinand de Saussure 28 (1973), 35-52.

R. Engler, European Structuralism: Saussure, in: Thomas A. Sebeok, Current Trends in Linguistics, Vol. 13, Historiography of Linguistics, The Hague/Paris 1975, 829-886.

R. Engler, Sémiologies saussuriennes 2. Le Canavas, in: Cahiers Ferdinand de Saussure 34 (1980), 3-16.

R. Engler, Die Verfasser des CLG, in: Peter Schmitter (Hg.), Zur Theorie und Methode der Geschichtsschreibung der Linguistik. Analysen und Reflexionen, Tübingen 1987, 141-161.

R. Engler, Entre Bally, Spitzer, Saussure, in: Cahiers Ferdinand de Saussure 54 (2001), 61-81.

R. Engler, The making of the Cours de linguistique générale, in: Carol Sanders (Hg.), The Cambridge Companion to Saussure, Cambridge 2004, 47-58.

J. Fehr, Saussure, Zwischen Linguistik und Semiologie. Ein einleitender Kommentar, in: Saussure 1997, 17-226.

S. Freud, Zur Auffassung der Aphasien. Eine kritische Studie. Leipzig/Wien 1891.

L. Gautier, La linguistique générale de Ferdinand de Saussure, in: Gazette de Lausanne, Lausanne, 13.8.1916.

R. Gmür, Das Mémoire von F. de Saussure, Arbeitspapier 18, Universität Bern, Institut für Sprachwissenschaft, 1980.

R. Gmür, Das Schicksal von F. de Saussures ›Mémoire‹. Eine Rezeptionsgeschichte, Arbeitspapier 21, Universität Bern, Institut für Sprachwissenschaft, 1986.

R. Godel, Notes inédites de F. de Saussure, Cahiers Ferdinand de Saussure 12 (1954), 49-71.

R. Godel, Inventaire des manuscrits de F. de Saussure remis à la bibliothèque publique et universitaire de Genève, Cahiers Ferdinand de Saussure 17 (1960), 5-11.

R. Godel, Souvenirs de F. de Saussure concernant sa jeunesse et ses études, Cahiers Ferdinand de Saussure 17 (1960), 12-25.

R. Godel, Les sources manuscrites du Cours de linguistique générale de Ferdinand de Saussure, Genf ([1957] ²1969 [= SM]).

R. Godel, A propos du voyage de F. de Saussure en Lituanie, in: Cahiers Ferdinand de Saussure 28 (1973), 7-22.

M. Grammont, Rezension von »Mélanges linguistiques offerts à M. F. de Saussure, RLR 55 (1912), 387-389.

G. Granger (1959), Geschehen und Struktur in den Wissenschaften vom Menschen, in: Hans Naumann (Hg.), Der moderne Strukturbegriff. Materialien zu seiner Entwicklung, Darmstadt 1973, 207-248.

H. U. Gumbrecht, K. L. Pfeiffer (Hg.), Materialität der Kommunikation, Frankfurt/M. 1988.

J. J. Gumperz/S. C. Levinson (Hg.), Rethinking Linguistic Relativity, Cambridge 1996.

L. Havet, Rezension von: Mémoire sur le système primitif des voyelles dans les langues indo-européennes par Ferdinand de Saussure in: Journal de Genève N° 47, 50. Jahrgang, 25.2.1879.

G. Helbig, Geschichte der neueren Sprachwissenschaft unter dem besonderen Aspekt der Grammatik-Theorie, München 1973.

L. Hjelmslev, Langue et Parole, in: Cahiers Ferdinand de Saussure 2 (1942), 30-44.

L. Hjelmslev, Für eine strukturale Semantik, in: Hans Naumann (Hg.), Der moderne Strukturbegriff. Materialien zu seiner Entwicklung, Darmstadt 1973, 249-269.

L. Hjelmslev, Aufsätze zur Sprachwissenschaft, Stuttgart 1974.

W. von Humboldt, Die sprachphilosophischen Werke Wilhelm von Humboldts, herausgegeben und erklärt von Dr. H. Steinthal, Berlin 1882-1884.

W. von Humboldt, Grundzüge des allgemeinen Sprachtypus, in: Internationale Zeitschrift für allgemeine Sprachwissenschaft, herausgegeben von F. Techmer, Bd. 1, Heft 1, Leipzig 1884, 385-411.

W. von Humboldt, Gesammelte Schriften [Werke], hrsg. von Albert Leitzmann, 17 Bde., Berlin 1903-1936 [Photomechanischer Nachdruck Berlin 1968].

M. Ivic, Trends in Linguistics, The Hague/Paris 1970.

L. Jäger, Zu einer historischen Rekonstruktion der authentischen Sprachidee F. de Saussures, Düsseldorf 1975.

L. Jäger, F. de Saussures historisch-hermeneutische Idee der Sprache, in: Linguistik und Didaktik 27 (1976), 210-244.

L. Jäger, Saussure-Kritik ohne Textkritik. Anmerkungen zu einem exemplarischen Kritik-Klischee, in: ZGL 5.3 (1977), 298-317.

L. Jäger, F. de Saussures semiologische Begründung der Sprachtheorie, in: Zeitschrift für Germanistische Linguistik 6.1 (1978), 18-30.

L. Jäger, Ferdinand de Saussure. Genese, Rezeption und Aktualität seiner Sprachtheorie, in: Sprache und Literatur in Wissenschaft und Unterricht 54 (1984), 19-30.

L. Jäger, Aspekte der Sprachtheorie Wilhelm von Humboldts, in: Scharf (Hg.), Humboldts Sprachdenken, Hagen 1985, 163-180.

L. Jäger, Über die Individualität von Rede und Verstehen. Aspekte einer hermeneutischen Semiologie bei Wilhelm von Humboldt, in: Manfred Frank (Hg.), Poetik und Hermeneutik XIII, Individualität, München 1988, 76-94.

L. Jäger, »Language, what ever that may be.« Die Geschichte der Sprachwissenschaft als Erosionsgeschichte ihres Gegenstandes, in: Zeitschrift für Sprachwissenschaft 12.1 (1993), 77-106 (Jäger 1993a).

L. Jäger: »Chomsky's problem«. Eine Antwort auf Bierwisch, Grewendorf und Habel, in: Zeitschrift für Sprachwissenschaft 12.2 (1993), 235-260 (Jäger 1993b).

L. Jäger, Die Linguistik des Innern. Historische Anmerkungen zu den zeichen- und erkenntnistheoretischen Grundlagen der kognitivistischen Sprachwissenschaft, in: Ludwig Jäger/Bernd Switalla (Hg.), Germanistik in der Mediengesellschaft, München 1994, 291-326.

L. Jäger, Neurosemiologie. Das transdisziplinäre Fundament der Saussureschen Sprachtheorie, in: Cahiers Ferdinand de Saussure 54 (2001), 289-337.

L. Jäger, »Wissenschaft der Sprache. Einleitender Kommentar zu den Notizen aus dem Gartenhaus, in: Saussure 2003a, 11-55 (Jäger 2003a).

L. Jäger, La pensée épistemologique de F. de Saussure, in: Simon Bouquet (Hg.), Ferdinand de Saussure, Cahier de l'Herne, Paris 2003, 202-219 (Jäger 2003b).

L. Jäger/Mareike Buss/Lorella Ghiotti (Hg.), F. de Saussure, Notes sur l'accentuation lituanienne, in: Saussure 2003c, 323-350.

L. Jäger/Erika Linz (Hg.), Medialität und Mentalität. Theoretische und empirische Studien zum Verhältnis von Sprache, Subjektivität und Kognition, München 2004.

L. Jäger, Aposème und Parasème: Das Spiel der Zeichen – Saussures semiologische Skizzen in den »Notes«, in: Zeitschrift für Semiotik, Bd. 30, Heft 1-2 (2008), 49-71.

R. Jakobson, A la recherche de l'Essence du langage, in: Problèmes du langage, Paris 1966.

K. Jaunius, Lettre à Ferdinand de Saussure, in: Cahiers Ferdinand de Saussure 28 (1973), 15-22.

J. Jordan/W. Bahner, Einführung in die Geschichte und Methoden der romanischen Sprachwissenschaft, Berlin 1962.

J. E. Joseph, Saussure's meeting with Whitney, Berlin 1879, in: Cahiers Ferdinand de Saussure 42 (1988), 205-214.

J. E. Joseph, Two Mysteries of Saussure's early years revolved, in: Historiographia Linguistica XXXIV: 1 (2007), 155-166 (Joseph 2007a).

J. E. Joseph, The Poet who could smell vowels. Ferdinand de Saussure, the father of structuralism, owed much to Hobbes and Mill, and numbered Henry VII among his ancestors, in: The Times Literary Supplement (TLS), November 14, 2007 (Joseph 2007b).

I. Kant, Kritik der reinen Vernunft. Nach der ersten und zweiten Original-Ausgabe neu herausgegeben von Raymund Schmidt, Hamburg 1965.

I. Kant, Anthropologie in pragmatischer Absicht, Werke in zehn Bänden, herausgegeben von Wilhelm Weischedel, Band 10, Darmstadt 1983.

E. F. K. Koerner, Ferdinand de Saussure. Origin and Development of his Linguistic Thought in Western Studies of Language, Braunschweig 1973.

E. F. K. Koerner, L'importance de William Dwight Whitney pour les jeunes linguistes de Leipzig et pour F. de Saussure, in: Linguisticae investigationes 4 (1980), 379-394.
E. F. K. Koerner, Saussurean Studies, Études Saussuriennes, Genf 1988.
E. F. K. Koerner, Ferdinand de Saussure and the Question of the Sources of his Linguistic Theory, in: Ricarda Liver/Iwar Werlen/Peter Wunderli (Hg.), Sprachtheorie und Theorie der Sprachwissenschaft. Geschichte und Perspektiven, Tübingen 1990, 153-166.
S. Krämer , Die Intellektualisierung von Sprache und Kommunikation. Eine Zwischenbilanz, in: S. Krämer, Sprache, Sprechakt, Kommunikation. Sprachtheoretische Positionen des 20. Jahrhunderts, Frankfurt/M. 2001, 95-105.
S. Krämer/E. König (Hg.), Gibt es eine Sprache hinter dem Sprechen?, Frankfurt/M. 2002.
T. S. Kuhn 1973, Die Struktur wissenschaftlicher Revolutionen, Frankfurt/M. 1973.
J. Kurylowicz, Lecture du ›Mémoire‹ en 1978: un commentaire, in: Cahiers Ferdinand de Saussure 32 (1978), 7-26.
G. C. Lepschy, Die strukturale Sprachwissenschaft – Eine Einführung, München 1969.
M. Leroy, Main Trends in modern linguistics, Berkeley/Los Angeles 1967.
L. Lichtheim, Über Aphasie. Aus der medicinischen Klinik in Bern, in: Deutsches Archiv für klinische Medizin 36 (1885), 204-268.
M. Linda, Elemente einer Semiologie des Hörens und Sprechens. Zum kommunikationstheoretischen Ansatz Ferdinand de Saussures, Tübingen 2001.
J. Lyons, Einführung in die moderne Linguistik, München 1971.
O. Marquard, Anthropologie, in: J. Ritter (Hg.), Historisches Wörterbuch der Philosophie, Band 1: A-C, Darmstadt 1971.
A. Martinet, Strukturale Linguistik, in: Naumann 1973, 184-206.
V. Mathesius, Discours d'ouverture, in: Travaux du Cercle Linguistique de Prague 4. Réunion phonologique internationale tenue a Prague (18.-21./XII 1930), Prag 1932, 291-293.
K. Matsuzawa, Notes pour un livre sur la linguistique générale, présentation et édition, in: Saussure 2003c, 319-322.

T. De Mauro: F. de Saussure, Corso di linguistica generale. Introduzione, traduzione e commento di Tullio De Mauro, Roma/Bari 1967 [13 1994]; französisch: Paris 1972 [³1995]
T. De Mauro/S. Sugeta (Hg.), Saussure and linguistics today, Rom 1995.
A. Meillet, Rezension des ›Cours‹, in: Bulletin de la Société de Linguistique 20 (1916), 32-36.
Mélanges de linguistique offerts à M. Ferdinand de Saussure, Paris 1908 [Collection linguistique publiée par la Société Linguistique de Paris – II].
I. Monreal-Wickert, Die Sprachforschung der Aufklärung im Spiegel der großen französischen Enzyklopädie, Tübingen 1977.
G. Mounin, Saussure ou le structuraliste sans le savoir, Paris 1968.
M. Müller, Meine Antwort an Herrn Darwin, in: Deutsche Rundschau, Bd. II, Januar-Februar-März 1875, 387-412.
E. Muret, Ferdinand de Saussure, in: Journal de Genève: Le quotidien suisse d'audience internationale, 26.2.1913, 1-2.
H. Naumann (Hg.), Der moderne Strukturbegriff. Materialien zu seiner Entwicklung, Darmstadt 1973.
A. Naville, Nouvelle classification des sciences, étude philosophique, Paris 1901.
A.-A. Necker de Saussure, L'éducation progressive, 3 Bde., Paris 1828-1838.
A.-A. Necker de Saussure, Notice sur le caractère et les écrits de Madame de Staël/par Madame Necker de Saussure. Avec le portrait de Madame de Staël, Paris 1820, 318 p.
E. Ochs/E. Schegloff/S. Thompson (Hg.), Interaction and Grammar. Cambridge 1996.
H. Osthoff, Das physiologische und psychologische Moment in der sprachlichen Formenbildung, in: Sammlung gemeinverständlicher wissenschaftlicher Vorträge, Bd. XIV, H. 327 (1879), 507-552.
H. Osthoff/K. Brugmann, Morphologische Untersuchungen auf dem Gebiete der indoeuropäischen Sprachwissenschaft, Teil 2, Leipzig 1879.
H. Osthoff/K. Brugmann, Morphologische Untersuchungen auf dem Gebiete der indoeuropäischen Sprachwissenschaft, Teil 4, Leipzig 1881.
N. Papavero/S. Ibáñez Bernal, Contributions to a history of Mexican Dipterology – Part 1. Entomologists and their works before the Biologia Centrali-Americana, Acta Zoológica Mexicana (neuva serie), número 084, Instituto de Ecologia, A.C. Xalapa, México 2001, 65-114.

H. Parret, Les manuscrits saussuriens de Harvard, in: Cahiers Ferdinand de Saussure 47 (1993 [1994]), 179-234.

H. Paul, Prinzipien der Sprachgeschichte, Halle 1880.

H. Paul, Geschichte der Germanischen Philologie, in: ders. (Hg.), Grundriss der Germanischen Philologie, I. Band, Straßburg 1901.

C. Peeters, Saussure néogrammairien et l'antinomie ›synchronie‹/›diachronie‹, in: Linguistics 133 (1974), 53-68.

C. S. Peirce, Writings of Charles Sanders Peirce. A Chronological Edition, hrsg. von M.H. Fish/C.W. Kloesel et al., Bloomington 1982.

J. Piaget, Genese und Struktur in der Psychologie, in: Naumann 1973, 281-295.

A. Pictet, »De l'affinité des langues celtiques avec le sanscrit«, Paris 1837.

A. Pictet, Du Beau dans la nature, l'art et la poésie. Études esthétiques, Paris/Genève 1856.

A. Pictet, Les origines indo-européennes ou les aryas primitifs. Essai de paléontologie linguistique, Paris 1859 (2. Band 1863).

K.R. Popper, Logik der Forschung, Tübingen [1934] 1973.

G. de Pourtalès, Chaque mouche a son ombre, Bd. I, 1881-1919, Paris 1980.

C. Puech, Saussure and the structural linguistics in France, in: Sanders 2004, 124-138.

W. Putschke, Zur forschungspolitischen Stellung der junggrammatischen Schule, in: Zeitschrift für Dialektologie und Linguistik 36 (1969), 19-48.

G. Redard, Le voyage de F. de Saussure en Lituanie: suite et fin?, in: Cahiers Ferdinand de Saussure 30 (1976), 141-150 [Redard 1967a].

G. Redard, Ferdinand de Saussure et Louis Havet, in: Bulletin de la Société de Linguistique de Paris, 1976, 313-349 [= Redard 1976b].

G. Redard, Deux Saussures?, in: Cahiers Ferdinand de Saussure 32, 1978, 27-41.

T. Reinhardt, Claude Lévi-Strauss zur Einführung, Hamburg 2008.

A. Sabaliauskas (Hg.), Noted scholars of the lithuanian language: Biographical sketches. Chicago, Illinois u.a.: Akad. Skautijos Leidykla u.a. 1973.

C. Sanders (Hg.), Introduction: Saussure today, in: dies., The Cambridge Companion to Saussure, Cambridge 2004.

F. de Saussure, »Le suffixe – t –«, in: Mémoire de la société Linguistique de Paris 3 (fsc. 3) 1876, 197-209.

F. de Saussure, Lettres de Leipzig (1876-1880), présentation et édition par Mareike Buss/Lorella Ghiotti/Ludwig Jäger [Lettres], in: Saussure 2003c, 442-472.

F. de Saussure, [Compte rendu de] Adolphe Pictet, Les origines indo-européennes ou les Aryas primitifs. Essai de paléontologie linguistique, 2e édition, 3 vols., in: Journal de Genève (17.4., 25.4. 1878).

F. de Saussure (1879) 1970, Mémoire sur le système primitif des voyelles dans les langues indoeuropéennes [= MÉM], in: REC.

F. de Saussure, »De l'emploi du génitif absolu en sanscrit. Thèse pour le doctorat présentée à la Faculté de philosophie de l'Université de Leipzig, Genève 1881.

F. de Saussure, Lettre à Gaston Paris du 30.12. 1891, in: Cahiers Ferdinand de Saussure 48 (1994), 78-81.

F. de Saussure, »A propos de l'accentuation lituanienne. (Intonations et accent proprement dit)«, in : REC, 490-512 (Saussure 1894a).

F. de Saussure, »Sur le nominatif pluriel et le génitif singulier de la déclinaison consonantique et lituanien«, in: REC, 513-525 (Saussure 1894b).

F. de Saussure, »Accentuation lituanienne«, in: REC, 526-538 (Saussure 1896).

F. de Saussure, Lettre à Wilhelm Streitberg du 1.8. 1903, in: Cahiers Ferdinand de Saussure 44 (1990), 26.

F. de Saussure, Lettre à Max van Berchem du 3.4. 1905, in: Cahiers Ferdinand de Saussure 29 (1974), 75.

F. de Saussure, Grundfragen der Allgemeinen Sprachwissenschaft, hrsg. von Charles Bally und Albert Riedlinger, übersetzt von Hermann Lommel, [1. Auflage Berlin 1931] 3. Auflage, Berlin 2001.

F. de Saussure, »Notes inédites de F. de Saussure«. Publiées par Robert Godel, in: Cahiers Ferdinand de Saussure 12 (1954), 49-71.

F. de Saussure, Le Leggende germaniche. Scritti scelti e annotati a cura di Anna Marinetti e Marcello Meli, Este 1986.

F. de Saussure, Troisième cours de linguistique générale (1910-1911) d'après les cahiers d'Émile Constantin. Edited by Eisuke Komatsu/George Wolf, Oxford/Tokyo u.a. 1993.

F. de Saussure, Phonétique. Il manoscritto di Harvard – Houghton Library bMS Fr 266 (8). Edizione a cura di Maria Marchese, Padova 1995.

F. de Saussure, Premier cours de linguistique générale (1907) d'après les cahiers d'Albert Riedlinger. Edited by Eisuke Komatsu/George Wolf, Oxford/Tokyo u.a. 1996.

F. de Saussure, Deuxième cours de linguistique générale (1908-1909) d'après les cahiers d'Albert Riedlinger et Charles Patois. Edited by Eisuke Komatsu/George Wolf, Oxford/Tokyo u.a. 1997.

F. de Saussure, Linguistik und Semiologie. Notizen aus dem Nachlaß. Texte, Briefe und Dokumente. Gesammelt, übersetzt und eingeleitet von Johannes Fehr, Frankfurt/M. 1997.

F. de Saussure, Écrits de linguistique générale. Édité par Simon Bouquet et Rudolf Engler avec la collaboration d'Antoinette Weil, Paris 2002.

F. de Saussure, Wissenschaft der Sprache. Neue Texte aus dem Nachlaß. Herausgegeben und mit einer Einleitung versehen von Ludwig Jäger, übersetzt und textkritisch bearbeitet von Elisabeth Birk und Mareike Buss, Frankfurt/M. 2003 (Saussure 2003a).

F. de Saussure, Notes sur l'accentuation lituanienne. Présentation et édition par Ludwig Jäger/Mareike Buss/Lorella Ghiotti, in: Saussure 2003c, 323-350 (Saussure 2003b).

F. de Saussure, Cahier de l'Herne dirigé par Simon Bouquet, Paris 2003 (Saussure 2003c).

F. de Saussure, »Notes pour un livre sur la linguistique générale. Présentation et édition par Kazuhiro Matsuzawa, in: Bouquet 2003, 319-322.

F. de Saussure, »Le troisième cours de linguistique générale«. Herausgegeben von Daniele Gambarara und Claudia Mejía Quijano, Cahiers Ferdinand de Saussure 58 (2005), 29-290.

H. de Saussure, Etudes sur la famille des Vespides. 2. Monographie des guêpes sociales ou de la tribu des Vespiens, Paris 1853-58.

H. de Saussure, Voyage aux Antilles et au Mexique 1854-1856, présenté par Louis de Goguin et Claude Weber, Genève 1993.

H. de Saussure/L. Zehntner, Histoire naturelle des Blattides et Mantides, in: A. Grandidier (Hg.), Histoire Physique, Naturelle et Politique de Madagascar, Paris 1895, Vol. 23, Orthoptères, 147-244.

H.-B. de Saussure, Voyages dans les Alpes précédés d'un Essais sur l'histoire naturelle des environs de Genève, Neuchâtel/Genève/Paris 1779-1796.

H.-B. de Saussure, La première ascension du Mont Blanc, Neudruck: Neuchâtel/Paris 1923.

L. de Saussure (Hg.), Nouveaux Regards sur Saussure. Mélanges offerts à René Amacker, Genève 2006.
N. de Saussure, Vignes, raisins, vendages et vins, Lausanne 1799.
R. de Saussure, La méthode psychoanalytique, Lausanne 1922.
D. Savatovsky, Comment faire école (Saussure à Paris, II), in: Cahier Ferdinand de Saussure 56 (2004), 311-329.
T.M. Scheerer, Ferdinand de Saussure, Darmstadt 1980.
W. Scherer, Zur Geschichte der deutschen Sprache, Berlin 1878.
A. W. Schlegel, Über dramatische Kunst und Literatur. Vorlesungen, 3 Bde., Heidelberg 1809-11.
A. W. von Schlegel, Cours de littérature dramatique, 3 vol., Paris et Genève 1814 (übersetzt von Albertine-Adrienne Necker de Saussure).
F. Schlegel, Über die Sprache und Weisheit der Indier (1808), in: Friedrich von Schlegel's vermischte kritische Schriften. Dabei: Ueber Sprache und Weisheit der Indier, Bonn 1877, 273-382.
F. D. E. Schleiermacher, Hermeneutik und Kritik, hrsg. und eingeleitet von Manfred Frank, Frankfurt/M. 1977.
H. Schnädelbach, Erfahrung, Begründung und Reflexion, Frankfurt/M. 1971.
H. Schnädelbach, Zur Logik der Festsetzung. Elemente einer Kritik der konventionalistischen Erkenntnistheorie, in: L. Landgrebe (Hg.), Deutscher Kongreß für Philosophie, Düsseldorf 1962, Meisenheim am Glan 1972, 575-582.
A. Schütz, Collected Papers, Bd. I, Den Haag 1962.
A. Sechehaye, La stylistique et la linguistique théorique, in: Mélange F. de Saussure, Paris 1908.
A. Sechehaye, L'école genevoise de linguistique générale, in: Indogermanische Forschungen 44 (1927), 217-241.
A. Sechehaye, Les mirages linguistiques, in: Journal de Psychologie, 27. Jg., Mai-Juni 1930, 337-366.
R. Simone, Saussure après un siècle, in: L. de Saussure 2006, 35-54.
N. A. Sljusareva, Deux lettres de Ferdinand de Saussure à Baudouin de Courtenay, in : Cahiers Ferdinand de Saussure 27 (1971-72), 7-17.
G. de Staël-Holstein, Œuvres complètes de Mme la baronne de Staël/ Madame de Staël, Londres 1820-21.
J. Starobinski, Les anagrammes de Ferdinand de Saussure. Textes inédites, in: Mercure de France 350 (1964), 243-262.

J. Starobinski, Les mots sous les mots. Les anagrammes de Ferdinand de Saussure, Paris 1971; [deutsch]: Wörter unter Wörtern. Die Anagrammstudien Ferdinand de Saussures, Frankfurt/M./Wien 1980.

W. Stegmüller, Hauptströmungen der Gegenwartsphilosophie, Bd. II, Stuttgart 1975.

H. Steinthal, Die Sprache als Mechanismus im Dienste der Intelligenz, in: H. Steinthal, Abriss der Sprachwissenschaft. Erster Band: Einleitung in die Psychologie und Sprachwissenschaft, Hildesheim/New York [1871] [2]1881.

C. Stetter, Ferdinand de Saussure (1857-1913), in: Sprachphilosophie – Philosophy of Language – La philosophie du langage. Ein internationales Handbuch zeitgenössischer Forschung – An International Handbook of Contemporary Research – Manuel international des recherches contemporaines, hrsg. von Kuno Lorenz/Georg Meggle, 1. Halbband, Berlin/New York 1992, 510-523.

C. Stetter, Strukturale Sprachwissenschaft (20. Jahrhundert), in: T. Borsche, Klassiker der Sprachphilosophie. Von Platon bis Noam Chomsky, München 1996, 421-445.

W. Streitberg, Ferdinand de Saussure, in: Indogermanisches Jahrbuch 1914 (1915), II, 203-213.

P.R. Sweet, Wilhelm von Humboldt: A Biography, 2 Bde., Bd. I: 1767-1808, Bd. II: 1808-1835, Columbus 1978-1980.

J. Trabant, Apeliotes oder der Sinn der Sprache. Wilhelm von Humboldts Sprach-Bild, München 1986.

J. Trabant, Traditionen Humboldts, Frankfurt/M. 1990.

J. Trabant, Faut-il défendre Saussure contre ses amateurs? Notes item sur l'étymologie saussurienne, in: Langages: Linguistique et poétique du discours. A partir de Saussure, septembre 2005, no. 159, 111-124.

I. Tumaviciute, Lietuviu literaturos draugijai – 100 metu [100-jähriges Jubiläum der litauischen literarischen Gesellschaft], in: Literatura XXI, 1 (1979), 43-48.

B. Turpin, Légendes – Mythes – Histoire, in: Saussure 2003a, 307-316.

B. Turpin, »Légendes et récits d'Europe du Nord: de Sigfrid à Tristan«, in: Saussure 2003b, 351-429.

F. Wahl, Die Philosophie diesseits und jenseits des Strukturalismus, in: François Wahl (Hg.), Einführung in den Strukturalismus. Mit Beiträgen von Oswald Ducrot, Tzvetan Todorov, Dan Sperber, Moustafa Safouan, François Wahl, Frankfurt/M. 1973, 323-479.

C. Wernicke, Der aphasische Symptomenkomplex. Eine psychologische Studie auf anatomischer Basis, Breslau 1874 [reprint: Berlin/Heidelberg/New York 1974].

W. D. Whitney, The Life and Growth of Language, London 1875 (Whitney 1875a).

W. D. Whitney, Streitfragen der heutigen Sprachphilosophie, in: Deutsche Rundschau VI, Juli-August-September 1875, 259-279 (Whitney 1875b).

W.D. Whitney, Language and the Study of Language, London ²1868.

W.D. Whitney, Die Sprachwissenschaft. Vorlesungen über die Prinzipien der vergleichenden Sprachforschung, München 1874.

W. D. Whitney, Indische Grammatik umfassend die klassische Sprache und die älteren Dialecte, aus dem Englischen übersetzt von Heinrich Zimmer, Leipzig 1879.

T. H. Wilbur (Hg.), The Lautgesetz-Controversy: A Documentation, Amsterdam 1977.

U. Wirth (Hg.), Performanz. Zwischen Sprachphilosophie und Kulturwissenschaften, Frankfurt/M. 2002.

L. Wittgenstein, Philosophische Untersuchungen, Frankfurt/M. 1976.

J. Wüest, La linguistique de la parole. Pour une lecture »polyphonique« du Cours, in: Ricarda Liver/Iwar Verlen/Peter Wunderli (Hg.), Sprachtheorie und Theorie der Sprachwissenschaft. Geschichte und Perspektiven. Festschrift für Rudolf Engler zum 60. Geburtstag, Tübingen 1990, 325-337.

P. Wunderli, Saussure-Studien, Exegetische und wissenschaftsgeschichtliche Untersuchungen zum Werk von F. de Saussure, Tübingen 1981.

W. Wundt, Grundzüge der physiologischen Psychologie, Bd. 1 und 2, Leipzig 1902.

Personenregister

Sachregister

Ludwig Jäger ist Inhaber des Lehrstuhls für Deutsche Philologie an der RWTH Aachen. Von 2002 bis 2008 war er Geschäftsführender Direktor des Forschungskollegs (SFB/FK 427) »Medien und kulturelle Kommunikation« der Universitäten Aachen, Bonn und Köln. 2003 war er Visiting Fellow am Internationalen Forschungszentrum Kulturwissenschaften (IFK) in Wien. 2010/11 ist er Fellow am Internationalen Kolleg Morphomata an der Universität zu Köln. Er ist Mitglied des wissenschaftlichen Beirats des Instituts für Deutsche Sprache in Mannheim, Mitglied des Cercle Ferdinand de Saussure in Genf, der Société de Linguistique de Paris und im Review Panel der Swiss National Science Foundation (NCCR Iconic Criticism) in Basel. Seit 2007 ist er Mitglied des »comité scientifique« des Institut Ferdinand de Saussure in Paris. 2010 wurde er in den Hochschulrat der Universität Gießen bestellt. Er ist Herausgeber der Reihe »Mediologie« (Fink, zuvor DuMont) und Mitherausgeber der Zeitschrift *Sprache und Literatur*. Forschungsschwerpunkte: Medientheorie, Zeichentheorie, Fachgeschichte, Theoriegeschichte der Sprachwissenschaft, Gebärdensprachen.